日本旅館進化論

星野リゾートと挑戦者たち

山口 由美

光文社

目次

序章

「おもてなし」は最強の武器なのか

日本は「おもてなし」の国である、と言われる。

そのことが、とりわけ強調され、注目されるきっかけとなったのが、二〇一三（平成二五）年九月、ブエノスアイレスのIOC総会で二〇二〇年の東京オリンピックを招致するため、滝川クリステルが行ったプレゼンテーションでの「お、も、て、な、し」のフレーズだったのではないだろうか。

スピーチは、このような内容から始まった。


〈東京は皆様をユニークにお迎えします。日本語ではそれを「おもてなし」という言葉で表現いたします。

それは、見返りを求めないホスピタリティの精神。それは先祖代々受け継がれながら、現代の日本の文化にも深く根付いています。「おもてなし」という言葉は、いかに日本人が互いに助けあい、お迎えするお客様のことを大切にするかを示しています〉

彼女は「見返りを求めないホスピタリティの精神」を「おもてなし」であるとし、それを日本独自の文化として、差別化した。

「見返りを求めないホスピタリティの精神」とは、たとえば、町中で出会った観光客に市民が親切にしてあげるような行動のことだろう。そうした部分で、ほかの国に比べて日本人が親切である、また、観光客に対して詐欺や泥棒を働かない、すなわち日本は治安がいい、といった傾向は、おそらく誰もが認めるところだと思う。

実際、滝川クリステルのスピーチでも、置き忘れた現金が警察署に届けられた事例を紹介していた。

しかし、そのことと日本の宿泊施設、特に旅館における「おもてなし」が、ほかの国の宿泊施設、ホテルなどに比べて優位であると結びつけるのは短絡的であるように思う。

「見返りを求めない」という発想は、日本にチップ制度がないこととの関連もあるのだろうか。だが、日本にチップ制度がないのは、昭和初期、日本のホテル業界において、チップ制度を前提とした給与体制に不均衡を感じた人たちによって実施された改革による。

そのかわり、今もそうだが、ホテルなどでは、一律約一〇%のサービス料が付加されている。日本にチップ制度がないのは、それがサービス料と名前を変えているに過ぎない。

もともと、日本の旅館には、茶代と呼ばれる、いわゆる心付け、チップに相当するシステムが存在していた。

実は大正時代、日本の観光業者が、ホテルのチップ制度廃止に先がけて、この茶代廃止運動を行った経緯がある。

当時、茶代頼みの経営体制、茶代の強要など、旅館業界に茶代をめぐる問題が大きかったのが理由である。茶代は、茶屋などでも支払うものであり、欧米のホテルにおけるチップと同等、もしくはそれ以上に、かつての日本では幅を利かせていたのだ。それが、日本古来のものであったからこそ、近代化の名目のもと、廃止する方向に動いたのであろう。それが、その後のチップ廃止にも影響を与えたのかもしれない。

チップの習慣が存在しないのは、南太平洋である。

ハワイがチップ大国のアメリカ（ヨーロッパやアジアでは、近年、サービス料制度を導入するところもある）の一部になったことで、その印象がないかもしれないが、伝統的に南太平洋の文化において、チップ制度は存在しなかった。

今でもフレンチポリネシア、フィジー、パプアニューギニア、バヌアツ、クックアイランドなど、多くの南太平洋諸国では、基本的に（アメリカ人観光客の多いフレンチポリネシアのタヒチでは、やや普及しつつあるが）チップ制度は存在しない。

むしろ、日本の「おもてなし」が、ほかの国のホスピタリティと決定的に異なるのは、提供する側が季節や状況によって最も良いと考えるもの、あるいはお客が好むであろうことを先回りして推測し、提供する点にあると思う。

ポイントは、お客側の意思表示を前提としないことである。

仲居さんとバトラーの違いもそこにある。

仲居さんは、基本的にお客が呼ばなくてもやってくる。

そして、お客が望むであろう、喜ぶであろう、居心地がいいであろうことを働きかけてゆく。お客が積極的に意思表示をしなくとも、お客が望むものを「察する」のが優れた仲居さんの能力であり、それを「気働き」と呼ぶ。

しかし、バトラーは、基本的にお客が呼ばなければやって来ない。

このようなことができますよ、と提示することはあっても、何を望むか、どうしてほしいかの決定権は、お客に委ねられている。バトラーの能力を引き出すのは、使い手の裁量次第である。

そのため、よく「日本人はバトラーを使うのが下手だ」と言われる。バトラーはお客が黙っていたら何もしない。仲居さん的な受け身のもてなしに慣れている日本人は、自分の好みを主張することに慣れていないし、面倒くさくも感じるのだろう。

この違いに気づいたのは、私が日本人でありながら、西洋式ホテルの経営者の家に生まれ、ある時期まで、海外ばかり旅してきたからだった。日本旅館によく泊まるようになったのは、昨今のインバウンドブームが盛り上がってからのこと。そのなかで、私は、外国人のように新鮮な感覚で、さまざまな気づきがあった。

「どうして好きに選べないの？」と私が疑問に思うたび、周囲からは普通の日本人はそんなことを不思議に思わないと、「山口さんのインバウンド目線」と称されて、一笑にふされるのだった。

たとえば、朝食をめぐってこんなことがあった。

日本のリゾートでは、ホテルスタイルの宿であっても、和食か洋食か、ジャンルを選ぶと、定食というかコースのようなかたちで決まったメニューが供されるスタイルが多い。

その場合、たとえば卵料理などの調理法も選べないことが多い。

日替わりであったりはするのだが、個人の好みやその日の気分で選ぶことができない。一泊であれば気にならないが、連泊となると、「なぜ自分の好みで選べないのだろう」と軽いストレスと違和感を覚えることがある。そもそもホテルの場合、パンケーキにするか、卵料理にするかの選択、卵料理の調理法は選べるのが普通である。

私は、朝食はむしろブッフェスタイルだったらいいのに、と思う。

最近のラグジュアリーホテルでは、通常のブッフェのほかに、料金に含まれていて自由に注文できるオーダー式のメニューもあって充実しているところが多い。立って料理を運ぶのが面倒であれば、スタッフに頼めば運んでくれる。

だが、カジュアルなところではともかく、高級な宿泊施設でお客に手を煩わせることは、日本的な「おもてなし」の発想からはあり得ないと説明され、私の意見は「山口さんのインバウンド目線」とされたのだった。

このパターンがまさに、提供する側が良いと考えるものを準備して出す「おもてなし」の日本的発想なのだと思う。

私の感じたストレスと違和感は、提供する側が良かれと思って準備する「おもてなし」が、必ずしも相手を満足させるかわからないことを意味する。

日本人だけを相手にしていた時代は、私のような感覚は異端だから、問題はなかったのかもしれない。だが、世界中のさまざまな趣味嗜好の人を迎えるインバウンド時代の今、日本式の「おもてなし」は本当にすべての人を満足させられるのだろうか。

私が感じた懸念を「供給者の都合を押しつける『おもてなし』」として断じていたのがデービッド・アトキンソンの『新・観光立国論』だった。

〈外国人が日本にやってきて驚くのは「できません」「それは無理です」「ここではやっていません」とやたら「否定」の回答が多いことです。(中略)

日本の寿司屋や和食店などに行ってみると、「これはこういうふうに食べるものです」「塩をつけてお召し上がりください。こっちは醤油をつけてください」など、店側のルールや作法というものを強く押し付けてくることが多々あるのです。(中略)

日本文化をわかっていないなと呆れられるかもしれませんが、もちろん私は25年も日本で暮らしていますから、そういうものだと思ってお店の言うとおりに食事をいただきます。「それはできません」と言われるのももう慣れていますので、違和感くらいしか覚えませんが、先ほどから申し上げているとおり、わざわざ数十万円の航空券を購入して、長い時間をかけて初めて日本を訪れる外国人観光客からすると、なんとも融通の利かない国だと感じてしまうのです〉

日本に長く住んだ外国人であるデービッド・アトキンソンと、海外のライフスタイルに慣れ親しんだ日本人である私が、日本の「おもてなし」に似たような印象を持ったことが興味深かった。やっと同じ意見の人がいたと思った。さらに彼は言う。

〈客を「おもてなし」するのなら、まず相手が何を考えて、どういうことを求めているのかを考えなくてはいけません。直接彼らの声に耳を傾けたうえで「おもてなし」をすればいいのに、「聞く」というプロセスを飛ばして、「相手はこうだろう」と思い込み、自分の都合のいいように解釈した「おもてなし」を押し付けているのではないでしょうか〉

彼が言うように、それが日本人の「過ち」や「失敗」であるならば、反省して是正すればいい。でも、相手に聞かないで、状況を推し量ることこそが、日本の精神文化であるとするならば、問題はもっと深いところにある。

一方で、最良のものを推し量って準備する、日本的な「おもてなし」が、完全なローカルルールかというと、実はそうでもない。

この数十年、大きくスタイルを変えてきたフランス料理に影響を与えたとされるのが、日本の懐石料理である。一九七〇年代に始まった「ヌーベル・キュイジーヌ」と呼ばれる料理革命は、それまでの伝統的なフランス料理に比べ、軽く繊細な味付けと、盛り付けの美しさを特徴とした。

味付けの軽さや盛り付けについては、日本料理だけでなく、さまざまな説があるが、より色濃く日本文化の影響を感じるのが、料理の提供スタイルの様変わりである。

近年、ミシュランの星を取るようなガストロノミック・レストランでは、アラカルト・メニューや、一品当たりのポーションが大きいフルコースではなく、ポーションは小さく、品数を多く出す、いわゆるテイスティング・メニューが幅を利かせている。

手に入るベストの食材を最良の調理法で、繊細に美しく盛られた小ぶりの料理とし、どのような順番で提供するかを含めて、味覚のストーリーを展開してゆく。懐石料理や割烹の「おまかせ」に共通するスタイルは、まさに日本の「おもてなし」を彷彿とさせるものだ。

提供する側が最良と思うものを用意する姿勢は、その方法や状況によっては、世界の人たちが受け入れることなのだと思う。

だが、問題は、それが万能ではないことだ。

提供されたものが高い完成度であり、また受ける側が、それを望んでいる場合、極上のものを提供する最上のスタイルになり得る。だが、そうでない場合、「提供する側の押し付け」になってしまうリスクもはらむのである。

もうひとつ、日本の「おもてなし」は、主客対等、主人と客が対等の立場にあって、上下関係がないことも指摘される。

だが、これは、必ずしも日本の「おもてなし」に特有の特徴ではない。

主人と客人に上下関係があるのは、あくまでも「サービス」の概念であり、「ホスピタリティ」の概念では、主人と客人は対等だからである。

それぞれの言葉の語源にさかのぼってみる。

サービスの語源は、ラテン語の「Servus（奴隷、戦利品として獲得した外国人）」だ。ここから英語の「Service（サービス）」が生まれた。派生語として、「Slave（奴隷）」「Serve（仕える、つくす）」「Servant（召使い、使用人）」「Sergeant（軍曹）」などがある。

つまり、サービスとは、それを提供する時、提供する側が一時的に従者となり、受ける側が主人という上下関係が生じるのである。重視されるのは、主人であるお客の意思であり、そこから「お客様の言うことは常に正しい」「お客様は王様である」といった考え方につながっていく。

たとえば、スイス出身で、ホテル・リッツを創業、ホテル王と呼ばれたセザール・リッツの有名な言葉がある。

「顧客に求められたら決してノーと言ってはいけない。相手が月をほしがったとしてもだ」

セザール・リッツが活躍したのは、一九世紀後半から二〇世紀初頭にかけて。社交の中心が王侯貴族の城や宮殿から、新たな富裕層であるブルジョアジーの台頭により、グランドホテルと総称された豪華なホテルに移行していった時代のことだ。リッツが創業したパリのリッツやロンドンのサボイはその典型であった。

そうしたグランドホテルは、城や宮殿の代わりであったから、当然のことながら、そこに集う客には、王侯貴族に対するのと同じようなサービスをした。その采配が絶妙だったからこそ、リッツはホテル王と呼ばれたのである。

一方、ホスピタリティの語源は、ラテン語の「Hospes（客人の保護者）」である。

この言葉には、もともと主人（もてなす側）と客人（もてなされる側）の両方の意味が含まれており、それぞれが対等という概念であった。

ここから「Hospitalis（手厚いもてなし）」という言葉が派生し、これがさらに二つに分かれた。ひとつが「Hospitale（接客用の宴会または来客用の部屋）」であり、これから派生したのが「Hospital（病院）」や「Hotel（ホテル）」だ。そして、もうひとつが「Hospitality（ホスピタリティ）」という言葉になったと言われている。

中世ヨーロッパにおいては、教会や修道院に併設してホスピタリティの語源となった「ホスペス」と呼ばれる施設があった。巡礼者や旅人を保護するための宿泊所であり、また、怪我や病気があれば、その手当もした。ホスピタリティの語源となる施設は、ホテルとホスピタル、両方の機能をもったところだったのである。

スペインのサンティアゴ・デ・コンポステーラは、十二使徒の一人、聖ヤコブの遺骨があると言われるキリスト教の聖地だが、その伝統を今に伝えるホテルがある。聖地への巡礼路の終点である大聖堂の前に立つ「パラドール デ サンティアゴ－ホスタルドス レイス カトリコス」がそれだ。巡礼者のための病院と宿泊所を兼ねた施設、すなわちホスペスだった壮麗な歴史的建造物が、今もホテルとして伝統を継承している。

ホスピタリティの原点にあったのは、ホスペスが象徴するように、共同体の外からやってきた旅人、すなわち来訪者である異人を歓待することにあった。

こうした異人歓待の習慣は、世界各地に共通してある。

それは、日本も例外ではない。

客を意味する日本の古語「まろうど」「まれびと」は、まれに来訪する客人を意味するが、それがまさにそうだ。

共同体の外からやってくる異人は、たとえば、なまはげのように、畏怖の対象であると同時に、これを歓待すると幸福がもたらされるという伝承が伝わっている。

異人歓待は、広く世界の人たちに共通するが、それぞれの宗教や習慣が関わって、さまざまなかたちに発展していったのだろう。

そして、サンティアゴ・デ・コンポステーラの巡礼路も、お遍路さんや熊野古道など、日本の巡礼路と重なり合う。背景となる宗教こそ異なるが、大聖堂前のホスペスにも、お遍路さんに「お接待」をするのと共通する精神があったに違いない。

その後、ホテルの役割が巡礼の宿泊所から、富裕層の社交場に変化してゆくにしたがって、宿泊産業や外食産業においては、ホスピタリティよりもサービスの概念が主役になっていった。

そして、二一世紀が近くなった頃、サービスする側とサービスされる側が対等でありながらも、サービスされるお客の「気持ち」や「便宜」を最優先する関係として、新たな「ホスピタリティ」の概念が生まれたのだった。

ホテル産業が階級社会を背景にしたヨーロッパから北米に移行したこともあったのかもしれない。北米系のラグジュアリーホテルの特徴は、階級社会を背景にしたヨーロッパのホテルとは異なり、お金さえあれば誰もが最高級の部屋に泊まり、最高級のサービスを受けることができることだった。そうした状況が、サービスする側とサービスされる側を対等とする発想を生んだのだろう。

しかし、サービスが消滅した訳ではない。

東京を代表する外資系ホテル、パークハイアット東京とザ・ペニンシュラ東京で長く総支配人を務めたマルコム・トンプソンは、ホスピタリティとサービスの違いは、語源から来る差違だけではないとし、著書『日本が教えてくれるホスピタリティの真髄』でこのように区別している。

〈「サービス」と「ホスピタリティ」は一体化したものです。「サービス」は「ホスピタリティ」という歯車を回す潤滑油のようなものであり、それがあることで全体が円滑に運営されるのです。

また「ホスピタリティ」は感覚的なもの、形のないもので、触れることはできません。しかし「サービス」は実際に見ることができ、有形に近いものです。そのためにはスキルやテクニックが要求されます。

お客様の視点で言えば「ホスピタリティ」はお客様の経験全体を指し、そこで感じられ

る感覚、印象です。その経験をよどみなく回しつづけるために必要なのが、「サービス」という潤滑油なのです〉

どちらも存在する中で、これまでサービス産業と呼ばれていたものが、ホスピタリティ産業と総称されるようになり、ホスピタリティの概念が強調される背景には、現代が人の気持ちや心のありようを重視する社会だからだろう。

二一世紀が、ホスピタリティの時代と言われる所以である。

提供する側と提供される側が対等である点で、ホスピタリティとおもてなしは共通する。だが、それらは同じ概念と言っていいのだろうか。

「おもてなし」とは何なのか。

あらためて、これも語源から振り返ってみる。

「もてなし」とは「持て」に「成し」が合成された名詞で、その基本的な意味は、身のこなし、人に対する態度、ふるまい方、接遇を意味する。

そして、先にふれたように、共同体の外からやって来る異人歓待に原点があることはホスピタリティと共通している。

だが、鎌倉時代、室町時代以降、公家、武士、商人、百姓といった階級が生まれ、社会構造の基盤が形成されるにしたがって、もてなしは、客を招待し、共に飲食をしたり、贈り物をすることで人間関係を戦略的に強化する手段になっていく。それを物語るように、「持て成す」には、見せかけの態度をとる、意図的にある態度をとってみせる、あしらうなどの意味も含まれている。

こうした歴史をふりかえると、「おもてなし」には「見返りを求めないホスピタリティ精神」とは、かなり異なるニュアンスも含まれることがわかる。

さらに、「礼」を尊ぶ儒教的な思想も加わって、もてなしは作法や儀礼的な形式が発展していった。

そうして生まれたひとつの完成形が茶道であろう。

究極の様式美があったからこそ、茶道は芸術にまで高められた。主客対等の思想、客をもてなす最良のかたちを主人が考えることなど、「おもてなし」の基本もまた、茶道の精神の中にある。

そして、もうひとつ、日本ならではの精神構造として「分」の意識がある。

自分の属する集団における分相応の行動が遵守され、集団への帰属意識と忠義が社会的規範の骨子をなす。この集団意識の強さは、日本人の国民性を今も象徴する。

世界各国の国民性をあらわす「沈没船ジョーク」でも、アメリカ人が「飛び込めばヒーローになれますよ」、イギリス人が「紳士はこういう時に海に飛び込むものです」、フランス人が「決して海には飛び込まないで下さい」であるのに対して、日本人は「みなさんはもう飛び込みましたよ」である。

この集団意識が悪いかたちで「おもてなし」に反映される時、個人の好みの差に思いがおよばない、提供する側が一方的に決めてしまう、ネガティブな「おもてなし」になってしまうのではないだろうか。

こうして考えてみると、ホスピタリティの概念のほうがバランス良く現代のニーズにあったものであり、その一部である「おもてなし」は、日本人の国民性を良くも悪くも反映したニッチなものであることがわかる。

現代におけるホスピタリティが、提供される側の「気持ち」や「便宜」を最優先するものであるとすれば、相手の「気持ち」や「便宜」を直接聞かずに推し量る「おもてなし」は、実施する人の技量によって、奇跡のごとく素晴らしいものになるか、的外れなものになるかが左右される。

茶道に象徴される様式美は、それ自体が芸術であり、茶道のもてなしである懐石料理は、美学を兼ね備えた食のスタイルである。それが日本文化として非常に魅力的なものであることに異論はないだろう。

しかし、日本の宿泊施設のどこもが、日本人であるというだけで完璧な「おもてなし」を遂行できる訳ではない。

「おもてなし」に価値がない、と言っているのではない。

だが、日本は「おもてなし」の国だから、という考えの上に無条件にあぐらをかいていると、大切なものを見誤る気がするのである。

「おもてなし」は、日本文化の独自性を示す最強の武器である。しかし、それは誰もが遂行できるものではなく、また、誰もが無条件に受け入れるものではないことを自覚した上で使うべき武器なのだと思う。

では、日本のホスピタリティのよりどころが、「おもてなし」でないならば、もしくは「おもてなし」だけでないならば、観光立国をめざすにあたり、日本のホスピタリティ産業は、対外的に、どのようなアドバンテージをもつことができるのだろうか。

日本の宿泊産業の運営会社として、対外的にアドバンテージをもつことをめざして台頭してきたのが、星野リゾートである。この十数年、最も飛躍的に成長した日本のホスピタリティ企業と言っていい。

だが、実は、その星野リゾートの戦略に「おもてなし」というキーワードは、ことさらに見当たらない。

代表の星野佳路《ほしのよしはる》が強調するのは「旅館」という立ち位置である。

そして「おもてなし」というキーワードをむしろ逆説的に使う。

世界各地の都市に寿司があり、日本車が走るのに、なぜ日本の旅館はないのか。「おもてなし」の国と標榜しておきながら、世界にそれを実践する日本の宿泊施設が進出していないのは、おかしいではないか、と。

日本のホスピタリティ産業の特殊性として、ホテルと、日本ならではの業態である旅館のふたつがあげられる。もちろん旅館では、日本ならではの「おもてなし」が提供されるのだが、注目すべきは「おもてなし」より「旅館」なのかもしれない。

これまで、いわゆるホテル史は、日本でもそれなりに語られてきた。だが、帝国ホテルや富士屋ホテルの歴史は、日本のホスピタリティ産業全体から見れば、ほんの氷山の一角でしかない。しかも戦後、高度経済成長時代以降、日本の観光産業は、世界でもまれなほど、ガラパゴス化し、その中で独自の発展を遂げた。だが、そうした歴史をかたちづくってきた近代旅館の歴史は、これまでほとんど語られてこなかった。旅館こそが日本の特殊性を示すものであり、「おもてなし」を実践する場であったにもかかわらずだ。

日本のホスピタリティ産業の近現代史、さらに未来を考えるには、旅館のありように触れなければ総括できない。

まずは、地方旅館の後継者から出発し、その旅館で世界に進出すること、世界に互していける宿泊産業の運営会社になることをめざしている星野リゾートの物語から紐解いていくことにする。

第一章

軽井沢の森から

星野リゾートを率いる星野佳路が、一地方旅館の後継者として家業を引き継いだ時、まだ誰にも注目されていなかった、何者でもなかった彼が、最初に手がけたひとつが、星野温泉に隣接する「軽井沢 野鳥の森」のエコツーリズムだった。

佳路の社長就任が一九九一（平成三）年。翌九二年にスタートした「野鳥研究室」が、今も軽井沢を訪れる人たちに森の楽しみ方を教えてくれるエコツアーの専門家集団「ピッキオ」の前身である。

三年後の一九九五（平成七）年、星野温泉は、星野リゾートとなり、現在に至っている。

「軽井沢 野鳥の森」は、星のや軽井沢やトンボの湯、村民食堂などがある一帯と湯川という川を隔てた東側、星野の先代が開発した別荘地の北に位置する。面積は、約一〇〇ヘクタール。敷地内には、約三キロの遊歩道がめぐらされている。

入り口近くにピッキオのビジターセンターがあり、「野鳥の森 ネイチャーウォッチング」は、ここからネイチャーガイドと共に森に入る。星野リゾートの宿泊客でなくても、誰でも気軽に参加できる。

華やかなリゾート施設があるエリアからほんの目と鼻の先なのに、森に入ると、手つかずの自然が残っていることに驚かされる。まるで別世界と言ってもいい。

キラキラと木漏れ日が差し込み、爽やかな風が吹き抜けてゆく。

耳を澄ますと、野鳥のさえずりが聞こえる。

「ここの魅力は、気軽に歩けるのに、動植物との距離が近いことですね。動物の足跡が普通にあったり、分布の限られた希少な鳥に出会えたりするんです」

設立時からのスタッフ、小口幸子は、森をいとおしむように話してくれた。

星野温泉の歴史は、森と星野リゾートの敷地を隔てる湯川から始まった。

ところどころに湯が湧出し、湯気が立ち上っていたことに名前の由来がある。

川に湧く湯、つまり温泉ということである。もともとは赤岩鉱泉と呼ばれていた。

ここを玄関口にして、山道を上がっていった先に草津温泉がある。草津の湯は、硫酸を含んだ強酸性の温泉で、効能は絶大だが、長湯治をすると、効き過ぎて肌がただれることがあった。そこで最後に、赤岩鉱泉のアルカリ性の湯に入ると、皮膚が整い、よみがえるので、草津帰りの湯治客に人気があったという。

星野家の当主は、代々「嘉助」を襲名した。

佳路の代になって、「嘉助」は星のや軽井沢のメインダイニングの名前となったが、もし襲名していれば、五代目嘉助だったことになる。

初代嘉助は、信州・佐久の岩村田で生糸商として成功し、豪商となった人物だった。山深い信州は、もともと養蚕業の盛んな土地だったが、輸出製品として生糸が花形だった明治時代、まさに時流に乗った商売と言えた。その家業を継ぐかたわら、この地で製材業を始めたのが二代目嘉助（国次）であった。

ここに目をつけたのは、湯川の水が水車を廻して動力とするのに好都合だったからだ。二代目嘉助は、新天地の開発に岩村田の生糸で稼いだ資金をつぎ込んだ。

転機となったのが、一九一〇（明治四三）年八月だった。

〈八月九日より降り始めた雨は、空のそこが抜けたと思われる程の豪雨となり、十七日まで九昼夜、降り続いたので、軽井沢一帯は大洪水となり、湯川の上流のシラス地は火山灰土のため山津波を起して、信越線の鉄橋も流失してしまい、川筋に存在した製材工場もことごとく押し流されてしまった〉（『やまぼうし 星野温泉のあゆみ』）

二代目嘉助は、この大洪水を契機に赤岩鉱泉を買い取る決心をする。

カナダ生まれの宣教師、アレキサンダー・クラフト・ショーが軽井沢を初めて訪れたのが一八八六（明治一九）年。清涼な気候が好まれ、軽井沢は避暑地として人気を博するようになっていた。二代目嘉助は、温泉があれば、さらに発展すると考えたのである。

一九一三（大正二）年、上田から宮大工を呼び、神社風の浴場を建設。これに伴い、赤岩鉱泉を星野温泉と改名した。旅館の開業は、翌一四（大正三）年のことである。

星野リゾートの本拠地である中軽井沢は、中山道の宿場町、沓掛《くつかけ》を前身とする。軽井沢宿の隣の宿場町であり、旧軽井沢周辺とは異なる、独自の歴史があったエリアだ。軽井沢にはない温泉があるのが最大の長所で、それが星野温泉だった。

一九一九（大正八）年、星野温泉の名前を全国的に有名にする事件がおきる。浅間山で投身自殺をするつもりで星野温泉に泊まった男が宿帳に〝鈴木三重吉〟と書いたのである。鈴木三重吉と言えば、当時、童謡・童話の雑誌『赤い鳥』の主宰者として、知らない人はいない有名人だった。

それを聞きつけた地元新聞の記者が、男のもとを訪ねてきた。男は、請われるがままに講演会までこなし、またその話がなかなか上手かったという。だが、発行された新聞を見た人が怪しんで訴え、男は御用となった。「にせ赤い鳥事件」である。

ところが、この事件をきっかけに、翌年の夏、なんと本物の鈴木三重吉がやって来る。そして、さらにその翌年の一九二一（大正一〇）年、敷地内の材木小屋で開催されたのが「芸術自由教育講習会」だった。

講師として名を連ねたのは、『赤い鳥』の鈴木三重吉のほか、北原白秋、島崎藤村、そして内村鑑三と、当時の日本を代表するそうそうたる文化人たちだった。

有名な詩がいくつか、これをきっかけに誕生した。

島崎藤村作詞の『千曲川旅情のうた』は、この会が縁になって、作曲家・弘田龍太郎によって生まれた。

北原白秋の『落葉松』は、講習会に参加した時の印象を翌年、雑誌『明星』に発表したものである。

「からまつはさびしかりけり、たびゆくはさびしかりけり」

有名な詩文の碑は、今も星野リゾートの敷地内に残されている。


旧軽井沢で外国人宣教師や上流階級の人たちが避暑と社交を楽しんだように、星野温泉では、日本の文化人が避暑と文化交流を楽しむ伝統が生まれたのだった。

やがて彼らは、隣接する森に別荘を構え、滞在するようになる。

星野別荘地の始まりである。

別荘には、それぞれ番号がついており、たとえば七号別荘に滞在したのは与謝野鉄幹・晶子夫妻、五号別荘には内村鑑三が滞在した。

夏の星野温泉は、文化の香りが漂う独特の雰囲気があった。

星野温泉の浴場には、金曜日になると、このような貼り紙があったという。

「明日午前十時より拙宅に於て聖書研究を行います」

毎週土曜日、内村鑑三が人々を集めて行った講話である。

目を輝かせて話に聞き入っていた聴衆の中に、若き日の三代目嘉助（嘉政）がいた。自身の著書『やまぼうし 星野温泉のあゆみ』にその興奮を記している。

〈先生は語学が堪能であったから新しい外国文献を絶えず読まれ、宗教の話の中で現代科学の枠を取り入れて話をなさるので、聴衆をひきつけ感動を呼ばずにはおかなかった。当時、私は十八才であったが、今でも昨日のことのように覚えている〉

現代科学の話とは、たとえば極地探検の話だった。ノルウェーの北極探検家ナンセン博士の話を彼は夢中になって聞き入った。

気むずかしいところのあった内村鑑三だったが、なぜか嘉政にはやさしかったという。芸術自由教育講習会の会場だった材木小屋では、毎夏、子供たちを集めて子供会が開かれた。この会場のためにと、内村が筆をとったのが「星野遊学堂」と「善遊善学（よくあそび、よくまなべ）」の書だった。そして、材木小屋は「星野遊学堂」と命名された。

星野子供会は、星野別荘地が運営するかたちで長く続いた。

星野佳路も弟の究道《さだみち》と共に、夏休みはこれに参加するのが常だった。

別荘地の子供たちのほか、皇太子浩宮と秋篠宮が参加することもあった。

かたわらには、ごく普通の母親として、子供たちを見守る皇后の姿もあったという。

皇太子時代の天皇皇后は、毎夏、軽井沢を訪れ、星野別荘地に隣接する千ヶ滝別荘地のプリンスホテルに滞在していたからだった。

千ヶ滝別荘地は、西武の堤康次郎が、事業の礎を築いた土地である。

一九二六（大正一五）年の夏、内村鑑三は、嘉政に人生の戒めとして「成功の秘訣」と題した一〇項目をしたためて与えた。

〈一、自己に頼るべし、他人に頼るべからず。
一、本を固うすべし、然らば事業は自《おの》づから発展すべし。
一、急ぐべからず、自働車の如きも成るべく徐行すべし。
一、成功本位の米国主義に倣ふべからず、誠實本位の日本主義に則るべし。
一、濫費は罪悪ふりと知るべし。
一、能く天の命に聴いて行うべし。自から己が運命を作らんと欲すべからず。
一、雇人は兄弟と思ふべし、客人は家族として扱ふべし。
一、誠實に由りて得たる信用は最大の財産ふりと知るべし。
一、清潔、整頓、堅實を主とすべし。
一、人もし全世界を得るとも其霊魂を失はぐ何の益あらんや。人生の目的は金銭を得る

に非ず。品性を完成するにあり〉（前掲書）

この戒めを心において生きた嘉政が、佳路の祖父にあたる。

「商売っ気がなくて、正義で行動する人でした。誰か困っている人のために一生懸命にやる。和を大事にするんですね。だから、あなたのお祖父さんによくしてもらったとよく言われました。経営的には、平気で他人に土地を使わせていたり、困ったところもありましたが。信仰も篤くて、賛美歌を歌う時の声の大きさは神がかっていましたね。神様と交信してるみたいだった」

行動のひとつひとつが、「成功の秘訣」の項目に重なる。

さらに、嘉政が熱中したのが温泉の掘削と発電事業だった。

一九二九（昭和四）年、自家発電事業に成功する。ドイツ製発電機を購入し、星野製材所の動力に使っている木製水車で回して発電したのである。

嘉政が基礎を築いた自家発電は、現在、従来の水力発電のほか、地熱発電も含め、星のや軽井沢で利用する全エネルギーの七割を担っている。

商売人というより、技術者だったという嘉政は、また自然科学の人でもあった。

中学生の頃、この祖父と医師だった祖母に連れられてアフリカを旅したことは忘れられない思い出だと佳路は語る。アフリカの大地を飛び立つフラミンゴの大群の話をする彼は、つかの間、経営者の顔でなくなっていた。

そういう人だったからこそ、星野温泉には多くの文化人が訪れたのだろう。

日本野鳥の会の創立者、中西悟堂もそのひとりだった。

「今までは野鳥を食べていたが、これからは野鳥を見て楽しむ時代になる」との言葉に嘉政は衝撃を受けたと伝えられる。共鳴した彼は、長く日本野鳥の会の軽井沢支部を星野温泉においていた。

第二次世界大戦中、全国の木がたくさん切られたが、星野温泉がある「蕨尾の山」は嘉政が切ることを頑なに拒んだ。戦後は自ら野鳥の声を録音し、野鳥の会と共にこれを発表するなど、野鳥の森を広く啓蒙する活動を行った。

一九七四（昭和四九）年、環境庁（現・環境省）により全国で初めて「国設野鳥の森」が開設されるにあたり、軽井沢が選ばれたのは「星野さんのお膝元におけば間違いない」とのお墨付きがあったからだ。

嘉政の息子、四代目嘉助の晃良もまた、得意のカメラで野鳥を撮影するなど、野鳥の森を愛したひとりだった。

そして、その父の経営方針に反旗を翻すかたちで家業を継承した佳路も、森を舞台にしたエコツーリズムから今に至る星野リゾートの基礎を築いた。

野鳥の森は、それぞれに生き方と個性の異なった星野温泉の当主たちが等しく原点とした場所だったのだ。

一九三七（昭和一二）年、三代目嘉助が日本野鳥の森協会の軽井沢支部を設立した年、岩村田の星野商店と製糸場が廃業する。ひとつの時代の終焉だった。

星野温泉の黎明期、岩村田の製糸業によって得た資金があったからこそ、温泉掘削ができたのだし、多くの土地を手に入れることもできた。そして、それらの資産があったからこそ、戦後の星野温泉があった。

一九三三（昭和八）年生まれの四代目嘉助、晃良は、戦後の観光業に専念する時代を生きた経営者ということになる。

その父の長男として、一九六〇（昭和三五）年に生まれたのが佳路になる。

四代目嘉助の晃良が亡くなった際、お別れの会の挨拶で佳路は父をこう評している。

〈私の目から見た父をキーワードで表現すると、アイディアマン、西洋好き、自由奔放、軽井沢好き、そして超活動的となります〉（『四代目星野嘉助と軽井沢』）

西洋好きと言っても、それはヨーロッパではなくアメリカだった。

「コロラドのロッキーマウンテンのような世界観ですよね。カウボーイハットを被って、カントリーを聴くような。カントリーボーイの自負があったと思います」

原点にあったのが、東京ではなく、軽井沢を拠点とする自身を肯定したい気持ちと、そして、アメリカ留学だったと佳路は指摘する。

一九五四（昭和二九）年、インディアナ州立大学入学、その後、アイビーリーグでホテル経営学の名門であるコーネル大学ホテル経営学部に進み、一九五八（昭和三三）年に帰国した。一九五〇年代、アメリカが最も輝いていた時代である。一方の日本は、まだ戦後の貧しさの中にあった。

「船でアメリカに着いた時、初めて食べたアイスクリームの味が忘れられないと言い、晩年までアイスクリームが好物でした」

晃良は、コーネル大学ホテル経営学部に戦後留学した日本人の先駆けだった。

彼が帰国した一九五八年一一月、時を同じくして、箱根の富士屋ホテルの後継者として婿入りしたのが、私の父、山口祐司である。

婿入りの条件にアメリカ留学があったと聞く。ホテル経営の後継者として、めざしたのはコーネル大学ホテル経営学部だった。

戦後の留学経験者がいると知り、父は軽井沢へ向かった。

一九三四（昭和九）年一月生まれの父は、晃良と同学年であった。宿泊業の若き後継者同士、二人は意気投合したのだと思う。一九六一（昭和三六）年にコーネル大学ホテル経営学部を卒業した父と、先達としての晃良は、長く友人同士であった。

二人の関係を物語るエピソードがある。

晃良の星野温泉における最大の業績と言えば、ブライダル事業を立ち上げ、軽井沢ウェディングの一大ブームをおこしたことだ。内村鑑三らが集った材木小屋の「星野遊学堂」は、一九六五（昭和四〇）年、「軽井沢高原教会」として生まれ変わった。

晃良が発案したのは、新郎新婦を白馬の引く白い馬車に乗せる演出だった。

一九八〇（昭和五五）年夏、父は、継母順子との再婚にあたり、この白い馬車に乗った。

お別れの会に寄せた一文に記している。

〈その日は夏も終わりに近づく8月下旬で、娘の由美も同席しました。何となく「白い馬車」に乗るのは面映ゆい気分でしたが、晃良さんの「どうしても乗れ」という命令でしたので、止むを得ませんでした。その想い出が残っております写真は、大平台の別荘に大切に保存してあります〉（前掲書）

星野温泉で結婚式をすると決めた段階で、白い馬車は織り込み済みであり、晃良の性格を知っていれば「どうしても乗れ」と言われるのはわかっていたはずだ。

四六歳の新郎は、案外、確信犯だったのかもしれない。

本当のことを言えば、最も気恥ずかしかったのは高校三年生の娘である。

それでも同席したのは、結婚を切り出した時の父の言いにくそうな表情にほだされたのだと思う。初婚の継母は、父との年齢差より、私との年齢差のほうが近かった。

なぜ晃良が仲人だったのか。留学の時のように、いち早く相談をしたのか。父の新しい人生の出発を知った晃良が強引だったのか。どちらにしても、白い馬車に乗った父は、はじけるように幸せな笑顔だった。

こうして星野温泉は、我が家にとってても忘れがたい場所になった。


私と二学年違いである星野佳路は、ちょうどその頃、慶應義塾大学経済学部の二年生。体育会アイスホッケー部の花形選手として知られた存在だった。

当時、私も慶應義塾女子高校のフィギュアスケート部に在籍していた。

男子フィギュアの日本代表だった五十嵐文男選手が慶應義塾に在籍していた関係で、大学の体育会フィギュアスケート部も活気があり、高校生の私たちもしばしば大学の合宿に加わった。

合宿では、ホッケーもフィギュアも貸し切りリンクで練習する。通常営業の前後だから、おのずと早朝や深夜になる。一緒に練習することはなかったけれど、ごつい防具をつけたホッケー選手たちとリンクサイドで行き違うことはよくあり、その練習を垣間見ることもあった。

当時の佳路が、どれほど誰からも一目おかれるスター選手であったか、私自身の記憶にもはっきりとある。

こんな言い方をすると怒られるかもしれないが、今の佳路よりも近寄りがたい感じがあり、競技が違って接点が少なかったせいか、個人的には、一九八〇（昭和五五）年のレークプラシッド五輪に出場した五十嵐文男より雲の上の存在のように見えた。

三歳違いの弟、究道は、兄と同じく普通部から慶應義塾に学んでいたが、佳路が大学一年でデビューした試合の衝撃的な光景が、自身の転機にもなったと語る。

「優等生の兄に対する何となくの反発もあり、中学は野球部にいて、それもちょっと不良だったのです。優等生よりかっこいいという思いもありました。アイスホッケーで活躍しているのは知っていましたが、興味はありませんでした。でも、忘れもしません、兄が大学に入学した年の四月七日、試合を見に行ったんです。すると、入学したばかりの一年生なのに、凄い活躍しているんですよ。会場が星野コールで埋め尽くされて。そこからですよ、兄弟関係が変わったのは」

鳥肌の立つような兄の試合を見て、弟もアイスホッケー部に入る決心をする。

「カナダのプロ選手と比べると体が小さいとか、パワーが足りないことはあったけれど、技術的には本当に上手かった。教科書になるような選手でした」と究道は絶賛する。

佳路は文武両道で、体育会アイスホッケー部で、経済学部に進んだ珍しい学生だったと究道は言う。今は学部による偏差値や人気の状況も変化したが、当時は、体育会といえば、勉強が楽とされていた法学部などに進むのが一般的だった。

兄は、弟に勉強も怠るなと戒めた。そして、究道も、経済学部に進学し、体育会アイスホッケー部という同じ道を歩んだのだった。


それほどのスタープレイヤーであったにもかかわらず、大学卒業後の佳路は、きっぱりとアイスホッケーはやめた。その後、よく知られているように、スキーに夢中になった。だが、スキーも中途半端で終われないのは、根っからの体育会気質なのだろう。

星野家は、長男が家業を継ぐことが暗黙の了解だった。

子どもの頃、野鳥の森で「探鳥会」があると、祖父の嘉政が「うちの跡継ぎです」と紹介する。周囲から集まる視線が、後継者であることを意識する原点だった。

佳路も、そのことを当然に受け入れて、反発を感じることはなかったという。

その道筋として、コーネル大学ホテル経営大学院をめざした。

当時、ホテル経営学の教授たちと太いパイプを持ち、同窓生をとりまとめて、留学志望者の窓口になっていたのが私の父だった。面接を受けた時、父祐司がどれほど怖かったかという話を佳路は、私によくする。コーネル大学への留学こそが、彼の人生の転機であり、経営者としての原点でもあるからだろう。

それは奇しくも、権威あるホテルランキングで知られる米国の雑誌『インスティテューショナル・インベスター』で、ホテルオークラが世界二位の評価を受けた年のことだった。日本が高い評価を受けたのは、これにとどまらなかった。当時、世界的なベストセラーになっていたのが社会学者、エズラ・ヴォーゲルの『ジャパン・アズ・ナンバーワン』である。日本はもう一九五〇年代の貧しい敗戦国ではなく、経済成長の輝ける成功者になっていた。

いずれも留学経験が人生の転機となった父と息子。だが、経営方針の相違で、後に激しく衝突することになる。それぞれの性格や生き方の違いはもちろんだが、二人を決定的に隔てたのが時代の違いであり、世界における日本の立ち位置だったのかもしれない。

ホテル経営大学院の新入生として、ニューヨーク州、イサカにあるコーネル大学の風光明媚なキャンパスに趣いたのは、一九八四（昭和五九）年のことだった。

ニューヨーク州といっても、マンハッタンとは大違いの田舎町。だが、キャンパスにはゴルフコースまであり、イサカの夏は本当に美しい。

私もＰＤＰ（Professional Development Program）というプログラムで短期留学をしたことがあるが、町にタクシーが数台しかいなかったことを覚えている。佳路と同じ時期に建築学科に留学していた東利恵は、後に星野リゾートの物件を数多く設計することになるが、佳路の車に乗せてもらっては、日本料理を食べに行ったと思い出を語ってくれた。アイスホッケーと実家の軽井沢の話ばかりする彼とは、あまり話は合わなかったと苦笑する。

佳路は、この時、初めて「日本」を背負う経験をした。

「大学院は一学年が五〇人程度ですが、私が唯一の日本人でした。バブル経済で日本人留学生が増えるのは、少し後になります。同級生は、日本に対して、真似事の上手い国だと思っていました。なぜ西洋の真似をするんだ、とよく言われました。パーティーの席なんかでも、スーツで行くと、なぜサムライの格好をして来ないと言う。インドや中東の留学生は民族衣装を着ていましたから。もし西洋的なリゾートを日本に造ったら、同級生たちに完全に馬鹿にされると、留学一年目にして思いました」


さらに問題意識を決定づけるホテルと佳路は遭遇する。

一九八四（昭和五九）年、日本航空の子会社でニッコーホテルズを展開していた日本航空開発が買収したニューヨークのエセックスハウスである。一九三一（昭和六）年、大恐慌の最中の開業という因縁めいた歴史を持つ。プラザ、ウォルドルフ・アストリアなどと並ぶニューヨークを代表する高級ホテルだ。

マンハッタンのミッドタウンに位置し、セントラルパークを真正面に見下ろす。

「本当にニューヨークのど真ん中にあるんです。あのビューは凄い。感動します」

当時の興奮を思い出して、佳路は表現する言葉を探しているふうだった。

私が「ニューヨークを掌中に収めたような感じですか」と問うと、うなずいた。

小説『沈まぬ太陽』にも「グランドホテル」の名称で登場する。

半官半民だった時代の日本航空の放漫経営を象徴するホテル買収だった。三菱地所がロックフェラーセンターを買収したように、日本航空もニューヨークを掌中に収めたかったのだろう。その後、中東資本の手を経て、現在は中国資本がオーナーである。

当時、大学の教授に同行してホテルを訪問する機会があり、唯一の日本人である佳路に声がかかったのだった。この時の縁で、卒業後、佳路は日本航空開発に入社。シカゴでのホテル開発に関わることになる。

「なぜ日本の運営会社が、シカゴで西洋ホテルをやるのかと聞かれていました。そんな質問は、想定していないから答えられない。当時のニッコーホテルズは、日本的な要素を入れる発想なんて全くありませんでした。さらにニッコーというのは、ギリシャで〝太郎〟のような一般的な名前でした。それで、ギリシャみたいだとも言われました。そんなパターンを一年くらい繰り返して、だんだん不安を覚え始めました。これは、彼らの期待と全然違うものなのではないか。彼らの期待するイメージは、日本という有名でオーセンティックな文化を背負っていたのです」

コーネルのクラスメイトたちから言われたことと同じだった。

今度は、ビジネスの現場で、より厳しい現実となってつきつけられる。

日本というのは、かつてヨーロッパを席巻したジャパネスクブーム以降、エキゾティックで魅惑的な文化を背負った国という印象がある。その日本人が運営するホテルに対しては、そうしたエキゾティシズムがおのずと期待される。だから、日本人が西欧的なコンセプトやデザインのホテルを造っても、その期待に応えられない。それを打破できるのは、旅館しかないのではないか。この時の原体験が、後に佳路の中で、日本のホテル運営会社が海外に互していくキーワードとしての「旅館」を発想させることになる。

一方で、ジャパンマネーはアメリカを席巻、バブル景気の狂乱を迎えようとしていた。

佳路が帰国したのは、昭和が終わり、平成が始まった年、三菱地所がロックフェラーセンターを買収した年、一九八九（平成元）年のことだ。二九歳になっていた。

「ホテルマンになろうというより、いい経営者になりたいと思っていました。コーネルで学んだ組織論に影響を受けました。スタッフのモチベーションを上げるとか、チームビルディングの考え方は、アイスホッケーの理想に近かったんです。体育会でいつも考えていた良いチームとは何かを経営で実践するつもりで、理想を描いて帰ってきました」

ところが、実家の同族経営は、いい経営の対極だった。

「理想とはかけ離れていました。公私混同が激しかったのです。星野一族だけが支配者階級で、それ以外は雇われ人。旅館自体は、かっこ悪くてもいい、スタッフと経営陣が一体となって家業をもり立てていく体制が必要だと思いました。でも、水道料金を払っていない同族の役員がいる、彼らはトイレットペーパーも買ったことがない。へんな請求書が出てきたりもしました。支払いがおきているのに納品されていない。調べてみると、うちの親父の書いた請求書だったのです」

佳路の心境は複雑だった。自分自身が育ってきた家の生活費でもあったからだ。

「たとえば、うちには風呂がありませんでした。毎日、旅館の温泉大浴場に入っていました。小学校二年生の時、東京のいとこの家に泊まり、風呂が小さくて驚いた記憶があります。どうやって入るんだろうと。普通の家庭の風呂だったんですが」

星野温泉に限らず、中小の旅館経営者の家庭では、当たり前の風景でもあった。

箱根で生まれ育った私にも実体験がある。親しかった友人の家は旅館で、客室と同じに見える扉をあけた先に自宅の部屋があった。誕生会は舞台付きの大広間。日曜日の昼間であれば、使う客もいなかったのだろう。

だが、こうした環境から生まれる公私混同こそが、日本の旅館経営の最大の問題点だと佳路は考えていた。それを整理していく方向で合意を取り始めた。いい経営者になりたい一心だった。社員も佳路についてきていた。

そんなある日、突然、解雇を言い渡された。

解雇を決めたのは、父の晃良である。

「辞めさせられた時は、むしろすっきりしていました。どこかで親父の気持ちもわかったからなのかもしれません。冬の時期でしたが、軽井沢にも、もう二度と戻ってこないだろうから、最後に軽井沢プリンスでスキーでもしていこうかと。スキー場に行って、それから車に荷物を積み込みました」

日本でビジネス経験のなかった彼が戻る場所はアメリカだった。シカゴの友人に連絡し、ニューヨークで仕事を探していたら、舞い込んできたのがシティバンクの仕事だった。

「シティバンクが貸し込んでいるアジアのリゾートが不良債権化して、回収しなければならないという。聞けば、オフィスは東京の大手町だと。担当したのがオーストラリアのイ・アイ・イでした」

バブル経済の寵児ともいうべき人物、高橋治則のイ・アイ・イ・インターナショナルである。絶頂期、環太平洋のホテル王と呼ばれた男は、サイパンのハイアットリージェンシーを皮切りにオーストラリアなどでホテルを次々と買収した。バックに長銀こと、日本長期信用銀行がついていて、資金はいくらでも調達できたのだ。そうした中でシティバンクもイ・アイ・イに出資したのだろう。

飛ぶ鳥を落とす勢いであったイ・アイ・イに陰りが見え始めたのは、一九九〇（平成二）年の後半である。佳路がシティバンクの担当として関わっていた最中のことだった。

エセックスハウスに続き、イ・アイ・イにも接点があったとは。

佳路は、バブル経済の最中、それを海外から俯瞰した貴重な証言者でもあったことになる。だが、一九八〇年代半ば、コーネル大学ホテル経営大学院を卒業した日本人は希少であり、それを考えれば、必然の運命だったのかもしれない。

「貸すほうが悪いと思いましたね。異常なことがおきていた。物件自体が値上がりすることを前提に貸し込んでいますから、いったん歯車が廻らなくなると大変なことになる。でも、あの時代、その瞬間のリゾートを見ることができたのは、すごく良かったと思っています」

バブル経済の崩壊。ひとつの時代が終焉した。

そのタイミングで、佳路は、再び軽井沢に引き戻される。

「星野温泉には株主が二一人いましたが、社外にいる人が多かったのです。分散していたことはよかったんですが、後継者もいなくなって、彼らが疑問を持ち始めました。それで私を戻そうという話になりました」

親子関係の修復ではなく、星野温泉の将来を危惧した株主の思いだった。

「戻るにあたっては、役員の交代を条件にあげました。会社をこういう方向にしたいというのに賛成してくれる人を役員にしてほしいと。そのためには株主の半分以上の合意が必要なので、彼らを説得したんですね。大枠では合意してくれましたが、親父は反対していましたよ。激怒していました。でも、役員には残したんです。仕事をしないのなら、しなくていいと言って」

一九九一（平成三）年、佳路は株式会社星野温泉の代表取締役社長に就任した。

家業の継承として、これ以上はないというほどのハードランディングだった。

「軽井沢町内では、クーデターとか言われましたね」

もし星野温泉が、現在の星野リゾートのように全国的に知られる存在であれば、格好の週刊誌ネタになっただろう。当時、私自身も、父や軽井沢の人たちを通して、大変なことがおきていると、間接的に噂を聞くことはあった。

取引銀行なども、当初は父親側についていて苦労した。だが、たまたま理解を示してくれる支店長に巡りあい、助けられたという。

苦労したのが人材の確保だった。小諸の職業安定所に三日に一度は通った。

冒頭にあげたように、ピッキオの前身、「野鳥研究室」が始まったのが、まさにこの頃のことである。

「バードウォッチングは、もともと大事なアクティビティだったのですが、担当はひとりだけで、夏になると信州大学の学生がアルバイトで来ていました。当時、彼らが我が社で一番頼りになる人材でした。エコツーリズムの学会などに行くと、世界では非常に成長している分野でもあることがわかった。星野温泉の歴史に基づいているし、唯一の明るい希望で、気持ちを支えてくれたものでもありましたね」

「野鳥研究室」のメンバーの中には、バードウォッチングを離れた部署で、星野リゾートを支える重要な人材として活躍した人もいた。

「もうひとつ、『軽井沢ヴィネット』というタウン誌がありましてね、この編集長がとても厳しい人だった。それで人が辞めるんですね。だれかが辞めそうだという話を聞きつけては、リクルーティングに行きました」

黎明期の星野リゾートは、野鳥とタウン誌の人材に支えられていたのだ。

そして、もうひとり、最も頼りにしたのではないかと思うのが、弟の究道だ。社長に就任するにあたり、佳路は、軽井沢を離れていた弟に声をかけた。背水の陣にあって、やはり自分の味方が欲しかったのだろう。

究道は、家業を手伝うようになった経緯を語る。

「公認会計士になり、大手の監査法人に入って幸せに暮らしていたんです。最初はちょっとだけ手伝うつもりで、監査法人に籍を置きながら、月のうち半々くらい、二週間ずつ東京と軽井沢を行き来するという感じでした。でも、やってみたら面白いし、兄は邪魔じゃないのかなと思うと、邪魔じゃないらしい。むしろいてほしそうなので、じゃあ、こっち一本に絞ろうかなと思って、監査法人を辞めたのが一九九四、五年のことでした」

当時、二人は、軽井沢で同じ家に暮らしていたという。

以来、佳路と究道は、兄と弟として、社長と専務として、あうんの呼吸とも言うべき、絶妙なパートナーシップで、星野リゾートの経営を支えてきた。

「外見的には、兄がマック、iPhone、スキーヤーで、僕はウィンドウズ、アンドロイド、ダイバーなんです。よく冗談で、マックのPCを使っていると、おまえ、社長派だな、なんて言ったりしますが。性格的には、基本的には似ていると思っています。同じ学校に行き、同じスポーツをして、同じ会社にいるのですから」

躊躇いながらも「兄を尊敬しているのは事実です。私が似たんだと思います」と究道は告白する。

この兄弟関係が成り立っている背景には、単に弟が兄の能力を評価しているからだけではない、兄と弟が対等の立場でいる、ということが大きいという。

「兄が弟を下だと見たら、弟は面白くありませんよね。兄にはそれがない、対等なんですね。体育会の時は、もちろん上下関係が厳しかったですが、彼はもともとフェアな人間なんです。高校生の時でしたでしょうか、一度だけ、本気で家業を継ぐ気があるんだったらやってもいいよ、と言われたことがありました。そんな気はないと断りましたが。兄には、そういうところがあるんです」

アグレッシブさゆえに、トップダウンの経営者と思われがちだが、フェアであるというのは、佳路という人間の基本なのかもしれない。

得意分野が異なったことも幸運だった。佳路の得意分野は経営戦略、マーケティング、究道の得意分野は、財務管理やリートなどの資金調達だ。

兄弟のチームワークは、喩えるならば両輪の輪のようである。

「二人でひとつの経営チームなのです。役割分担を話し合いで決めたなんてこともない。同じ意見を言うだろうなと思う会議は、自然とどちらかが出なくなります。一方で、自分の範囲であっても、これは違う意見かなと思うと、相談する。私もそうですし、兄も公式の場で発表する際に、こう言おうと思うけれどどうだろうか、といった電話がかかってくることもあります」

対外的に会社の顔になるのは、兄の佳路だ。

弟の究道は一切、表に出ることはない。

「人前で話すことやコミュニケーションは苦手ですから、数字を見ているほうが良いです」

結果、カリスマ的な存在感の星野佳路だけが、私たちには見えている。

「会社ってアイデンティティが必要だと思うんです。たとえばスティーブ・ジョブズとアップルみたいに。それは、会社の経営者とリンクする訳です。会社の象徴というか、アイデンティティの中心は彼だと思っています。ですから、経営方針を社員の前で発表するような全社員研修は、完全に兄が行っています」

一方で、銀行との交渉は、究道が一手に引き受けている。

「銀行なんて兄とほとんど会わないですよ。普通、社長と面会したいとかあるんでしょうが、全くないですね」

表向きと反対に、銀行から見れば、専務こそが星野リゾートなのだろう。

二人の関係性は「一人の経営者を二人でやっているような感じ」という究道の表現が最もしっくりとくる。

たとえば、漫画家の藤子不二雄のようなイメージだろうか。でも、その人格には、佳路の顔が据えられている。もし星野佳路がスーパーマンのように見えるとしたら、それは二人の人間の役割を兼ね備えているからなのだ。


究道の存在は陰であるから、彼自身が表に出ることはもちろん、佳路が弟のことを語ることも滅多にない。それでも、その存在をふと口にしたことがある。

二〇〇一（平成一三）年、リゾナーレ八ヶ岳の運営を引き受けた話をする時だ。

何度となく「弟に背中を押された」と聞いた。

星野リゾートにとって、大きな節目になった出来事だった。

軽井沢を出て、何の縁もないところで、大きな規模の再生物件を成功させたことで、星野リゾートの名前が一気に全国区になったからだ。

一九九一（平成三）年に佳路が事業継承、九五（平成七）年に星野リゾートと社名を変更し、ホテルブレストンコートを開業して以降は増収増益で好調を維持していた。それでも世間は、星野リゾートのことを「老舗だから」「土地を持っているから」「軽井沢なのに温泉があるから」「後継者だから」と評価していたという。

「兄は自分の決めたことを確実に実行する。途中で誘惑があっても惑わされないという人でしたから、軽井沢を仕上げて、それから進出したいと思っていました。兄は決してリスクを負わない人ではありません。必要な時には大胆にリスクを負う。でも、自分の決めたルートではないリスクを恐れたんでしょうね」

星野佳路（右）、究道（左）兄弟

当時、二〇〇五（平成一七）年の開業をめざして「星のや軽井沢」のプロジェクトが進行していた。その投資も大きなものだったが、自分で決めたリスクだった。それで失敗するなら本望だが、本来でないことで失敗したら、自分の人生が台無しになる。

「一方で、私はバブルの崩壊なんて、ビジネス人生の中でも一回あるかどうかの大チャンス到来であると思いました。普通の経済状況であれば絶対、手に入らないような素晴らしい施設が二束三文で手に入る。一〇〇年に一度の大チャンスだと。一人の経営者の中の二つの人格ですから、ことさらに相手の言うことに反対するところがあったのかもしれない。もしかして兄一人であれば、自分で決めたのかもしれないし、リゾナーレで出て行かなくても、どこかのタイミングで進出していたと思います。でも、兄は最後の最後まで、入札の直前まで反対していました。これは悪魔のささやきだと」

佳路は、リゾナーレ八ヶ岳の運営を決意した理由を私にこう語ったことがある。

「弟と二人で現地を見に行ったんですね。すると、会場に社員が全員集まっていて、彼らからの強いメッセージがあった。それで決めました。これだけ求められている時に行かずして、本当に私たちは行けるのだろうかと思いました」

それもひとつの真実だろう。

だが、最終的に納得した背景に、究道が引っ張ってきた資金調達があった。

「ノンリコースローンです」

非遡及型融資である。返済の元手となる財産の範囲に限定を加えた貸し付けで、つまりリゾナーレで失敗しても、リゾナーレは失うかもしれないが、本業の軽井沢に影響を及ぼさない。これでリスクを軽減できたことが、決心した最大の理由だろうと究道は言う。

確かに「弟が背中を押した」のだった。

そして、この時、佐久の製糸業を元手に軽井沢の森で成功させた星野家の事業は、次のステージへと上がっていったのである。

佳路は、経営者としての父晃良について、同族企業気質を脱せなかったことと、大規模な投資ができなかったこと、すなわちリスクがとれなかった点を厳しく評する。

「少しずつ借りては返して、借りては返して、継ぎ足していく感じでした。大規模な借り入れをして大きくハードを変えるリスクがとれませんでした」

同族経営の公私混同は、社長就任以後、正していき、「星のや軽井沢」のプロジェクトで星野リゾートの世界観を大きく変える投資をした。

だが、軽井沢の森には晃良の残した遺産も確かにある。

軽井沢のブライダル事業の要となっている「軽井沢高原教会」と「石の教会 内村鑑三記念堂」である。白い馬車は廃棄されたが、教会は残された。

特に石の教会の存在感は圧倒的だ。正面から見ると円盤のように見える、大きさの異なるアーチが重なりあうアバンギャルドなフォルムは、背景のカラマツの森に溶け込むようにして立つ。夜の闇に沈むと、アーチの合間から堂内の光がこぼれる。

これが誕生したきっかけは、晃良がアメリカを旅していた時に出会った「チャートハウス」という斬新な建築のレストランだった。カリフォルニアの砂漠リゾート、ランチョ・ミラージュにあったそれ（残念ながら現存しない）は、低い屋根が大地と一体化した建物で、砂漠に着陸した強大なＵＦＯのようでもあった。

晃良の好奇心が激しく揺さぶられた。摩訶不思議な造形に一目惚れだったのだ。

探し出した設計者、ケンドリック・ケロッグは、フランク・ロイド・ライトから連なるオーガニック・アーキテクチャー（有機的建築）を独自の手法で実践する建築家だった。晃良は、なんと八年間も通って承諾をとりつけたという。

ケロッグの建築は、土地と呼応している。建てるべき場所を探して候補地を歩き回り、土地そのものからヒントを得て考える。拠点としていたカリフォルニアで行っていたのと同じ方法で、ケロッグは、星野温泉の森や敷地を歩き回り、場所を決めたという。

完成したのは一九八八（昭和六三）年。佳路が日本航空開発に勤務し、エセックスハウスの眺めに感動し、シカゴでホテル開発のあり方に疑問を抱いていた頃のことだ。

この翌年、佳路が帰国し、父と子の衝突が始まる。

それを考えながら石の教会を見上げると、さらに感慨深いものがある。

ここはまた、三代目嘉助の嘉政が師事した内村鑑三の無教会思想を体現する教会でもある。教会の地下は、ゆかりの品々が展示された記念館になっている。

「屋内も自然そのもの」とするケロッグのコンセプトは、「祈る場所が教会になる」とする内村の思想ともつながる。

晃良のアメリカは、アイスクリームとカウボーイハットだけではなかったのだ。

ケロッグの基本設計に基づき、実施設計を行った長谷川紘は、不合理で、何の幾何学的相関性もない構造物は不経済であったと指摘する。それでも「星野氏の求める空間は何かわけのわからないもの、見たことのないようなものなのだ。彼はそれを求めてアメリカまで行ったのだ。われわれとしてはどうしてもこれを実現可能なかたちに定着し、材料と工法を見つけなければならない」（『新建築』一九八八年一一月号）と記している。

完成当時から教会は水漏れがあり、水止めシートの補強工事が必要だったという。

私はフランク・ロイド・ライトの帝国ホテルライト館を思い出した。彼もアリゾナの砂漠地帯を拠点としていたせいか、ホテルは、しばしば雨漏りに悩まされたという。

そして、ふくれあがった建設コストにより、ライトを招聘した総支配人の林愛作は、責任を問われて退任に追い込まれた。

佳路が着任した頃の星野温泉の経営悪化の背景にも、あるいは、このとてつもない建造物があったのではないか。

だが、とてつもないからこそ、石の教会は、今も星野リゾートで存在感を放つ。

ところで、私が取材者として、星野リゾートを初めて訪れたのは、一九九八（平成一〇）年頃のことだったと記憶する。

冒頭に書いたように、まだ星野佳路が何者でもなかった頃のことだ。

当時の会社案内が手元にあるが、最初のページに「あなたは鳥の名前をいくつ知っていますか」と題されて鳥のイラストが描いてある。

アピールされているのは、野鳥の森のイメージとブライダル事業。まだ軽井沢の一地方企業であり、私が取材に訪れた理由もピッキオの活動が面白いと思ったからだった。それも、たまたま、以前からの関係があったから気づいたのであって、そうでなかったら見過ごしていたかもしれない。

父晃良が手がけたアーリーアメリカンのログハウス風温泉旅館だった星野温泉ホテルは、まだそのままあり、その中にピッキオの事務所が入っていた。

まだエコツーリズムなどという概念も充分に浸透していなかった当時、ピッキオの先進性に驚かされたことをよく覚えている。

そのピッキオが「第1回エコツーリズム大賞」を受賞したのが二〇〇五（平成一七）年のこと。そして同年、満を持して開業したのが「星のや軽井沢」だった。

同年は、後に「界」ブランドとなる旅館再生事業に着手した年でもあり、リゾナーレの運営を決めた二〇〇一（平成一三）年に続いて、星野リゾートの転機となった年と言ってよかった。

黎明期のピッキオがあった星野温泉ホテルを閉館、これを取り壊して開発したのが、星のや軽井沢だった。野鳥の森に隣接した緑豊かな谷の地形はそのままだったが、以前のホテルを知る者には、同じ場所とは思えない別世界が展開されていた。

コンセプトは「谷の集落」。

敷地の中央に川が流れ、これを中心に谷の形状をなす地形に沿って客室が配されている。

「水波の部屋」と命名されたのは水辺に近い部屋、山側に位置しているのが「山路地の部屋」で、集落の中心から一筋入った路地に佇む一戸建てが「庭路地の部屋」だ。

そもそも谷の集落というのは、山が多く谷が深い日本においては、原風景とも言えるロケーションである。日本では、多くの土地において、その土地らしさを追究してゆくと必然的に谷の集落になる。日本の原風景を意識したランドスケープでもあった。

歴史を踏まえつつ、最新のエコロジーを実践したのが電力の自給自足だった。星野温泉では、もともと湯川の水力で発電して製材を行っていた歴史がある。その後も水力発電の伝統は受け継がれていたが、星のや軽井沢の開業と同時に、地熱利用の熱交換システムが加わった。現在は、水力発電が三五％、地熱が四〇％と、全エネルギーの約七五％を自然由来の自家発電でまかなっている。星のや軽井沢は、正真正銘のエコリゾートなのである。

星のや軽井沢の開業に際し、話題を呼んだのが「泊食分離」の発想だった。

それが誕生した背景について、採用情報ホームページにある「星野リゾートの道のり」には、次のように記されている。

〈計画にあたり市場調査を行いお客さまが何を求めているか探ると「日本人であるから温泉は好きだが、旅館は嫌いだ」ということだった。食事のあり方や時間の拘束など、旅館の都合をお客様に押し付けるようなサービスが根底にあると感じた。泊食分離、食事時間の固定を取り払い、チェックアウトタイムは後ろ倒し、それまでには考えられなかった24時間ルームサービスを取り入れ、「温泉旅館スタイルのラグジュアリーホテル」というコンセプトのもと、常識を打ち破る施策を次々と展開。後に海外にまでブランド展開される、「星のや」の基本コンセプトとなった〉

興味深いのは「おもてなし」のネガティブな部分とも共通する「押し付けるようなサービス」の問題点に着目したことだ。

日本旅館において、当然とされてきた一泊二食を廃し、ホテルのように食事やサービスを選べるシステムにすることで、星のやは、純粋な旅館を脱し、旅館の遺伝子は持ちながら、現在のニーズにあわせた「旅館スタイルのラグジュアリーホテル」に進化した。それが星のやの新しさだった。

また、星のやは、星野リゾートがブランドを確立した嚆矢でもあった。

星野リゾートのマーケティング的なアドバンテージとして、秀逸なブランディングがある。それが、明確に示された最初が星のやだった。

二〇一三（平成二五）年版の企業案内において、「星のや」は次のように定義されている。

〈世界に誇れる日本文化とホスピタリティが融合した文化体験の場。私たちは「星のや」を日本発の和のリゾートとして世界に発信していきたいと考えています。『日本の旅館の趣きと世界基準のサービスの提供』を軸に、その土地独自の価値観、生態系、そして自然を守りながら、時代にあわせた近代化をとげた日本のサービスを提供していきます〉

軽井沢に次いで、二〇〇九（平成二一）年には京都、二〇一二（平成二四）年には竹富島が開業。そして富士、バリ、東京と拡大した今、コンセプトはブラッシュアップされ、こうなった。

〈圧倒的な非日常感を演出する、日本発のラグジュアリーな和の滞在体験〉

そして、次のようなメッセージが続く。

〈「現代を休む日」をコンセプトに、その土地の文化を敷地内で色濃く表現しながら、お客様に圧倒的な非日常感ある滞在と日本のホスピタリティをベースにしたおもてなしを提供することを大切にしています。世界の多くの場所で日本車と日本食を体験することができますが、日本文化のホテルに泊まることはできません。星のやを通じて「今日は日本の

ホテルに泊まろう」という選択肢を世界に提案したいと考えています〉

二〇一一（平成二三）年に「界」ブランドが誕生してからは、温泉旅館は「界」、和のリゾートが「星のや」と棲み分けされるようになった。それにより、星のやの位置づけは、より輪郭が広がり、グランピングをコンセプトとする富士のように斬新なコンセプトも含むようになった。そして、星野リゾートそのものを体現するブランドになっている。

それが生まれたのもまた、この軽井沢の森だったのである。

軽井沢野鳥の森の入り口

現在、中軽井沢一帯には、星野リゾートの施設が複数点在し、「軽井沢星野エリア」として、旧軽井沢とはまた異なる、歴史と新しさが交錯するリゾートエリアとなっている。軽井沢ホテルブレストンコートと星のや軽井沢という二つの宿泊施設を中心に、星野温泉「トンボの湯」、気軽に食事の楽しめる「村民食堂」や「カフェハングリースポット」、二つの教会、そして野鳥の森とピッキオ。冬には「ケラ池スケートリンク」もお目見えして、閑散期となる冬の軽井沢を盛り上げる。

星のやの泊食分離というシステムも、ここ軽井沢では、多くの外食施設があるので、不便を感じることなく機能している。

それでも、野鳥の森には、手つかずの自然が息づいている。

星野リゾートの原点は、今なお、この軽井沢の森なのである。

第二章

日本人のための
ホテルと近代旅館

一八九二（明治二五）年、小泉八雲ことラフカディオ・ハーンは、熊本から松江に転勤して初めての夏、妻セツを伴って、伯耆（鳥取西部）と隠岐諸島の旅に趣いた。

旅行記「伯耆から隠岐へ」（『明治日本の面影』）の冒頭で、彼は「まだひとりの宣教師も隠岐に行ったことがない」と未知の日本を旅することの興奮を記している。

その中で、ハーンは日本人の住生活や宿屋について興味深い指摘をしている。

〈日本人の生活には、いかなる意味でも私的生活権《プライバシー》はほとんどない。西洋でいう私的生活権《プライバシー》は存在しないのである。人々の生活を分かつのにただ紙の壁があるだけである。扉のかわりに、あけたてのできる襖があるだけで、日中は鍵も錠もかけない。天候さえ許せば、家の表も両側も文字通り開け放して、内部は広々と大気や光線そして人の眼にさらされる。金持ちでも日中は表門を閉ざす者はいない。宿屋でも一般の民家でも部屋に入る前にノックするものなどいない。障子や襖しかないのだから、ノックをすればたちまち破れてしまう〉

ずいぶん昔になるが、私も木曽路・妻籠宿の民宿で、隣の部屋と襖一枚で仕切られた部屋に泊まって、戸惑った記憶がある。春の初めの寒い頃で、障子一枚隔てた先が屋外であることに、さらに仰天した。そして、そうか、昔の日本の宿はこうだったたか、と感慨深く思ったのだった。

ハーンが、伯耆や隠岐で泊まった宿も同じだったのだろう。

江戸時代のままの町並みと風情を保持している妻籠の宿では、今でも、鍵のない、襖だけで仕切った部屋があり、観光協会のホームページには、観光客に注意を促すようにその旨、明記してある。

さすがに現代では、こうした特殊な例を除けば、旅館といえども、襖と障子だけで仕切られた部屋はなくなった。

だが、旅館とホテルでは、今でもプライバシーに関する考え方に相違があるし、サービスのスタイルの違いも、すべてはここに立ち返る気がする。


現代の旅館では、ノックもなくいきなり人が部屋に立ち入ることはない。だが、仲居さんがしばしば入室しては、お茶を入れたり、布団を敷いたり、布団をあげたりすることは、旅館ならではのサービスだ。

旅館のサービスとは、お客がこうしたいと何かをリクエストする以前に、旅館の側から提供したいと考えるサービスを積極的に働きかけていくものである。

一方、ホテルを象徴するのは、コンシェルジュのシンボルマークが示すように鍵である。部屋には鍵をかけてプライバシーを守るのが、西洋的な住空間の基本だ。

だから、ホテルのサービスは、基本的にお客のリクエストを待つ。逆を言えば、リクエストがなければ、むしろ邪魔をせずにプライバシーを守るのがサービスである。

アジアンリゾートブームを牽引したアマンリゾーツのきめ細かなサービスは、「アマンマジック」と呼ばれて賞賛された。そのひとつが、お客の動きをスタッフが察知して、部屋を空けたタイミングを見計らって、こまめにハウスキーピングに入り、掃除をしたり、タオルを取り替えたりするものだった。

それは、お客のリクエストを待つホテルのサービスからすると革新的なものだったが、それでもスタッフは、旅館のようにいきなり部屋に入るのではなく、そっと物陰でゲストの動きを見守り、掃除に入る。「邪魔をしない」ことがサービスの基本であるという点において、やはりホテルだったのである。

そうしたホテルのサービスを物語る小道具が、いわゆる「ドント・ディスターブ」カードではないだろうか。日本では「起こさないでください」などと訳されているが、「ディスターブ(Disturb)」とは「妨げる」「妨害する」を意味する。ホテルのドアノブのところにかけられていて、省略してDDカードと呼んだりもする。伝統的なスタイルでは、反対側が「プリーズ・クリーンアップ・ルーム(掃除してください)」と書かれている。最近は、もっと洒落た言い方の言葉が記されていたり、リゾートホテルであれば、椰子の実であるとか、何か印になるものをドアのところに置くスタイルになっていたりするところもある。

このDDカードが、ホテルと旅館を分けるのではないかと私は思っている。

一昔前であれば、旅館は布団、ホテルはベッドという棲み分けができた。しかし、今は星野リゾートの「界」や「星のや」がそうであるように、ベッドを入れている旅館はいくらでもある。

「星のや東京」は、エントランスに下足番をおき、靴を脱がせることで、東京という国際的大都市において、ホテルとは一線を画した「旅館」であることをアピールしている。だが、高度経済成長以降に増えた「観光ホテル」を名乗る大型観光旅館では、エントランスでは、ホテルのように靴のまま、というスタイルを導入した。だからといって、こうした「観光ホテル」が、ホテルかと言えば、やはり旅館なのである。

だが、ＤＤカードは、ホテルにしかない。やはりプライバシーに対する考え方こそが、旅館とホテルを分ける決定的なものではないだろうか。

小泉八雲の文章を読んで、あらためて確信したのだった。

現代の旅館に鍵はある。隣の部屋との仕切りも、当然ながら、襖ではなく壁である。しかし、中に入れば畳の和室がある。

こうした近代旅館は、いつ生まれたのだろうか。

逆を言えば、旅館が、もし江戸や明治時代のままで、どこも妻籠の民宿のようだったら、さすがに旅館は、ある時期、ホテルに淘汰されてしまったのではないだろうか。

現代につながる近代旅館の事始めとされるのが、信州・戸倉上山田温泉にある「笹屋ホテル」の「豊年虫」と呼ばれる客室棟である。

「ホテル」という呼称だが、これは、いわゆる「観光ホテル」と称された旅館の走りで、笹屋ホテルは、旅館が「ホテル」と名乗った最初でもあるという。

「豊年虫」の特徴は、出入り口に鍵付きのドアがあり、客室と客室の間に壁を作り、「個室」であることを明確にしたことだった。

さらに、畳の部屋に続いて、眺めの良い窓際に広縁があり、椅子とテーブルが置いてある。畳の寝室に窓際の小さなリビングスペースという、日本各地の旅館で見ることができる客室の基本型が、実はここで生まれたのだ。

笹屋ホテルがある戸倉上山田温泉は、北陸新幹線の上田駅から程近い、千曲川に沿った温泉町だ。創業者である坂井家は、この地で代々、造り酒屋を営んでいた。

千曲川は、幾たびも氾濫し、沿岸に大洪水の被害をもたらした。その河原に温泉が湧くことは古くから知られていたが、温泉開発は不可能とされてきた。しかし、一八九三（明治二六）年、坂井家一五代目当主の坂井量之助は、私財をなげうって温泉掘削に成功したのだった。坂井家は戸倉上山田温泉の開祖でもあった。現在の場所で「笹屋ホテル」として旅館を開業したのが一九〇三（明治三六）年のことである。

その歴史は、同じ信州で製糸業を営んでいた星野家と驚くほど類似する。川に湧く温泉を掘削した状況も同じだし、創業年も星野温泉が旅館の前身となる事業を始めたのが一九〇四（明治三七）年であるから、ほぼ同時代の出来事と言っていい。

笹屋ホテル「豊年虫」の設計者は、帝国ホテルライト館を設計したフランク・ロイド・ライトのアシスタントを務めた遠藤新だった。

言うまでもなく、フランク・ロイド・ライトは二〇世紀を代表する建築家。ル・コルビュジエ、ミース・ファン・デル・ローエと共にモダニズム建築の三大巨匠とされる。

遠藤新は、福島県・相馬の生まれ。東京帝国大学で建築を学んだが、建築界の大御所である辰野金吾を批判する論文を書くなど、既成の枠に収まらない人物だった。卒業制作は「BOKUNO HOTEL（僕のホテル）」と題し、何とホテルを手がけている。

新は早くからホテル建築に興味を持ち、帝大在学中、当時、帝国ホテルの総支配人だった林愛作を訪ねている。『帝国ホテルライト館の幻影 孤高の建築家 遠藤新の生涯』によれば、卒業制作にホテルを選んだのは、新館の設計者にフランク・ロイド・ライトが決まったことに触発されたからだという。

新は、愛作の推薦で、助手として採用され、まもなくライトと共に渡米。日本人として最初の弟子となった。

遠藤新に設計を依頼したのは、笹屋ホテルの創業者、坂井量之助の孫にあたる修一である。

若き後継者として期待を寄せられていた彼が、まず計画したのが、建物の増改築だった。新に設計を依頼する手紙を書いたのは、一九三一（昭和六）年の終わり頃と思われる。

なぜ、遠藤新だったのか。

フランク・ロイド・ライトの代表作のひとつ、自由学園に坂井家の親戚が勤めていたつながりがあったからだ。

心当たりのある建築家が、たまたま遠藤新しかいなかったのか、それとも師であるフランク・ロイド・ライトのことや新の経歴もわかった上での依頼だったのか。修一の伝記を読む限り、前者の状況だったと推察される。

赤倉温泉のスキー旅行の帰途、遠藤新が初めて笹屋ホテルを訪れたのは、一九三二（昭和七）年正月のことである。修一の話を聞き、敷地を見た新は、ノートを取り出して、たちまちスケッチをさらさらと描いてみせたという。

〈「これでどうだ」

「大変結構ですが、予算はおいくらぐらいになりますか」

「ざっと一〇万円くらいかな」

「とてもそこまでは……」

「なら、これでどうだ」

「それだといかほどになりますか」
「三万円だ」
「……」
「じゃあ一体幾らあるんだ」
「二万円ほどですが」（中略）
「なんだそれを先に言え」〉（『坂井修一翁伝 化翁開明』）

新は、この計画に大いに乗り気だったのだろう。その後、短い間に何通もの手紙を修一に書いている。

〈拝啓　早速図面に取りかゝり、別図の如きものに考へをまとめて見ました。御熟覧の上御意見御洩らし下され度。御一報の上にて本當の図面に取りかゝります。（以下略）〉

などと一月一〇日に書いた後、一三日にまた筆をとる。

〈拝啓　御手紙拝見。実は電話でも致さむかなどいふて居た所でした。客室の件御説尤もにて、其他いろいろ考案を回らしてゐますが、（中略）悪戦苦闘して居ります。（中略）小

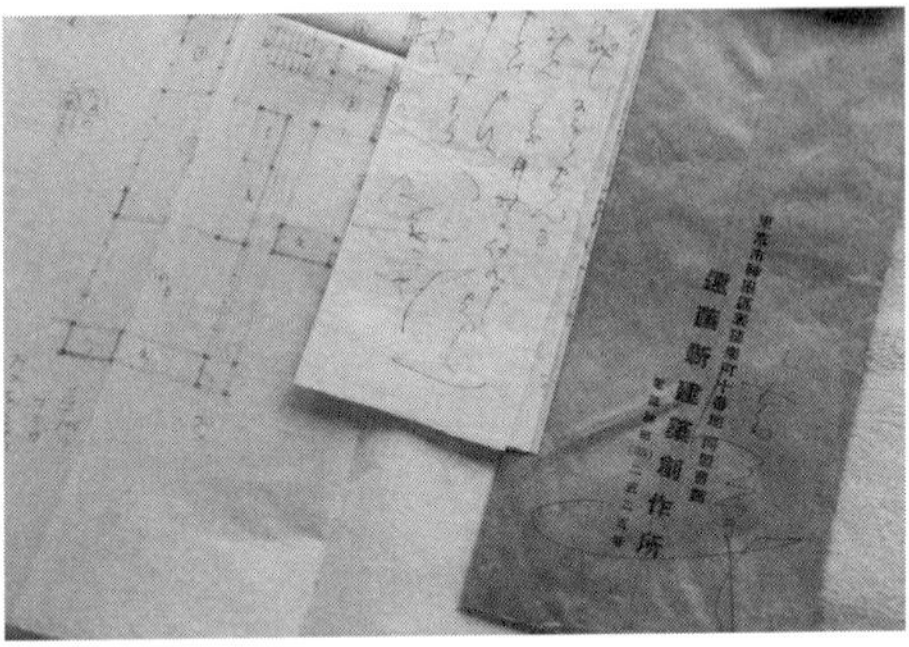

遠藤新が坂井修一に書き送った手紙の一部

供の遊び場球つきもあれでよいとして、小供玉つきの上を客室にすることを今考へてゐますが、これは一番経済ではあるが、一寸うまく纏りそうもないのです〉

と書いた翌一四日には、また綴る。

〈拝啓　前便御落手下され候哉。前便の「玉突室子供室の上に客室」の案はいかにも不適當にして何として始末がつきませんので断然やめました〉

新は斬新なアイディアを思いついては、図面を引き、修一に意見を求め、それを聞き入れ、迷っては、また考えをめぐらせた。

客室は、隣との間に壁の仕切りをおく一方で、庭に向かって空間が開かれ、借景の美しさを部屋に取り込んでいる。

借景として重要な意味を持つ庭は、新と同郷、中学、高校と同窓の友人で、大学は東京帝国大学農学部に学んだ阿部貞著《さだあき》が手がけた。

一九三二（昭和七）年に完成したこの客室は、当初は一五室造られたが、後に梅の間、竹の間、蘭の間の三室からなる西館と、萩の間、桔梗の間、菊の間、皐月の間、菖蒲の間からなる乾荘の全八室とした。

遠藤新によるこれらの客室棟は、長らく「別荘」と呼ばれていた。「豊年虫」と命名されたのは、笹屋ホテルが創業一〇〇年を迎えた二〇〇三（平成一五）年、登録有形文化財に指定された時である。一九二七（昭和二）年、笹屋ホテルに逗留中の志賀直哉が執筆した短編『豊年蟲』に由来するネーミングだった。

文化財登録時の調書を読むと、最初にふれたように、それまでの旅館（旅籠）建築が、各部屋を襖で仕切り、廊下とは障子で仕切るのが普通だったのを「遠藤新は、この常識をうち破り、客室の境界を土壁で仕切り、広縁をもって庭とつなぎ、それぞれの部屋にこれまでみられなかった独立性と居住性をもたせている」ことが、文化財として登録する重要な意味だとしている。そして「この座敷～広縁～庭の手法は、これ以後の観光旅館建築のモデルとなり、全国各地の観光旅館に多大な影響を及ぼした」とある。

さらに、それは、戦後の一九四九（昭和二四）年に制定された国際観光ホテル整備法で「部屋ごとに椅子をおく」ことが義務づけられることにつながっていった。

法整備にまで影響を与えた笹屋ホテル「豊年虫」の客室は、まさに正真正銘、近代旅館の原型だったのである。

フランク・ロイド・ライトに師事し、早くからホテルに興味があったとはいえ、なぜ遠藤新は、こうした発想が可能だったのだろうか。

その謎を解くのが、帝国ホテルの総支配人だった林愛作である。

遠藤新をライトに推薦した彼は、帝国ホテルの新館、すなわちライト館をフランク・ロイド・ライトに依頼した人物でもあった。そして、新は、ライトの助手として彼の建築に多大な影響を受けると共に、宿泊施設の建築に対する林愛作の理想にも早くからふれ、よく熟知していたのだ。

「豊年虫」の客室。遠藤新による設計はその後の日本旅館の形を決定づけた。

林愛作は、一九〇九（明治四二）年、帝国ホテルに初めて迎え入れられた日本人総支配人だった。

『帝国ホテル百年史』には、次のように略歴が記されている。

〈明治6年（1873）群馬県に生まれ、明治25年米国に渡りマウントハーモン校を卒業、さらにウィスコンシン大学に学び、古美術商・山中商会ニューヨーク支店に勤めて滞米経験は十数年に及んでいた。彼は深い教養と才気の持ち主で、ニューヨークの社交界に受け入れられたほとんど唯一の日本人であったばかりでなく、美術品の収集、取引などで米国各地はもちろんロンドンはじめヨーロッパ、あるいは日本、中国をしばしば往復した。顧客の多くは富豪であり、したがって欧米の一流ホテルについても、上流階級の習慣、考え方、嗜好等についても、知りつくしていた〉

以前に執筆した『帝国ホテル・ライト館の謎』では、文字通り、帝国ホテルライト館にまつわるいくつもの謎を追いかけたが、林愛作の来歴も謎のひとつだった。

『百年史』には、もっともらしく解説されてはいるが、なぜホテルの古美術商だった人物をホテルの総支配人にスカウトしたのか、疑問は残る。特に気になったのが「ニューヨークの社交界に受け入れられたほとんど唯一の日本人」という表現だった。明治初年の群馬県に生まれ、皇族や華族でもない、財閥の子息でもない彼が、渡米後、いかにしてそうなったのか。英語を流暢に話すくらいでは説明がつかない。

取材を通してつきとめたのは、林が渡米してまもなくの頃、サンフランシスコの教会で東部出身の富豪の未亡人に気に入られたという事実だった。この関係から、林は東部のエスタブリッシュメントが通うマウントハーモン校に入学。上流階級のライフスタイルにふれ、その人脈を得たのである。そうした素地があったからこそ、山中商会も彼をニューヨーク支店長にしたのではないか。

林愛作というのは、明治時代にあって、奇跡的な偶然によって、非常にまれなバックグラウンドを持つ日本人だったのだ。

それゆえなのだろうか、彼は、当時としては、先進的ともいうべきホテルに対する考え方を持っていた。一九二七（昭和二）年七月三一日号の『サンデー毎日』に掲載された「理想的なホテル」という一文には、ホテルと旅館に関する斬新な持論が展開されている。

〈西洋のホテルが持つ長所は多い。物質的に設備が完全してゐる點等は、とうてい日本でいはゆるホテルや、宿やのおよぶところではない。然し、同時に、最も大きな欠點として、經營者と投宿者の間に個人的の接触といふものが更にない。（中略）

大都市のホテル經營者間にあつても、先覺者と呼ばれる人々は、どうにかしてパーソナル・タッチを得ようといふことに苦心しつゝある。この點から見ると、日本でホテルを經營しようと思ふ人が、外國へ見學に行くのは大きな間違ひである。むしろ外國から日本の旅館……たとへば京都の木屋町邊にある四五の一流旅館を見學に來るべきである〉

現代の外資系ホテルチェーンなども多くが、「パーソナル・タッチ」をいかに提供するか、そのシステム作りに苦慮している。すでにこの時代、それを指摘していたことは、驚愕に値する。

さらに、鍵の問題でも面白い説を展開する。

日本の女性は、部屋に鍵がかからないことを不用心に思うのでなく、鍵がかかって閉じ込められることを不安に思うというのだ。また部屋に鍵がかからないことで、宿の経営者は、廊下に注意を怠らないとも指摘している。

最終的に鍵の問題は、笹屋ホテル「豊年虫」がそうだったように、西洋式を採用することで、林なりの近代旅館、日本人のためのホテルの理想に着地していくのだが、宿泊客の意見や要望を細かく聞いて彼の持論が組み立てられていったことがわかる。

宿泊客からの意見としては、バスルームの話も興味深い。

〈「林さん、あなたのホテルは何から何まで誠に結構ですが、どうも風呂の具合が惡い、残念ですが……」といはれて、日本の旅館にうつゝて了はれた。これにヒントを得て、私は新帝國ホテルの風呂場を日本風に風呂桶以外でも身體が洗へるやうに設計した。これは日本人には勿論むくし、西洋人とても便利に思ふ〉（前掲書）

ライト館は一九六七（昭和四二）年に取り壊された。正面玄関は愛知県・犬山市の明治村に移築され、外観やパブリックスペース、客室などは、残された写真も多い。だが、バスルームについては、資料も少ない。私自身もこれを見た記憶はないのだが、ライト館時代にハウスキーピングを担当していた人から興味深い証言を聞いたことがある。ライト館の浴槽は、洗い場の平面から掘り炬燵のように下にえぐられた形状のタイル貼りで、これが非常に掃除しにくかったというのだ。証言を聞く限り、床に置かれた猫足のバスタブなどが一般的な西洋式の浴槽とは一線を画したものだったようだ。

笹屋ホテル「豊年虫」には、当時の旅館としては珍しく、一部の客室に浴室とトイレがついていた。蘭の間と菊の間なのだが、それらの浴室はタイル貼りで、改装はしたものの、オリジナルのデザインを踏襲しているという。

ライト館の浴室を知る人に写真を見てもらうと似ているという。ライト館の浴槽は、へりの立ち上がりがこれより低く、洗い場としても利用できるスペースがその手前にあったそうだ。

林愛作は、帝国ホテルライト館において、「日本人のためのホテル」という発想を「外国人にも便利」なものとして、取り入れたのだろうか。それがバスルームに限定したものだったとしても、そうであるならば、驚くべき事実と言える。

林愛作のホテルマンとしての人生は、光と影がおりなすものだった。ニューヨークから彗星のようにあらわれ、そして表舞台から忽然と消えた。

背景にあったのが、フランク・ロイド・ライトの存在だった。

帝国ホテルの発注は、当時、スキャンダルで不遇の時代にあった彼にとって、願ってもない大きなプロジェクトだった。これによって、彼は再び建築家としての名声を復活させ、二〇世紀を代表する巨匠になってゆく。だが、それだけ重要なプロジェクトであるがゆえ、工費も工期も大幅にオーバーしてしまった。責任を問われた林愛作は、たまたまおきた火災の責任をとるかたちで、開業前に辞任に追い込まれていた。

一九二三（大正一二）年九月一日、ライト館の開業披露当日の東京を関東大震災の激震が襲った。

大災害に生き残ったライト館は、さらなる神話的ストーリーをもって、ライトの建築家としての復活を後押しするものとなった。

一方、大震災がおきた日、すなわち開業披露のその日、愛作は自宅にいたという証言を長女から聞いて、私は胸を突かれる思いがしたのだった。

偶然の災害さえ味方につけて華々しく復活した建築家と、表舞台から消えていったホテルマンの対比は、不条理さえ感じさせた。

しかし、取材を重ねていくと、林愛作には、フランク・ロイド・ライトに翻弄されただけではない、もうひとつの顔があったことに気づかされた。

それが、日本人のためのホテル、現代に続く近代旅館のプロトタイプを模索した功績である。そして、それを実現した建築家が遠藤新だったのである。

『サンデー毎日』に「理想的なホテル」が掲載された一九二七（昭和二）年、帝国ホテルを辞任した林愛作が着手していたであろうプロジェクトがある。

一九三〇（昭和五）年に開業した甲子園ホテルである。

愛作は設計を遠藤新に依頼した。

兵庫県・西宮市の武庫川のほとり、斜面に沿った敷地に立つ。今では、周辺はすっかり住宅地となったが、当時は、白い砂の川岸と緑の松がまぶしい武庫川の絶景をのぞむ、風光明媚なロケーションのリゾートホテルだった。ライト館を彷彿とさせるテラコッタ仕上げの重厚な建物は、竣工当時、「西の帝国ホテル」と称された。現在は、武庫川女子大学・上甲子園キャンパスの校舎のひとつ、甲子園会館として、一般公開もされている。

甲子園ホテルの最大の特徴が、日本人のためのホテル、という理想をかたちにしたことだった。一般の洋室のほか、和洋室を設けたのである。

その原型と思われるプランが「理想的なホテル」に提示されている。

〈設備としては各部屋に、日本間と西洋間と、西洋風の風呂と便所をつける。この三つが集まつた物を単位にするのである（圖面参照）。西洋間には家具の一部としてカウチ（晝は長椅子で夜はベッドになるもの）を置く。かうすると、お客の側からいへば、長々と畳の上に寝ることも出來るし、ベッドがよければベッドもある。西洋人が來てもこの部屋で十分だ〉

このプランは、現在の旅館やホテルに採用しても充分に通じるものだ。和洋室の良さは、家族連れの宿泊客に便利なばかりでなく、一室あたりの宿泊定員がフレキシブルになることで、経営的にも効率がいいと愛作は指摘している。

これを受けて遠藤新は、甲子園ホテルのプランを完成させた。

〈まず、彼の住宅がそうであるように極力廊下を排した。そして、約六間角のブロックに、林式の洋室と和室を組み合わせた部屋を二組、普通のホテルタイプの客室を二組収め、エレベーターを中心にこれを三組三方に展開させて一フロアとした。そうすることによって、客室はプライバシーの守られた家庭的なものとなり、どの部屋からも異った景色を見ることができた〉（『帝国ホテル ライト館の幻影 孤高の建築家 遠藤 新の生涯』）

本当の意味で、愛作がホテルマンとして手がけた最高傑作は、帝国ホテルではなく、甲子園ホテルだったのかもしれない。

もし、このホテルが歴史を重ね、日本を代表するクラシックホテルとして長く名声をとどめていたなら、林愛作と遠藤新の名前は、もっと後世に知られていたに違いないし、林式の和洋室は日本のホテル客室として、早くに定着しただろう。

だが、経営上の問題が生じ、林愛作は開業後、二年足らずで甲子園ホテルも辞任することになってしまう。彼が提示した「理想的なホテル」が的外れだったとは思えない。あるいは、時期尚早だったのか。強いて理由を探すなら、運が悪かったのだろう。

愛作の長女に取材した時、「ライトさえいなければ」と形容したことを思い出す。彼に出会ってからの愛作は、運に見放されたようだったと言うのだ。

その後の甲子園ホテルは、一九四四（昭和一九）年に海軍病院として軍に接収され、戦後は二度とホテルとして営業再開することはなかった。唯一の救いは、戦火で失われることなく、建築が残ったことだろう。阪神淡路大震災でも、照明ガラスが十数枚割れただけでほとんど無傷だったという。

『帝国ホテル ライト館の幻影 孤高の建築家 遠藤 新の生涯』に、笹屋ホテルの設計を新に依頼した理由が「甲子園ホテルの評判を聞きつけて」とあったので、私も長くそう信じてきた。しかし、すでにふれたように、設計を依頼した坂井修一の伝記を読む限り、あくまでも親戚が自由学園に勤めていたという、偶然のなせる業だったようだ。

だが、結果として、文化財ともなった笹屋ホテルが、近代旅館の客室のプロトタイプとして残り、戦後の高度経済成長時代、これが踏襲されていったのである。

もし、笹屋ホテルの偶然がなかったなら、愛作の功績は継承されずに途切れていたかもしれない。

遠藤新は、もうひとつ、栃木県・那須温泉の松川屋という旅館の増築改修も手がけている。ここでも、笹屋ホテルと同じタイプの客室を設計したが、戦争中に陸軍病院として接収中に火事に遭い類焼。戦後、遠藤の手によって再建されたが、今は現存しない。


その後の林愛作と遠藤新は、戦争をめぐる時代をどう生きたのか。

一九三三（昭和八）年、当時の満州中央銀行が、新京、すなわち現在の長春で、行員宿舎と行員クラブの設計を遠藤新に依頼してきた。「中銀クラブ」のプロジェクトは、「新京の帝国ホテル」と呼ばれて評判になる。これをきっかけに新は、旧満州に仕事の軸足を移してゆく。大陸に新天地を求めたのは、最も大きな理解者であり、施主でもあった愛作の不遇も背景にあったのかもしれない。

愛作は、しばらくホテルとは関係ない事業をいくつか手がけたものの、どれも上手くいかなかった。いったん「消えた」ホテル業界に再び姿をあらわすのは、太平洋戦争の開戦後である。

一九四一（昭和一六）年、真珠湾攻撃で開戦した日本軍は、当初、破竹の勢いで東南アジア各地を占領してゆく。そうした占領地のホテルを日本のホテル業者が運営した。戦時下における新たな事業を求めて積極的に進出したホテル企業もあれば、軍部からの要請があって応じたケースもあった。

インドネシアのジャワ島を軽井沢の万平ホテルと京都の都ホテルが東西で分割して一括運営していた話などは、知られざる秘話のひとつだろう。

そうした状況のなか、林愛作も占領地のホテルに趣いている。

『帝国ホテル・ライト館の謎』の取材時、末娘が、愛作の遺品を多く持っていることを聞いてはいたが、存命中は見る機会に恵まれなかった。

遺品は、孫娘に引き継がれていて、私は、彼女を通してこれらを調査する機会を得た。その中に戦争中、香港に趣いたことを示す資料が残っていた。

まずひとつが、一九四二（昭和一七）年四月一七日付の「渡航証明書」である。官職は「海軍嘱託」、目的は「海軍要務ノ為」の渡航とある。

そして、もうひとつが一九四三（昭和一八）年九月一三日付の「渡航（旅行）許可願」の下書きで、ここには職業「香港ホテル旧管理人」、渡航目的は「当地要務（海軍兵站旅舎経営）終了帰還ノタメ」とあった。

二つの資料をあわせると、林愛作は、昭和一七年四月から一八年九月までの一年五ヶ月、香港ホテルの経営を任されていたことがわかる。

香港ホテルは、ザ・ペニンシュラ香港を経営する香港上海ホテルズが、香港で最初に開業したホテルであり、一九五五（昭和三〇）年まで同社が経営していた。当時としては、香港島を代表するホテルのひとつだった。

これまでも関係者からの伝聞として、戦争中、愛作が香港ホテルの総支配人であったことは聞いていたが、ついに第一次資料で、その事実が証明されたことになる。


そして、さらなる資料が、知られざる事実を教えてくれた。

最初に目をとめたのは「軍用定期飛行機搭乗許可証」だった。

搭乗月日は一九四二（昭和一七）年一二月九日。

登場区間は「自メダン 至昭南」とある。

「昭南」とは、日本軍占領時代のシンガポールのこと。そして、メダンはインドネシア・スマトラ島にある都市の名前だ。

官職および氏名として「陸軍軍属 林愛作」とある。

海軍の管轄する香港ホテルを任される立場でありつつ、海軍軍属という役職はどういうことなのか。搭乗目的には「連絡」とだけある。

メダンからシンガポールへ、愛作は何をしに行ったのか。

さらに、香港ホテルを撤収する時の搬出品の一覧というメモの中に「マレー語辞典」という記述が見つかった。

「マレー語」は、現在のマレーシア語、インドネシア語を含む言葉。シンガポール、マレーシア、インドネシア一帯で話される言語だ。

香港では必要ない。その辞書があるということは、愛作が頻繁にこれらの地域に行っていたことを意味するのではないか。

林愛作はスパイだったのか、という推測さえ浮上する。

だが、さらに発見された資料で、愛作がスマトラ島で、予想もしなかったことを行っていたことが判明した。

それは、温泉リゾートホテルの開発だった。

小さなメモ帖に、そこだけ極端に強い筆圧で、林愛作のリゾート計画は記されていた。

〈郷色濃厚ナル仙境トシテ開発セントス。
要地積　約三十万坪
天然公園トシテ整地開発
建築物

中央棟トシテ温泉旅館
配スルニ大小のバンガロー
建坪、棟数其他必要ナル附属建物ハ氺一期ニ於テハ最小限度ニ止メ、必要ニ應ジ漸次増
加ス。建築物ノ様式ハ可成和風ヲ重シムモ、防雨水、通風ニ留意シテ南洋ノ和式トモ称ス
ベキ創作。内部ハ和畳洋式ヲ併用スルモ間取リ建具ナドノ創意ヲ要ス
食糧、温泉公園地内ノ食糧自給自足ヲ目標トシテ農場、畜産場、養魚池ヲ附属経営ス
(イ)　農場
水田　内地種米百石以内
果実菜園雑穀其他
(ロ)　畜産場
乳食牛、豚、養鶏水舎
(ハ)　養魚池
川魚ヲ養殖シテ食膳ニ共ス〉

「鄉色濃厚ナル仙境」とは、現代的に表現するなら「ローカル色溢れる秘境の隠れ家」ともなろうか。

東南アジアでリゾートホテルといえば、コロニアルスタイルのホテルしかなかった時代のこ

とである。遠隔地でジャングルを切り開く開発の手法もアジアンリゾートブーム以降のことで、私は鳥肌が立つような感覚を覚えた。

建築には、南国の気候風土にあわせて日本のテイストを盛り込み、和洋折衷の温泉旅館を中心にバンガローを配置するというプランは、いまだ日本のホテルや旅館も実現していない、近未来のアジアンリゾートを見るようでさえある。

七十数年前の計画であるだけで驚くのに、これは戦争中だったのである。

食糧自給という発想は、そうした時局を考慮してのことなのか。だが、見ようによっては、地産地消の発想にも通じる。農園や牧場を持ち、そこで採れる新鮮な地元の産物を食卓にのせるスタイルは、むしろ極めて現代的だ。

しかも、林愛作は、軍属という身分でこれを調査し、計画したというのだ。

本当に軍部がこんなことを考えていたのだろうか。

戦争中、しばしば占領地において、民俗学者やその素養がある兵士に現地の文化や習慣を調査させ、その理解を通して、現地の人たちを戦争に協力させる、ということはあり、「宣撫工作」と呼ばれていた。

愛作も敷地内に現地の人たちの暮らす住居を造り、そこで農業や畜産業を指導したり、工芸品を作らせたり、ということを考えていたようだ。

だが、そもそも戦争中に誰を客として想定したのか。

兵士たちの英気を養う、高尚な慰安所としての役割だったのだろうか。

米軍では、兵士のリフレッシュのため、定期的なレクリエーションや休暇は必須との考えがあり、専門の部署もある。太平洋戦争中のハワイは、太平洋の戦線で戦う米兵たちで賑わったとも聞く。だが、日本軍が発想したレクリエーションといえば、悪名高き「従軍慰安所」の史実があるばかりで、あとは戦うために必要な兵站さえ確保せず、各地で無謀な作戦を行ったのではないか。

アイディアの先進性に驚くと共に、戦争中になぜこのような計画が存在したのか、それ自体が大きな謎なのである。

しかも計画は、机上の空論ではなかった。

資料の中には、スマトラの地図が含まれており、軍用飛行機の航路の拠点と思われる、メダンからスマトラ島を北上していったルートが太線でなぞられている。

赤でチェックが入れられ、書き込みのあるエリアがある。

世界最大のカルデラ湖、トバ湖である。

美しい湖の中央にはサモシール島という大きな島がある。火山地帯であるから周辺には温泉も湧く。実際、愛作のメモにも「温泉噴出」とあった。

しかし、戦局の悪化を待たずして謎の計画は頓挫した。

香港ホテルの便せんに書かれたメモは、電報の文章から始まっていた。

〈「パダン「ケイカクセルケンミアハセノツモリ「ホンシヤレンラクノケツカフリヨウ」（中略）右貴電八月七日当地にて入手〉

リゾートに出資する予定だった企業があったのだろう。本社から見合わせを決定したと電報が届いたと告げている。

乱れた筆致で、次のような文章が続く。

〈老生の夢をトバ湖です。サムシル島を守としてバタ族〇〇を指導しつつ一大観光地帯として兼業するもありよう。されど今を時期尚早と断じてメダンの部隊指揮官〇の軍政監〇報告いたしました〉

トバ湖の開発計画をあきらめ、計画を「時期尚早」と軍部に報告したとある。

愛作が香港を去るのは、その約一ヶ月後、一九四三（昭和一八）年の九月のことである。香港赴任自体が、この計画のためだったとさえ考えられるタイミングだ。

こうして謎めいた愛作の任務は終了し、これが彼にとって、本当に人生で最後のホテルプロジェクトとなったのだった。

謎深きトバ湖温泉リゾート計画に思いをめぐらせながら、私は、以前、耳にしたもうひとつのプロジェクトのことを思い出していた。

ずいぶん前になるが、ＢＳで遠藤新のテレビ番組が放映されたことがあった。その時、私は『帝国ホテル・ライト館の謎』の作者として、林愛作についてインタビューを受けた。収録後の雑談で、甲子園ホテルの後、林愛作には幻のリゾートホテル計画があったと担当のプロデューサーから聞いた。しかし、番組のテーマは遠藤新であって、リゾート計画に新が関係した訳でなかったため、番組には関係ないエピソードとして忘れ去られ、ただ私の記憶の片隅に残っていた。

資料の山を注意深く見ていくと、それも見つかった。

走り書きで読みにくい戦争中の計画と異なり、もっときちんとした事業計画書として残されていた。それが「堂山御料林 東海荘計画概要」である。

〈東海荘（名称未定）計画概要

富士ノ麗容ヲ眺瞰スル五拾萬坪（御料林ニ隣接スル土地約三十萬坪ヲ買収スル見込）ノ

大自然園

東西ノ美ヲ融和シタル別天地
文化ト社交ト休養ノ中心
設備
和洋温泉旅舘
高級別荘、バンガロー（小離レ家）、講演各種會合娯楽ノ會堂、茶室、野外劇場。
ゴルフ、テニス、プール、乗馬、海水浴、児童遊園、柔劔道、弓術
商品陳列所、工藝部製作品販賣
農畜産部〉

御料林とは、皇室所有の山林のことで、当時は帝室林野局が管理していた。堂山御料林は、徳川初期に植林した樹齢三〇〇年に及ぶ木々を有する山林だった。杉が六四〇〇本、赤松が四五〇〇本、楠が二〇〇本、檜が五〇〇〇本など、良質な材木になる木が多数あり、事業計画には、一部を伐採して資金にあてることも想定していた。

当初、一九一九（大正八）年に払い下げの計画があったが、帝室林野局がこれを却下。その後、地元西浦村（現・沼津市）の疲弊に伴い、再び払い下げ案が出るも「ブローカーが跋扈」し、再び頓挫。ようやく一九三五（昭和一〇年）五月、西浦村村長宛に払い下げが決定したとある。

この決定を受けての計画だった。

伊豆箱根鉄道駿豆線の伊豆長岡駅から車で約一〇分のロケーション。東に箱根と天城山を望み、西に大瀬崎を遠望し、北は海水浴に適した西浦海岸に面し、そこから江ノ島、さらに富士山を俯瞰できるという。

和洋折衷の温泉旅館をメイン棟とし、バンガローを点在させるスタイルといい、農畜産部を設けて地産地消をめざすスタンスといい、トバ湖温泉リゾート計画に酷似している。

相違点といえば、宴会や会議など、現在、業界用語で言うところのＭＩＣＥの施設があること、ファミリー客を想定した児童遊園、あと、敷地内のアクティビティが充実している点だろうか。

ゴルフ、テニス、プール、乗馬、アーチェリーまでは、敷地が広大な海外のリゾートで時々あるラインナップだが、柔道や剣道は、いまだ見たこともない。さらに茶室まである。

現代のラグジュアリーホテルにあって、東海荘にないものといえば、いわゆるエステ、マッサージやトリートメントを提供するスパくらいだ。それでも温泉はあるのだから、現代でも充分通用するリゾートの事業計画と言えた。

温泉旅館とヴィラスタイルのラグジュアリーリゾートを合体させる基本計画は、トバ湖温泉リゾートと同じだが、それより完成度の高さを感じさせる。東海荘は、八〇年前の計画だというのに、二一世紀の今、開業したとしても斬新なコンセプトが話題になるようなリゾートだった。

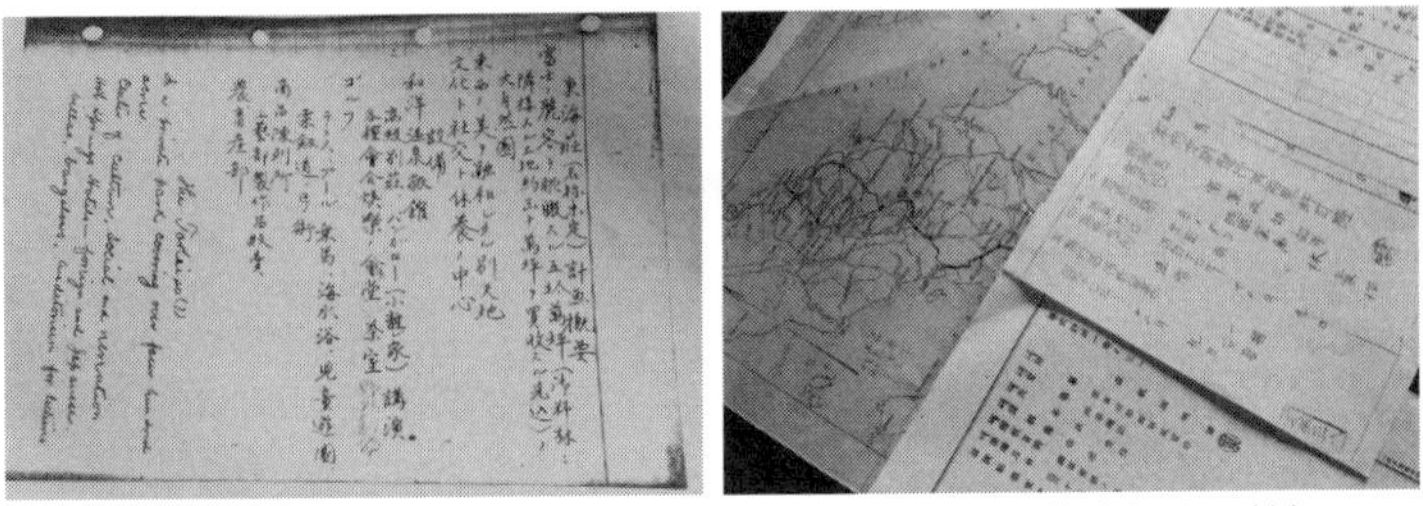

林愛作による「堂山御料林 東海荘計画概要」（左）と「軍用定期飛行機搭乗許可証」（右）

東海荘の計画がなぜ頓挫したのか、資料はみつからなかった。資金調達のめどが立たずに、事業計画だけで終わったのかもしれない。

戦争の最中、愛作は幻に終わった東海荘の夢をスマトラのトバ湖で実現させようとした。そこは日本軍の占領地で、何らかの軍部の裏事情があったのだろうが、今となっては推測するしかない。それでも、愛作は人生最後のチャンスに賭けた。

資料の中に「患者退院通報 南方第一陸軍病院」という紙があった。林愛作は、肋骨を骨折して入院していたところ、一九四三（昭和一八）年一月二五日に退院したとある。この時期のスマトラに戦闘はなかったはずだが、暴漢に狙われたのか、それとも山道で交通事故にでも遭ったのだろうか。

南方第一陸軍病院は、シンガポール方面の作戦、防衛を管轄していた第七方面軍に所属する。一九四二（昭和一七）年一二月九日付で、メダンからシンガポールに飛んだ「軍用定期飛行機搭乗許可証」が片道なのは、負傷による緊急輸送だったからなのかもしれない。

林愛作の身に何があったのか。

この時、すでに七〇歳になろうとしていた。老いた体に肋骨骨折の重傷は、どれほどの負担だったかと想像する。

それでも彼は帰国することなく、一九四三（昭和一八）年の八月まで計画を続行する。満身創痍にあって、それでも実現したい夢だったのだろう。

東海荘の事業計画書を読むと、あらためて戦時中の愛作の心模様が想像できる。

和洋折衷の温泉旅館にヴィラを点在させ、敷地内で地産地消を実現するリゾートこそが、林愛作が最後に辿り着いた理想、日本人ならではの国際的なアジアンリゾートだったのだ。

そして、その理想は、いまだ誰の手によっても実現していない。

第三章

幻の観光立国と幻の東京五輪

日本の観光業は今、インバウンドブームを背景にかつてない活況を見せている。

インバウンドが伸びている最大の理由は、アジアにおいて、海外旅行のできる中産階級が飛躍的に増えていることである。早い段階で韓国、台湾、香港などが台頭し、さらに中国本土から大挙して人が押し寄せ、そしてタイやマレーシア、インドネシアといった東南アジア諸国がこれに続こうとしている。

世界各地に彼らは旅行するが、移動距離が短く、より手軽に旅行できるアジアにおいて、その傾向は顕著である。

アジアの人たちがアジアを旅するブームにより、共通言語としての英語での情報発信が増えたことで、欧米の旅行者も日本に眼を向けるようになった。

さらに星野佳路がインバウンドブームの理由として指摘するのは、円安傾向とテロの不安である。

特にテロの恐怖により、定番の人気旅行先だったヨーロッパなどに不安が広まり、安全な旅行先を求めた人々が日本に押し寄せていると言う。すなわち、日本の観光は、実力以上に評価されていると彼は分析する。

二〇〇八（平成二〇）年には観光庁が発足し、積極的な外客誘致政策も行われてきた。長く続く経済低迷の中、期待できる産業として、観光業に注目が集まっていることも事実だ。しかし、今のインバウンドブームの牽引役は、国の施策と言うより、やはり外的な要因によるところが大きいだろう。

あわせて私が思うのは、日本の観光は、これまで、本来的な魅力からすれば、海外からの観光客が極端に少なかったのではないか、ということだ。背景には、戦後から高度経済成長時代を経て、最近まで、日本の観光地が日本人観光客だけでマーケットが成り立つ、世界でもまれなガラパゴス市場であったことがあげられる。

インバウンドブームで外国人観光客が増えたことが驚きの光景として、しばしばニュースなどで取り上げられるが、世界の観光立国を見れば、外国人観光客がたくさんいるのは、むしろ当たり前のことだ。京都が外国人観光客で大変なことになっていると言うが、夏の旅行シーズンのイタリア、たとえばフィレンツェやベネチアは、昔から大変な状況だったのである。

観光立国としての日本は、ようやくスタートしたばかりに見える。しかし、明治維新以後、日本が一貫して観光に消極的だった訳ではない。

昭和初期、軍国主義が台頭し、大陸への進出が始まり、インバウンドブームとは矛盾するような時代背景のもと、国をあげての政策として外客誘致が行われた時期があった。

昭和は、その終わりがバブル景気という狂乱の時代だったのと対照的に、不況と共に幕を開けた。第一次世界大戦後の一九二〇（大正九）年から戦後不況が長引くなか、一九二七（昭和二）年には金融恐慌がおきる。さらに一九二九（昭和四）年一〇月には、ニューヨークの株価暴落に続く世界恐慌が勃発。影響は、日本にも波及。いわゆる「昭和恐慌」が到来する。「大学は出たけれど」が流行語になったのがこの頃のことだ。

株式相場の混乱もさることながら、明治以降、日本の経済を支えてきた生糸などの商品価格の暴落も大きく影響した。輸出がふるわなくなったのだ。

一九一九（大正八）年以降、日本の貿易収支は赤字に転じている。

星野温泉が、発祥となった岩村田の生糸商と製糸業を撤退したのは一九三七（昭和一二）年だが、彼らが軽井沢の観光業に軸足を移した背景にも、こうした情勢があったのだろう。

その中で、輸入に代わり外貨を獲得する政策として浮上したのがインバウンド、すなわち外国人観光客の誘致だった。

『近代日本の国際リゾート』によれば、外国人観光客誘致に視点が向かった理由として、外貨獲得に加えて、さらに二つの理由が考えられるという。

ひとつは、鉄道省官僚などが海外に出向く機会があり、欧米各国における観光業の興隆や誘致の状況を見聞きしたことだった。観光が国を支える産業になり得る可能性を官僚が意識したことの意味は大きい。

そして、ふたつめが、交通網の整備である。一九二〇年代、これまでスエズ運河を経由する海路しかなかったヨーロッパと日本など極東を結ぶルートに劇的な変化が生じる。シベリアを経由する鉄道ルートの整備だった。そして二〇年代後半、国際連絡運輸網が整備され「一枚の切符」でヨーロッパと極東が結ばれた。

こうした状況を受けて一九三〇（昭和五）年、「外客誘致ニ関スル施策ノ統一、統一ヲ図ル」中央機関として、国際観光局が創設されたのだった。

鉄道省の外局という位置づけは、現在の観光庁が国土交通省の外局であるのと同じだ。『帝国ホテル百年史』はその意味合いを次のように強調する。

〈それまで官庁関係において、観光ないしは観光事業という文字はほとんど用いられていなかった。この事実は、それまでのわが国の行政における観光の位置づけと無関係ではありえず、したがって「国際観光局」の誕生はわが国観光史のなかでも特筆すべきできごとであった〉

この時、日本は初めて近代国家として、観光産業と本格的に向き合ったのである。昭和初期の「ようこそ、ジャパン」政策だった。

二〇〇八（平成二〇）年に設立された観光庁も時代背景に構造不況があった点は共通する。だが、日本をめぐる国際情勢の厳しさは現在の比ではなかった。

一九三一（昭和六）年、国際観光局創設の翌年、関東軍は満州事変を引きおこす。中国東北部をほぼ掌中に収め、歴史の歯車は大きく動いてゆく。

翌一九三二（昭和七）年は、ことさらに激動の年であった。

一月二八日、上海事変が引きおこされ、三月一日、満州国を建国宣言する。にわかに大陸進出を推し進めてゆくなか、血なまぐさい事件がおきる。五月一五日、リベラルな政治家として知られた犬養毅首相が暗殺されたのだ。五・一五事件である。

一連の事件で、日本は世界から強い批判の目にさらされることになる。当時の世論を日本のホテル経営者が、アメリカの同じホテル経営者の友人に向けて書いた興味深い手紙がある。

送り主は、富士屋ホテルの山口正造。林愛作とも親交のあった、同時代のホテルマンである。送り先は、カリフォルニアのミッションインというホテルの経営者であるフランク・ミラー。手紙はホテルがあるリバーサイドの市立博物館に長く保管されていた。

手紙は数通あり、五・一五事件直後の手紙では、〈行われた行動は、ほかの国で行われている革命と名のつくもののように、革命的なものではありません。大多数の人々は、蜂起などしていないのですから〉（『クラシックホテルが語る昭和史』）と事件を擁護している。

さらに目を引くのは、満州国建国直後の三月の手紙だ。

〈韓国を含めて九二〇〇万人を抱える日本は、本当に小さな領土の中で、何らかのはけ口と生きていくための資源が必要なのです。今日、私たちに開かれた国は、ブラジルと満州だけです。あなたもご存知のように、満州は日本にとって、世界の中で重要な地域です。なぜなら、私たちはこの領土をめぐってふたつの大きな戦争を戦ったのですから。巨億の金を費やしてきたことを考えれば、隣国の要求を受けて出て行けないのはもっともなことです。新しく再編成された満州国は、中国と日本にとって素晴らしい場所であることを証明しなければなりません、特に満州と蒙古《もうこ》に住む人たちにとって。彼らは、長いこと、彼らを食い物にする追いはぎと次々代わる支配者に苦しめられてきたのですから〉（前掲書）

山口正造は、軍国主義者ではない。

むしろ平和主義者であった。

太平洋戦争開戦後、林愛作ほか多くの日本人ホテルマンが占領地のホテル経営に競って乗り出した時にあっても、軍部の度重なる要請をかわし、富士屋ホテルは南方進出をしなかった。

手紙の最後も次のように締めくくられている。

〈遠からぬうちに、私たちみんなが平和になり、隣人である中国とも笑って握手出来る日が来ることを望んでいます〉（同掲書）

手紙から見えてくるのは、当時の日本では、大陸進出や満州国建国を支持する考えが世論として一般的であったことだ。山口正造は、そうした世論を踏まえつつ、一方で、世界に対しては説明を要するものだという認識もあった。

そして、日本のおかれた複雑な立ち位置を緩和するものとしての役割が、観光業には期待されていたのである。

『帝国ホテル百年史』にも次のようにある。

〈このように一方で国際的孤立を余儀なくされる方向をたどりながら、他方で、国際観光局を中心に「外客誘致」のための諸事業が実施されていく。これは根本的な矛盾であるといわなければならないが、当時のわが国にあっては、「満州は日本の生命線」であり「義はわれにあり」とする主張が支配的であった。その日本の立場についても海外の理解を求め、同時に国際収支の改善に努めようとしたのである〉

国際観光局によるインバウンド政策は、輸出偏重だった明治、大正期の日本経済のあり方に、武力によらない、平和的な方法で解決を見いだす画期的な方策であり、同時に、日本の国際的な孤立の解決という、もうひとつの期待も込められていたのである。

しかし、その後も、日本は、さらに国際的な孤立を深めていった。

同年一〇月二日、国際連盟から派遣されたリットン調査団の報告書が発表される。満州国の建国を認めなかった内容に反発。これを受けて、翌一九三三（昭和八）年三月、日本は国際連盟を離脱する。

遠藤新が大陸に渡ったのは、この年のことである。


国際観光局が推し進めた政策は、いくつかあるが、大きく二つがあげられる。

第一が海外宣伝だった。その専門機関として設置されたのが、財団法人国際観光協会である。これは、戦中にいったん解散するが、戦後に特殊法人国際観光協会（ＪＮＴＯ／Japan National Tourism Organization）として復活し、現在は通称日本政府観光局（独立行政法人国際観光振興機構）となっている。

もうひとつが、政府資金融資によるホテル建設である。

外国人観光客を迎えるにあたり、受け入れるホテルの不足が問題視されていた。そこで地方自治体によるホテルの新築および増改築について、国際観光局が積極的に支援、大蔵省預金部を通じて長期低利融資を行ったのである。

次の一五軒のホテルがこの融資を受けた。

1）上高地（帝国）ホテル（長野県）昭和8年10月開業
2）蒲郡ホテル（蒲郡町）昭和9年3月開業
3）ホテルニューグランド（横浜市）同年10月増改築
4）琵琶湖ホテル（滋賀県）同年11月開業
5）新大阪ホテル（大阪市）昭和10年1月開業
6）雲仙観光ホテル（長崎県）同年10月開業
7）唐津シーサイドホテル（唐津市）昭和11年4月開業
8）富士ビューホテル（山梨県）同年6月開業
9）川奈ホテル（静岡県）同年12月開業
10）名古屋観光ホテル（名古屋市）同年12月開業
11）志賀高原温泉ホテル（長野県）昭和12年6月開業
12）赤倉観光ホテル（新潟県）同年12月開業
13）阿蘇観光ホテル（熊本県）昭和14年7月開業
14）ニューパークホテル（宮城県）同年8月開業
15）日光観光ホテル（栃木県）昭和15年9月開業
（『観光行政百年と観光政策審議会三十年の歩み』参照）

これらのなかで、今もほぼ同じホテル名で現在も運営されているのは、上高地帝国ホテル、ホテルニューグランド、琵琶湖ホテル、雲仙観光ホテル、唐津シーサイドホテル、富士ビューホテル、川奈ホテル、名古屋観光ホテル、赤倉観光ホテルである。創業時の建物が残るところもあれば、建て替えられたところもあり、経営母体が代わったところもあるが、いずれもクラシックホテルとしての趣きや伝統、歴史を今も売りにしている。

やや変則的なのが琵琶湖ホテルで、旧琵琶湖ホテルの建物はびわ湖大津館として、レストランやウェディングに利用される一方、琵琶湖ホテル自体は現代的なホテルに建てかえられ運営されている。

さらにホテル名は変わったが、古い建物を生かしたクラシックホテルとして運営されているのが、蒲郡クラシックホテル（旧蒲郡ホテル）である。

新大阪ホテルは、大阪で最初の本格的な都市ホテルで、現在のリーガロイヤルホテルの前身になる。

日光観光ホテルは、新しく建て替えられた中禅寺金谷ホテルの前身になる。

ホテルとしてすでに存在しないのは、志賀高原温泉ホテルと阿蘇観光ホテルだ。このうち、志賀高原温泉ホテルは建物が現存し、志賀高原歴史記念館として公開されているが、阿蘇観光ホテルは廃業後、廃墟となり、廃墟マニアの間では有名な存在になっている。

一五軒のホテルは、地方都市やリゾート地において、戦後から現在に至るまで、ランドマーク的な存在として愛され続けているところが多い。明治期に創業した富士屋ホテル、日光金谷ホテル、万平ホテル、奈良ホテルなどを除くと、いわゆるクラシックホテルの多くが、実は、この時期の創業なのだ。

さらに『帝国ホテル百年史』によれば、この一五軒のほかにも、昭和初期から太平洋戦争開戦前にかけて開業したホテルは、なんと五五軒におよぶという。林愛作と遠藤新の甲子園ホテルも一九三〇（昭和五）年開業だから、それらのひとつになる。

日本のホテルブームというと、戦後、一九六四（昭和三九）年に開催された東京オリンピックに向けての開業ラッシュが最初とされ、第一次ホテルブームと呼ぶが、本当に最初のホテルブームは、昭和初期にあったのだ。

戦後のホテルブームを牽引したのが東京オリンピックだったのと同じく、昭和初期のホテルブームにおいても、背景に東京オリンピックがあった。

一九四〇（昭和一五）年、幻の東京オリンピックである。

同年が皇紀二六〇〇年、神武天皇の即位を元年として二六〇〇年目を祝賀する年であったことが、アジア初のオリンピックを東京に誘致する決定をした理由のひとつだった。

誘致を表明したのは、一九三二（昭和七）年、満州国建国、五・一五事件のあった年、ロサンゼルスでオリンピックが開催された年である。この大会で、メダル獲得総数が全体の五位と日本選手団は大活躍する。

そして四年後の一九三六（昭和一一）年七月、ベルリンオリンピック開催直前のＩＯＣ総会で、東京オリンピックの開催が決定する。有力候補であったローマが、二年後にワールドカップ開催を控えていたことから東京に譲歩したことも大きかった。それから一九三八(昭和一三)年七月に返上を決定するまでの約二年間、つかのま、オリンピック開催の夢に日本は盛り上がった。

開催決定前からホテルブームはあったのだが、東京オリンピック開催決定を受け、これを意識して開業したのが、東京・新橋の第一ホテルだった。社長には、ロサンゼルス、ベルリンと二度のオリンピックで日本選手団団長を務めた平沼亮三が迎えられた。

構想の原点は、阪急、東宝グループの総帥で、関西経済界の重鎮だった小林一三の描いた「大衆ホテル」の理想にあった。

第一ホテルの相談役になった小林一三もまた、林愛作とは異なる視点で、日本人のためのホテルを考えていたのである。

一三が「必ず成功する」としたホテルとは、具体的には次のようなものだった。

〈一、汽車の二等寝台料金（上段三円。下段四円五〇銭）を基準とする。

二、安いからといって貧弱ではいけない。インテリ階級は見栄坊だからホテルの外観も立派にし、一歩先んじて最新の設備を施す。
三、料金は安く、設備をぜいたくにする代わりに、客室を小さくして部屋数を沢山とる。家具類も少なくする。
四、喫茶部もバーもあるからルームサービスはしない。今までのホテルは格式張って無駄が多いから、一〇〇室あれば一二〇人を使っていたが、一〇〇室に対して八〇人とする。
五、チップはきわめて不公平だから全廃して、その分を会社が補給する。
六、従来のホテルのように南側の角部屋を社長室とするのは間違いだ。社長室は地下室に置くほうがよい。
七、購買と調理場は画然と分離し、コックに仕入れはさせない〉
(『夢を託して 第一ホテル社史』)

開業記念の冊子に掲げた巻頭文にはこうある。

〈日本のホテルは其多くは営業的に成功してゐない。たゞ、箱根の富士屋ホテルだけが、懐勘定をしないで泊る上流階級の人達と、外国人とによつて、其人達の生活に即した必要の機関として成功してゐる。

其他の一般ホテルは、邦人の日常生活に即しない理想倒れの為めに不成功に終わつてゐる。然らば成功すべきホテルはどんなものであるか、我々の実際生活に即し必要品として、喜ばれるものだけがその栄冠をかち得るものと思ふのである。私は、今日、日本旅館に対しては、色々の意味における不平不満を沢山に聞いてゐる。然し、其不平不満を除き得るホテルが設立せられないので如何にせば御希望に副ふことが出来るか、と同時に、営利事業として成立し得るかに就てこゝに大規模の設計を試み、客室一、二千等区いろ〳〵に空想を描いて見たこともあつて、嘗て、其一端を具体的に設計し、帝国ホテル社長大倉男爵閣下に御覧に入れた事もあつたが、不幸にして御賛成を頂けなかつた為めに中止したのである。然るに、今度、私の理想が実現されて、こゝに第一ホテルの開業を見るに到つたことは、誠に有難い、これこそ日本に初めて生まれた、実生活に即した新しいホテルであるから、大いに歓迎せられるものと信じてゐる〉（同掲書）

帝国ホテルに提案して実現しなかったプランとあるが、これは「コマーシャルホテル」構想と呼ばれたものだった。

中産階級をターゲットにした大型ホテルの構想である。発想の原点となったのが、一九〇八

（明治四一）年、エルズワース・ミルトン・スタットラーが開業した「バッファロー・スタットラー・ホテル」だった。

ヨーロッパのセザール・リッツが天才的な勘をもって富裕層のもてなしに心を砕いたのに対し、スタットラーは「快適さ」「便利さ」「清潔さ」「価格の妥当性」こそホテル経営において大切なものとした。近代ホテルの創始者と言われる理由である。このスタットラー・チェーンを買い取ったのがヒルトンである。

スタットラーは、星野父子の学んだコーネル大学ホテル経営学部の設立にも多大な貢献をしており、学内には、彼の名前をとったスタットラーホールがある。

日本版「コマーシャルホテル」は、「ジャパン・ホテル」の名称で、一九一九（大正八）年に創立協議会が開催されたが、同年終結した第一次世界大戦後の不況の影響で、有力出資者の経済状況が悪化、実現しなかった。

一方、帝国ホテルで完成したのがライト館ということになる。

もしこの時、「ジャパン・ホテル」が実現していたなら、日本のホテルや旅館は、また違う方向に進んでいたのかもしれない。

だが、第一ホテルにおいて、小林一三の理想は実現したのだった。

その業績は、オリンピックの中止後も、戦局が悪化するまで好調だった。

戦後、東京は再びアジア初のオリンピック開催をめざす。

一九六〇（昭和三五）年の開催に立候補するが、これは、東京と同じく戦前からオリンピック開催をめざしていたローマに敗れた。次いで一九六四（昭和三九）年の開催国として立候補。念願の東京開催が決定したのは、一九五九（昭和三四）年のことだった。

東京オリンピックの開催決定を受けて、大規模なホテルプロジェクトがいくつか計画された。いわゆる第一次ホテルブームである。次にあげるのは、それを象徴するホテルである。

まず、一九六二（昭和三七）年に開業したのがホテルオークラだった。

創業者の大倉喜七郎は、帝国ホテルの創業者、大倉喜八郎の息子であり、自身も大正末期から一九四五（昭和二〇）年の終戦まで、同ホテルの社長を務めていた。しかし、戦後の財閥解体によって経営から去らなければならなかった。ホテルオークラは、自邸を敷地とし、再び乗り出した宿願のホテル事業だった。

「世界に通用するホテルで、しかも欧米の模倣でなく、日本の特色を強く打ち出したホテル」というのが喜七郎の描いたホテル構想だった。

その後、喜七郎の構想は広く評価され、日本を代表するホテルとなった。一九八三（昭和五八）年に『インスティテューショナル・インベスター』誌のランキングで二位となったことは、すでにふれたとおりである。

二〇一五（平成二七）年八月、建て替えのため本館を閉館したことは大きなニュースになった。二〇一九年の完成が待たれる。

次いで、一九六三（昭和三八）年に東京ヒルトンホテルが開業する。東急が開発したホテルだったが、運営はヒルトンホテルが受託した。日本で最初の外資系ホテルだった。

一九八三（昭和五八）年の大晦日、二〇年の契約満了を受けて、翌元日、休館することなく、キャピトル東急ホテルとなった。二〇一〇（平成二二）年、建て替えにより、ザ・キャピトルホテル東急として生まれ変わり、現在に至っている。

そしてオリンピック開催の年、一九六四（昭和三九）年に開業したのが、帝国ホテル、ホテルオークラと共に「ホテル御三家」と称されるホテルニューオータニである。

創業者の大谷米太郎は、力士出身という異色の経歴の持ち主だった。巡業で日本各地をまわるなかで情報を集め、くず鉄を売る仕事に目をつける。設立した大谷重工は時代の追い風を受けて大成功した。その財力をもって、現在、ホテルが立つ紀尾井町の元井伊家の武家屋敷だった広大な敷地を購入する。だが、その時点で、ホテル構想があった訳ではない。東京オリンピックの招致の決定をもって米太郎は決断した。

ホテル経営のノウハウはなかったから、当初はシェラトンホテルに運営委託することを検討していた。だが、最終的にある日本人ホテルマンに経営を任せることにする。

初代総支配人となった岡田吉三郎は、富士屋ホテルの出身で、先にあげた山口正造のもとで研鑽を積んだ人物だった。正造は、一九四四（昭和一九）年に亡くなっていたが、そのホテル哲学は、ホテルニューオータニに引き継がれたのだ。

ホテルオークラと共に、まさに生粋の日本のホテルだった。

一九六四（昭和三九）年の東京オリンピックは、ホテルブームを巻きおこし、日本を代表するホテルを誕生させた。しかし、大きなインバウンドブームの潮流にはならなかった。

ただし、ピンポイントで、訪日外国人客が増えた時はあった。

それが一九七〇（昭和四五）年の大阪万博だ。

同年、札幌オリンピックも開催され、ホテルの新規開業が相次いだ。

いわゆる第二次ホテルブームである。

だが、翌年には、訪日外国人客は落ち込んでおり、その後も微増ではあったものの、長期的な視点においては、日本の観光業はガラパゴス化していったと言っていい。

背景にあったのが高度経済成長だろう。

製造業の輸出が活況を呈した。繊維業、重工業、トヨタや日産の自動車産業、ソニーやパナソニックといった電化製品、当初は価格の安さをアピールしたメイド・イン・ジャパンは、やがて高品質の象徴となり、対外貿易は諸外国からバッシングを受けるほどの黒字を計上する。

昭和初期とは対照的な状況である。そして、インバウンドの観光業は、対外的な存在意義が小さくなっていった。

たとえば一九七〇年代には、かつて小林一三が外国人と富裕層に対して、唯一経営が上手くいっているホテルと称した富士屋ホテルでも大きな変化が訪れていた。

外国人客の大幅な減少、かつての特権階級も、戦後直後より、むしろ相続などの問題が生じたこの時期、戦前からのライフスタイルを一変してゆく。

一九六六（昭和四一）年、富士屋ホテルは同族経営を離れたが、コーネル大学ホテル経営学部を卒業した父山口祐司は、その経験を買われてホテルの経営陣に残っていた。

父を通して、私は富士屋ホテルにおきた変化を見聞きした。

かつて年末年始は毎年、戦前からの顧客が滞在していた。大晦日、元日、二日の夜と女性たちは毎夜、その日のためだけのドレスや訪問着で着飾る。小説『華麗なる一族』を彷彿とさせる華やかなシーン。毎年、同じ顔ぶれであるから、昨年の服を着るわけにいかない。没落は、その衣装が調えられないことで始まり、集うメンバーが、毎年、櫛の歯が抜けていくように消えていく。高度経済成長の一方で、旧時代の富裕層のライフスタイルは変化していた。

一九七三（昭和四八）年、変動為替相場制が導入され、一ドル三六五円の公定相場が崩れると円高が進行。外国人観光客が顕著に減少し始める。

そのぶん、新たな日本人客の獲得に奔走した。若い女性向けの雑誌に記事を掲載したり、週末のたびに華やかなダンスパーティーの開かれたボールルームに畳を敷いて日本人団体客の宴会をとったりしたこともあった。

それは、日本人が豊かになったということであり、より多くの人たちがレジャーを楽しむゆとりをもつようになった時代の到来を意味してもいた。

旅館スタイルのいわゆる大型観光ホテルが団体客で人気を得る一方、ホテルもこれまでホテルに縁のなかった日本人客が気軽に楽しめるプランを打ち出してゆく。

ホテルニューオータニが一九六〇年代後半から販売を始めたお正月宿泊プランはその典型だろう。富士屋ホテルでお正月に集う顧客の顔ぶれが変わっていた頃、ホテルでお正月を過ごすライフスタイルは、小金を持った中産階級に広く開かれていったのである。

もうひとつ、この時期以降、日本のホテルが大きく舵取りをしたのが、企業単位の宴会と婚礼に重きをおく経営戦略である。その結果、日本の都市ホテルは、宴会の売上げ比率が高い、世界でもまれな経営形態となった。

星野佳路は、これによって、客室への投資が遅れたことが、日本のホテルが相対的に競争力を失った理由だと指摘する。

こうして日本の観光産業は内向きとなり、ガラパゴス化していったのである。

第四章

旅館から
ビジネスホテルへ

私の祖父は、一八七八（明治一一）年創業の西洋式ホテル、富士屋ホテルの最後の同族社長だった。寺社建築を思わせる壮麗な外観や館内にちりばめられた和の意匠から、しばしば勘違いされるのであるが、富士屋ホテルは、旅館ではない。

ホテルが一般的でない時代、ホテルであることにこだわり続けた、ホテルだった。外観や装飾は和風だが、客室はすべて洋式でベッドが置かれ、椅子とテーブルで西洋料理が提供されてきた。その歴史においては、外国人しか泊めなかった時代もある。創業以来、徹頭徹尾、ホテルであった。創業者の山口仙之助が、業界団体である日本ホテル協会の前身、大日本ホテル同盟会を組織したことからも、日本を代表するホテルであったことがわかると思う。旅館とホテルを分けるのは、見た目の「和風」「洋風」ではないのである。

では、その違いはどこにあるのか。

二〇一七（平成二九）年一二月、旅館業法の改正が、特別国会で成立公布。二〇一八（平成三〇）年六月から施行されたのだが、一九四八（昭和二三）年に制定された、従来の旅館業法の中に旅館とホテルについての定義がある。

〈第二条　この法律で「旅館業」とは、ホテル営業、旅館営業、簡易宿所営業及び下宿営業をいう。

2　この法律で「ホテル営業」とは、洋式の構造及び設備を主とする施設を設け、宿泊料を受けて、人を宿泊させる営業で、簡易宿所営業及び下宿営業以外のものをいう。
3　この法律で「旅館営業」とは、和式の構造及び設備を主とする施設を設け、宿泊料を受けて、人を宿泊させる営業で、簡易宿所営業及び下宿営業以外のものをいう〉

ホテルと旅館は、あくまでもデザインや見た目ではなく、構造や設備が洋式であるか、和式であるかを境界としていることがわかる。

では、構造や設備が洋式、和式とは、具体的にどういうことなのか。

旅館業法施行令には、洋式のみ、以下のように詳細が定められている。

〈二　洋式の構造設備による客室は、次の要件を満たすものであること。
イ　一客室の床面積は、九平方メートル以上であること。
ロ　寝具は、洋式のものであること。
ハ　出入口及び窓は、鍵をかけることができるものであること。
ニ　出入口及び窓を除き、客室と他の客室、廊下等との境は、壁造りであること〉

トイレについても明記がある。

ホテルが〈便所は、水洗式であり、かつ、座便式のものがあり、共同用のものにあつては、男子用及び女子用の区分があること〉とある一方、旅館は〈適当な数の便所を有すること〉とだけある。ホテルには、水洗式の洋式トイレが必要だが、旅館においては、この限りではない、ということなのだろう。

さらに浴室については、ホテルが〈宿泊者の需要を満たすことができる適当な数の洋式浴室又はシャワー室を有すること〉とあり、旅館が〈当該施設に近接して公衆浴場がある等入浴に支障をきたさないと認められる場合を除き、宿泊者の需要を満たすことができる適当な規模の入浴設備を有すること〉とある。暗に旅館は大浴場を想定している。

「寝具は洋式」とは、ベッドのことだろう。

興味深いのは、鍵と壁の明記である。

第二章でふれたように、もともと日本人にはプライバシーの感覚がなく、かつて旅館には鍵もなく、隣室との仕切りも襖一枚であったりした。これに改革をもたらしたのが建築家、遠藤新による設計であり、その客室が近代旅館の雛型になったと書いた。

だが、戦後まもなくのこの頃、遠藤新が考案した近代旅館の雛型となる客室は、まだ全国的に普及していなかったのだろう。「観光ホテル」と称する大型旅館が全国の温泉地に次々と建つのは、高度経済成長時代以降のことだ。

一方、和式の構造や設備については、なんら解説がない。

当時、日本の宿泊施設の大半は旅館であり、畳敷きの部屋をことさら説明する必要がなかったのだと思う。一方、ホテルは、多くの人たちにとって馴染みが薄く、構造や設備を具体的に説明する必要があったのだろう。

旅館業法が成立した時点で、旅館とは、鍵も壁もない、プライバシーの守られない空間が想定されていたのである。でも、当時の日本人にとって、それは日常生活の延長として、自然に受け入れられるものだった。

こうした状況をふまえた上で、日本の大都市における、ごく普通の日本人にとっての、日常的な宿泊施設が、いかに旅館からホテルに変遷したかを見ていきたい。

東京・水道橋の駅近くに「庭のホテル 東京」というホテルがある。

その名の通り、小さな中庭を囲むようにして立つ。

ホテル自体に対しても、いつもつい「こぢんまりした」とか「小さな」という形容詞をつけてしまうのだが、二三八室という客室数は、実はそれほど小さいわけではない。

ただ、どこかアットホームな雰囲気が、そう言わせてしまうのだと思う。

同ホテルを運営する株式会社ＵＨＭの代表取締役であり、庭のホテル 東京の総支配人である木下彩と初めて会ったのは、東日本大震災の年、二〇一一（平成二三）年の春の終わり。まだ、日本全体が震災後の混沌の中にあった頃のことだ。

その頃、庭のホテル 東京は、ホテル関連のジャーナリストをひとりずつ招待するという、地道な広報活動をしていた。パーティーを一回開いてしまえばいいものを、それが庭のホテル東京らしさだと、今になって思う。でも、だからこそ、初対面の彼女と旧来の友人のように親しく話すことができた。

私は、彩と夕食を共にして一泊した。

夜遅く、思い出したように余震があった。でも、テレビの速報が流す震度ほどは揺れなくて、翌朝、聞くと地下に大規模な免震装置があるという。だから、震災の当日も、当初、それほど大きな地震だと思わなかったと話してくれた。

木下彩は、不思議な女性だ。

責任ある地位にのぼりつめた女性特有の押しの強さであるとか、近寄りがたさを感じさせない、ほわんとした雰囲気がある。でも、話してみると、根っこに絶対にぶれない芯のようなものがあって、それは頑固という表現をしてもいい。

彩に対する印象は、ホテルそれ自体の印象とも重なっていた。

彼女自身の著書『「庭のホテル東京」の奇跡』にこう書いている。

〈「庭のホテル東京」の和は、京都の雅な和よりは江戸のいきな和。着物で言えば華やかな花鳥風月柄よりも縞や格子です。そうなったのは私のあっさりしたもの、さっぱりしたものへの好みや私自身の性格が反映しているのでしょう〉

彩は、和服をよく着る。

ショートカットの髪型に、さりげなく織りの風合いと帯で季節感を演出した着物姿は、「江戸の粋」そのままで、いつもかっこいいなあと思う。

その立ち姿を、そのままホテルにすると、庭のホテル 東京になる。

『「庭のホテル東京」の奇跡』でホテルに込めた雰囲気を〈「非日常」ではなく「上質な日常」〉と表現しているが、その感じは、また彼女の着物姿にたちかえる。


ビジネスホテルではなく、だからといって、いかにも高級なラグジュアリーでもない、上質な居心地の良さを感じさせる。人でいえば「人となり」に通じるような個性があって、料金やネームバリューでなく、その個性を好ましいと思うゲストが宿泊する。パリやロンドン、ニューヨークといった欧米の大都市、アジアでも香港やバンコクあたりには、こういうタイプのホテルがよくある。でも、なぜ日本にはないのだろう、と思っていたところ、出会ったのが庭のホテル 東京だった。

それを実現したのが、自分の好みに忠実に、「万人受けしなくていい」と腹をくくった木下彩の強さなのだ。根っこにある、ぶれない芯である。

開業は、二〇〇九（平成二一）年。リーマンショックの翌年であるから、タイミングとして決していい時期ではなかった。

それもあって、開業当初から話題になった訳ではない。私が彩と初めて会った頃も、ホテルの存在は、まだあまり知られていなかった。

だが、やがて外国人観光客を中心に高い支持を受けるようになる。

木下彩の著書『「庭のホテル東京」の奇跡』には、次のようにある。

〈とりわけ海外のお客さまからのご支持は想像以上でした。外国人の宿泊客は全体の半数以上に達します。国別で言うとベストファイブの常連は、アメリカ、イギリス、フランス、オーストラリア、台湾となりますが、文字通り世界中の国からお客さまがいらしてくださっています。（中略）

海外からの評価と言えば、「庭のホテル 東京」は二〇〇九年のオープン以来、ミシュランガイドのホテル部門で五年連続、二つ星（正確には二パビリオン）をいただいています。

また世界最大の観光口コミサイト「トリップアドバイザー」の東京のホテル人気ランキングでは、錚々たる有名ホテルが名を連ねる中で十位以内にランクインし続けています〉

ちなみにミシュランガイドの二つ星は、現在、九年連続となっている。

同書の帯には「二児の母が開業した小さなホテルが震災を乗り越えミシュランガイド5年連続二つ星に」とあるが、冒頭、小さなホテルと言うほど小さくない、と書いたように、彩を「二児の母」とだけ表現するのは正しくない。

二児の母である以前に、彼女は、代々続く旅館、ホテル経営者の娘であった。

庭のホテル 東京には、前史があったということだ。

彼女の父親、母親、さらには祖父、祖母が築いた歴史である。

家族と家業の歴史は、そのまま、日本の大都市における宿泊産業の歴史と重なる。

ちなみに、木下彩と星野佳路は、同じ一九六〇（昭和三五）年の生まれである。

庭のホテル 東京の前身は、東京グリーンホテルというビジネスホテルだった。

そして、そのさらに前身は、森田館という旅館だった。

子供時代の彩の記憶は、この森田館と共にある。

初めて彼女と会った夕食の席でも、なつかしそうに話をしてくれた。

星野佳路の子供時代の思い出話にもつながる、箱根生まれの私が、友人の家で体験した記憶とも重なる、家族経営の旅館の風景だった。ことさらに状況を話さずともわかりあえる、共通の記憶があったからこそ、話は盛り上がった。

〈小学校高学年まで、私は森田館の敷地内にある住居で両親、二人の兄たちと暮らしました。従業員のみんなから「彩ちゃん」と呼ばれ、お帳場に行っては仲居さんたちに遊んでもらう日々でした。

森田館は当時としては珍しい四階建ての部分もありとても広かったので、近所の子供たちの格好の遊び場でした。友達が大勢やってきては、かくれんぼや鬼ごっこをして遊んでいました。(中略)

そんな森田館で今でもよく覚えているのは正面玄関の前庭や客室に囲まれた中庭の風景です。

池があり、草木の豊富な庭でした。四季やその日の天気によって趣を変える庭を眺めていると、子供心にも落ち着いた気持ちになったのを憶えています〉(前掲書)

庭のホテル 東京の中庭

この庭の記憶が、庭のホテル 東京のコンセプトや外観につながっていったらしい。

森田館は、一九三五(昭和一〇)年、木下彩の祖父母にあたる近山隆平・ふみ夫妻が現在、

庭のホテル 東京が立つ、水道橋駅に近い三崎町で創業した。だが、その前史は、さらに、彼らの父、祖父にまでさかのぼる。

ルーツは長野県長野市、今も木下の親戚が営む犀北館にある。

犀北館のホームページにある年表を紐解くと、さらに前史があった。

一八二七（文政一〇）年、信州中野に郷宿「松田屋」と長野県史に記されているのが、最も古い記録だという。

一八七〇（明治三）年、松田屋は焼失。その後、善光寺町に移転し、「松屋」の屋号で市内を転々としながら仮営業を続けた。

一八九〇（明治二三）年、犀北館として創業。現在も犀北館はホテルとして営業しているが、創業時から「西洋風旅館」であったと記されている。

創業者は、ふみの父、與五郎と祖父、與貞である。

ふみは與五郎の次女になる。隆平は婿であり、夫婦は分家して近山の姓を名乗った。

犀北館は、天皇皇后を複数回迎えたほか、皇族、多くの賓客が訪れた長野きっての名門として現在に至っている。

分家した隆平とふみは、新天地として東京をめざしたのだった。

『近山ふみ米壽記念 頌壽』には、次のようにある。

〈神田区三崎町の和風旅館「森田館」を、犀北館東京支店として経営するための準備に入った。本郷で書画骨董商を営む飯山出身者からの情報で、ここが売りに出されていることをきいた與五郎の決断で入手したのであった〉

名門であった犀北館の東京支店としては、中小の商工業者が軒を並べる界隈は、いささか庶民的なロケーションであり、隆平やふみも当初は戸惑ったという。だが、地元の従業員が働く家庭的な雰囲気と低廉な料金で、長野県庁の役人や地元製糸会社の関係者たちが上京時に泊まる宿として、おおいに繁盛することになる。

さらに、森田館開業の三年後、もう一軒、御茶ノ水駅近くの神田淡路町に旅館「佐々喜」を開業した。これも「佐々木」という旅館を買い取ったものである。

佐々喜は、後に森田館に先がけてビジネスホテルに生まれ変わる。長く、「東京グリーンホテル淡路町」として運営されてきたが、「庭のホテル 東京」の開業と入れ替わりに閉館した。

そして、太平洋戦争が始まった。

隆平は、中野に「新富館」を購入し、下宿を開業した。さらにもう一軒、阿佐ヶ谷にアパートを入手している。戦争の雲ゆきから東京都心の商売に限界を感じたのと、新興住宅地の将来性を見越したものだった。

やがて、空襲が始まった。一九四五（昭和二〇）年三月九日夜から一〇日未明にかけて、東京の下町を焼き尽くした東京大空襲。降り注ぐ焼夷弾で、森田館は焼け落ちてしまった。続く五月の空襲で、阿佐ヶ谷のアパートも焼けた。終戦後、残ったのは、危うく類焼をまぬがれた佐々喜と、森田館の什器・備品を運び込んでいた新富館だけだった。

それでも、隆平が召集されなかったことと、東京帝国大学法学部に入学し、学徒出陣した息子の弘が無事に復員したことは、何よりの幸運だった。ここから戦後の復興が始まる。

一九四八（昭和二三）年、隆平は、東京都旅館協同組合連合会に参加、副会長に推されている。戦火をくぐり抜け、業界でも一目置かれる存在になっていた。

森田館の第一期工事が完了し、再開業したのは、一九五一（昭和二六）年。サンフランシスコ講和条約の締結された年である。

森田館は、次々に建物を増築した。弘は、東大卒業後、日本興業銀行に入社。一九五二（昭和二七）年には、静岡市で中島屋旅館を営む鈴木藤吉の三女好子と結婚する。

彩は、父と母の結婚について、同業者同士の親が決めたのでしょう、と笑った。

一九五六（昭和三一）年第三期工事で、初めて鉄筋コンクリートの建物を建てることになった。弘が銀行を退職して、家業に専念するようになったのは、このタイミングである。

木下彩が誕生した一九六〇（昭和三五）年は、第四期工事が完了した年になる。

彼女の語る思い出や庭の描写から、漠然と戦前から続く木造の旅館を想像していたのだが、森田館は、思いのほか最新のモダンな旅館だったのだ。

当時の森田館の写真を見せてもらった。

畳敷きの和室に椅子とテーブルが置かれた広縁の小さなリビング。出入り口はドアで、鍵がかかるようになっている。遠藤新が笹屋ホテルで実現した、近代的旅館の原型そのままの客室がそこにあった。

彩が愛した中庭は、その広縁の借景になっている。

それも笹屋ホテルと同じだ。都心の限られた敷地ではあるが、そこにあったのは、遠藤新が考えたそのままのプランだった。

森田館だけではなく、戦争をはさんで、昭和の時代、日本各地でこうした旅館の客室が生まれたのだろう。あらためて遠藤新の功績に思いをめぐらす。

それが、彩の記憶に残り、現代的に再構成されて庭のホテル 東京になったのかと考えると、感慨深いものがあった。

東京オリンピックの時には、アメリカの水泳チームの家族が団体で宿泊した。

〈五個の金メダルを獲得したスター、ショランダーの両親も泊まっていた。(中略) 競技が始まると、連日の好成績にすっかり気をよくし上機嫌であった。メダルをとった選手の

家族には、お祝いに金銀の水引きで作った鶴・亀・蝶などをワインに飾ってプレゼントし、大そう喜ばれた〉（前掲書）

この時の経験と、それ以前から「観光団さん」と呼ばれたアメリカの日系一世、二世の人たちの団体を受け入れた経験が、旅館からビジネスホテルへの転換を考え始めるひとつのきっかけになったようだ。

銀行を退職し、森田館を引き継いだ近山弘が、本格的にビジネスホテルの構想を始めたのは、一九六六（昭和四一）年頃のことだという。

一九七三（昭和四八）年、森田館を閉鎖し、東京グリーンホテル水道橋を開業したタイミングで業界誌に寄稿した原稿に経緯が記されている。

〈昭和三十年代というのは、まあまあお客も適当にあり、収益もどうやらこうやらという状態が続いた。

それが、三十年代の終わりごろになって、だんだんあぶなくなってきた。森田館の場合、東京オリンピックのあった三十九年が売上げの最高で、四十年には、売上げの絶対額もそれを下回った。オリンピックに備えてできたホテルのお客の一番下の層あたりと競合して、いままでの顧客がずいぶんとホテルへ向かうのを目のあたりに見てきたわけだ。

（中略）実はその数年前から、法華クラブの小島澄三氏を知り、いろいろ教えを受け、池之端の法華クラブができたときも、見学に行った〉（『月刊ホテル旅館』一九七三年八月号）

法華クラブとは、一九二〇（大正九）年、小島愛之助が日蓮宗（法華経）信者のための宿を京都に開業した「法華倶楽部」が始まりである。

同社のホームページによれば、〈全室壁仕切り、1組1室主義の〝日本唯一理想旅館〟〉を標榜した、とある。

旅館における壁の仕切りは、笹屋ホテルではなく、ここが事始めだったのか。

当時の旅館は相部屋が当たり前で、一組あたり一室の個室を提供するアイディアは斬新なものだったのである。

法華クラブ上野池之端店は、一九六四（昭和三九）年に開業した。東京オリンピックを契機にしたホテルブームのひとつだったことになる。

一九六六（昭和四一）年三月一七日号の『週刊現代』で、当時、専務だった小島五十人《いそんど》がインタビューに答えている。

〈私どもは、係長や平社員の方が気安く泊まれるように、プランを練るわけです。（中略）三十九年五月にできた東京・上野池之端店の店（三百五十室）を例に引きますと、……平社員の出張宿泊費が千五百円と出た。それで、宿泊費も、千二百円とした。すると、これが至上命令になるのです。この宿泊費でペイする原価で建てねばならない。あとは努力です〉（『日本ホテル協会百年の歩み』）

『近山ふみ米壽記念　頌壽』によれば、名古屋のワシントンホテルにも足を運んだとある。名古屋第1ワシントンホテルの開業が一九六九（昭和四四）年のことだ。

戦前に開業した第一ホテルがターゲットにしたのは、同じビジネスマンでも課長、部長クラスだった。その頃、平社員の出張は、上司や同僚と相部屋の旅館が当たり前だった。だが、時代の変化とともに個室が求められてゆく。やがて、都市部で出張などで使われる低廉な旅館がビジネスホテルに代わる潮流が生まれる。法華クラブやワシントンホテルが先頭をゆくこの波に、近山弘は遅れまいと決意する。

しかし、父親の隆平は、これに大反対した。

全日本ビジネスホテル協会編『十年のあゆみ』に「ビジネスホテル協会ができた頃」と題して社団法人国際観光施設協会会長の重松敦雄は次のように記している。

〈静岡の鈴木藤吉さんが、当時私のいた国観連の事務所にやってきた。「近山の息子が淡路町の『ささき』を壊してビジネスホテルにしたいと言い出して、親父の近山隆平さんは大反対して親子喧嘩している。私は面白いと思って、やらしたいのだが、親父は私の言うことも聞かない。あなたの言うことなら聞くと思うから、隆平さんを説得してくれないか」というのである〉（前掲書）

静岡の鈴木藤吉とは、弘の義父、好子の実父である。

弘のビジネスホテル計画に賛同した彼自身もまた、旅館からホテルへの転業にいち早く乗り出してゆく。一九六九（昭和四四）年に焼津グランドホテルを開業。弘が佐々喜を建て替えた最初のビジネスホテルを開業した同じ年、静岡の中島屋もまた、静岡グランドホテル中島屋（現・中島屋グランドホテル）を開業した。

木下彩の一族は、日本の旅館がホテルに代わってゆく時代の先端にいた。

こうして一九七〇（昭和四五）年、佐々喜を閉館し、東京グリーンホテル淡路町が開業。一九七三（昭和四八）年には、森田館を閉館し、東京グリーンホテル水道橋が開業した。

ビジネスホテルの事業には、近山弘より、もっと大きな資本で参入したチェーンがいくらもあった。その中で、彼が、業界の功労者として語り継がれるのは、先にあげた全日本ビジネスホテル協会の設立を最初に呼びかけた人物だったからだ。

ちなみに、ビジネスホテルという呼称は、法華クラブが始まりだという。『日本ホテル協会百年の歩み』によれば、上野池之端店の開業を契機に同社で使い始めたのがきっかけだという。だが、全日本ビジネスホテル協会の発足で、その名称は、より一般に広く認知されることになったのではないか。近山弘が「ビジネスホテルの父」のように言われる理由である。

その後、同協会は、一九九二（平成四）年に全日本シティホテル連盟と名称をあらため、現在に至っている。

その後も、近山弘が活躍し続けたなら、日本のホテル業界にどれほど貢献したことか。

しかし、運命は非情だった。東京グリーンホテル水道橋の開業翌年の夏、末期がんにかかっていることがわかり、その四ヶ月後、一九七四（昭和四九）年一一月三〇日、四八歳の若さで亡くなったのである。

後継者となったのは、妻の好子だった。

悲しみに浸るまもなく、代表取締役に就任。東京グリーンホテルは彼女の手にゆだねられた。

木下彩は、そんな母を見て成長する。

上智大学外国語学部英語学科を卒業した彩は、ホテルニューオータニに就職した。

後継者になるよう強要されることは一切なかったというが、二人の兄たちがホテルとは関係ない進路を選ぶなか、母の好子は何よりも喜んでいたという。

一九八〇年代前半、バブル前夜の二〇〇〇室規模の大型都市ホテルで彩は約四年間勤務した。

その経験は、後にホテル経営者となる基礎となった。

一九八七(昭和六二)年、二七歳でホテルニューオータニ勤務の木下照雄と結婚する。その結婚で、母好子の中には、いよいよ後継者として頼りにする想いが芽生えたようだ。『「庭のホテル東京」の奇跡』には、こう記してある。


〈結婚を控えていたある日、母が私に言いました。

「あなたの旦那さんは、うちの会社に入ればいいんじゃないの?」

母がなぜそのように言ったのか私は詳しく詮索しませんでしたが、もしかしたら、私が後を継いで夫と一緒に東京グリーンホテルの経営に携わってくれたらいいとの考えがあったのかもしれません〉

その言葉通り、夫はホテルニューオータニを退社。若夫婦は、母親の実家である静岡の中島屋ホテルチェーンで修業を積み、夫の照雄は東京グリーンホテルに入社した。

その時、静岡で和服を着て働いた経験から、今も気軽に日常着として、和服を着ることができるのだと、彩は言う。

二人の娘が生まれ、しばらくは、つつましくも穏やかな暮らしだった。

彩は子育てに専念した後、パートでホテルとは関係ない仕事をするなど、文字通り、本の帯にあった「二児の母」としての生活が続いていた。

ところが、また悲劇の運命が襲いかかる。

今度は、母の好子が悪性リンパ腫におかされたのだった。

周囲の祈りもむなしく、母は亡くなり、一九九四（平成六）年七月、彩は実質的な経営者を引き継ぐことになった。

さらに悲劇は続く。母を支えてきた常務までもが末期がんの宣告を受ける。

母の死の一年半後、常務も亡くなった。

こうして東京グリーンホテルの経営は、否応なしに木下彩の肩にかかることになった。

当時、東京グリーンホテルは、水道橋、淡路町（後に御茶ノ水と改称）、後楽園の三軒があった。バブル崩壊後もリピーターに支えられ、経営は安定していた。

しかし、一九九〇年代後半、ビジネスホテル業界も経済不況の波を受けるようになる。またインターネットの普及から価格競争が追い打ちをかける。

そうした矢先の母と常務の相次ぐ死。

だが、背水の陣にあって、彩は守りではなく、攻めに転ずる決断をする。

東京グリーンホテル水道橋の建て替えである。

ちょうど隣接地に「東急ステイ」というビジネスホテルの出店も決まっていた。

コンセプトを模索するなか、彼女は、ビジネスホテルをやめる決断をする。

『「庭のホテル東京」の奇跡』に記されたこの言葉が象徴的だった。


〈中途半端なホテルにしたくない。

祖父の時代からこの地で旅館業を営み、父がビジネスホテルの先駆けをつくり、母が大事に守ってきてくれた、その歴史と実績を汚すような中途半端なことはしたくない〉

父が創った東京グリーンホテルをあえてやめることが、創業の地でホテル経営を続けていくための選択だった。

森田館、東京グリーンホテル、庭のホテル 東京。

近代的旅館、ビジネスホテルの先駆け、個性的なシティホテル。

東京都心の水道橋で、時代に先駆けようとした家族の歴史は、そのまま日本の旅館とホテルの歴史に重なっている。

第五章

科学的経営論による旅館の改革

阪急グループの創業者、小林一三の発想から生まれた東京・新橋の第一ホテルは、合理化、効率化ということを日本で最初に主張したホテルだった。

戦後、この第一ホテルに伝説的なホテルマンがあらわれた。

彼に師事した元熱海後楽園ホテル社長、田辺英蔵著の『海軍式サービス業発想』には、次のように経歴が記されている。

〈戦後日本のホテル業界に、新田善三郎という一人の人物がおられた。
その名前は、知られるべき人たちの間では伝説である。
海軍兵学校六五期、恩賜の短剣拝受、海軍兵学校教官、第一航空戦隊参謀、軍司令部部員大本営海軍参謀。
戦艦大和がただ一回、比島サンベルナルジノ海峡沖において米空母を砲撃した時には、砲術参謀として砲戦の指揮を執《と》られた〉

一九一五（大正四）年生まれであるから、終戦時に三〇歳。戦艦大和の砲術参謀だった海軍のエリートは、戦後、ホテル業界で第二の人生を生きた。

出身が静岡県の温泉地、熱海。地元に復員していたところ、一九四五（昭和二〇）年、熱海第一ホテルの支配人としてスカウトされたのだった。

終戦後、本拠地の第一ホテルは、当時、日本の西洋式ホテルのすべてがそうであったようにGHQに接収されていた。これらのホテルの接収は、一九五一（昭和二六）年にサンフランシスコ講和条約が締結され、日本が主権を回復するまで続いた。

だが、熱海第一ホテルは、旅館スタイルのいわゆる観光ホテルであり、GHQの接収対象ではなかった。一九三一（昭和六）年に開業した「蓬莱閣玉久旅館」を前身とするが、一九四四（昭和一九）年に経営不振により、第一ホテルに営業権を譲渡していた。新田善三郎は、この経営を任されたのである。

その後は、手腕をかわれて、東京の第一ホテルで活躍。専務まで務めた。

一九八〇（昭和五五）年に亡くなったが、晩年、最後の役職が日本航空開発の顧問だった。ちなみに、星野佳路がアメリカで同社に入社するのは、新田の死から四年後ということになる。

第一ホテルで同時期に経営に携わっていた複数の人たちから私は、新田善三郎の名前を聞いたことがあった。みな口々に、日本のホテルの近代化を語るのなら、新田善三郎は欠かせないと熱く語った。彼に学んだ者たちは、しばしば「新田学校」と称されたという。

そして、『海軍式サービス業発想』を紹介されたのである。

著者の田辺英蔵は、星野嘉助こと晃良と同じく、私の父の親しい友人だった。

ハンサムでダンディ。日焼けした肌にリゾートウェアがよく似合う。ヨットマンとしても知られ、私はもっぱらそのイメージで理解していた。

だが、この本を読んで、ホテルマンとしての彼の原点に新田善三郎がいたことを知った。小林一三は叔父にあたる。その事実もまた、本を読んで初めて知ったのだった。

新田は、海軍で学んだことを応用して、サービス業に的確な指針を与えた。

たとえば「サービス教育は具体的に」「知識もサービスである」は、終始変わらぬ彼のモットーであった。これは、海軍砲術畑の人間が物事を漠然と考えず、数字で把握することに長じていたことが基にある。それまでのサービス業にありがちだった一般論、抽象論、無意味な「お説教」を何より嫌ったという。

「応酬話法、これがサービスのいちばんの急所です」とも新田は繰り返し強調した。

応酬話法とは、お客との言葉のやりとりである。それを支えたのが、彼の優れた表現能力だった。この表現能力こそが、リーダーにとって重要な資質だと考えていた。軍隊というと「黙ってついてこい」式のリーダーシップを想像するが、旧海軍士官学校で重視されていたのは、人間関係と表現能力であったという。そして、これは、そのままサービス業にも通じると説いたのである。

このように『海軍式サービス業発想』では、合理的に理路整然とサービス業における核心が説明されていく。その中で、私が目をとめたのは旅館に関する記述だった。

新田善三郎は、熱海第一ホテルの支配人を務めた後、東京の第一ホテルに移った。同じ第一ホテルという名称だが、すでに説明したように、熱海第一ホテルは、観光ホテルと呼ばれた旅館である。ホテルと旅館の両方の現場を知る新田は、そのふたつの違いを明確にすると共に旅館を一刀両断にした。

〈ずばり言うと、新田さんは旅館の経営には悲観的だった。正確に言えば、近代的経営形態を備えた一部上場の大会社が観光地の旅館を経営することにきわめて懐疑的見解を持っておられた。だからこそ、自ら一〇年支配人を努められた熱海の第一ホテルを、自らの手で閉じられた〉

同書は、旅館とは何かの名言を二つ紹介する。

〈一句で言い切ったのが新田さんの刎頸《ふんけい》の友ＡＡＰ（熱海アート・プリンティング）社長故土屋金康氏の「旅館とは不合理な商品を売る商売である」という名言であって、新田さんも次のように表現された。「ホテルは〝部屋〟を売る。旅館は〝泊まる〟という行為全部を売る」〉

熱海第一ホテル時代、彼の手腕は評判を呼んでおり、見学者が絶えなかった。それでも、なお旅館経営には悲観的だったという。

〈新田さんは見学者を館内くまなく案内され、数々のアイデアを惜しみなく披露し、近代的な帳票制度、労務管理の手法を詳しく講義された。諄々と説く新田さんの話術に見学者が深い感銘を受けたであろうことは容易に想像がつく。

ここまでは、練達な経営コンサルタントと変わるところはない。だが、新田さんは、やりっ放しの不親切はなさらなかった。

「そこで私は、こう言って話を閉じることにしていました」

新田さんは、笑いながら、

「……というふうに、今述べた近代的経営手法を完全に実施したら旅館は必ず潰れます。くれぐれもそこのところを間違われぬように」〉

では、なぜ旅館は潰れてしまうのか。

近代化、合理化によるコストが旅館経営を圧迫すると言うのである。

〈一部上場の近代企業で行なっているような整備された組織、完備した帳票、内部監査組織、手厚い厚生施設、組合を前提とした昇給、昇進制度、労基法を満足させる人間的な労務体制……そういうことを実施したら、旅館業のコストは少なく見積もっても約一割上昇する。売上げ二〇億の標準的なリゾートホテルという名の旅館では、二億のコスト上昇である。そして、この二億という数字が、標準型の旅館の出している利益である〉

さらにもうひとつ、旅館の利益を支えているのは〝道徳性の低下〟だと指摘する。

〈旅館がガラス張りの経営をし、すべての帳票を整備し、社内外に公開できるようにするために、どれだけのコストが上昇するか。オーナーである主人一家と〝会社〟との経理を完全に分断したら、経理・財務はどれだけ悪化するか、そんなことができるか、をいちばんよく知っておられるのは旅館のご主人方である。旅館のご主人方が〝収奪〟を行なっている、などと攻撃するつもりは毛頭ない。ご主人一家の贅沢などはたかが知れている。ご主人一家が贅沢をしていけない理由は何もない。彼らはオーナーなのだ。それが彼らのインセンティブだ。朝夕お客の前に出て挨拶するオーナー夫人の総絞りの晴れ着、ダイヤの指輪をなぜ経費で落としていけないのか。家族総出で働く家業で、どうやって〝公私の別〟を明らかにできるか〉

星野佳路が、実家の星野温泉に入社して最も愕然とし、家族経営の旅館の悪癖であるとする「公私混同」の曖昧さ、いいかげんさの中から旅館は利潤を出していると言うのだ。新田の論理からすれば、星野温泉における「公私混同」は、四代目嘉助の父や星野一族の問題ではなく、旅館の宿命だったことになる。

それに真っ向から反旗を翻した佳路は、星野温泉、星野家といった一企業や一家族の枠組を超えた、旅館というもののありように対しての反乱だったことになる。

一方、都市ホテルの特徴は「合理性」であると新田は説いた。

〈まぎれもなく、これは西欧文明の所産だ。

部屋は個室、何よりもプライバシーを尊重する。プライバシーとは、いまだかつてわが国に存在したことのない概念であり、したがって訳語がない。大和民族がいまだかつて考えたこともない概念が、近代都市ホテルの真髄である。鍵をかければ自らの城、はだかでぶらぶらしていても、咎める者もなければ、侵入者の心配もない。必要な施設、すなわち食事、ショッピング、理髪、郵便、宴会、本屋、花屋等すべての都市機能はロビー周りに完備しているが、その利用はまったく利用者の恣意に任され、ホテル側の関知するところではない。客から要求のあった時だけ、ホテル側は、食事《ルームサービス》・電話の交換（または遮断）、朝のお起し、マッサージ、洗濯等々の便益を（別料金で）提供する。何とも見事なまでに合理的な概念のもとに運営されているのが近代的都市ホテルという組織であって、こんな組織を考えつくのは西欧人以外になく、一般論としては、このような合理的組織は極限まで〝合理化〟が可能であり、これに対抗するため、わが国の近代的都市ホテルの従業員はすべて強力なる組合に組織されている〉

第二章でホテルと旅館の違いはプライバシーの概念にあると書いたが、新田はこれに加えて「合理的」であることがホテルの特質であるとする。

ホテルと旅館の違いは、何よりも本質的に客が「合理的」を求めるか、「不合理」を求めるかの違いだというのだ。

〈日本の……と特定する必要があるかもしれない。日本以外の西欧文明諸国民は、リゾートにあっても〝合理的〟に行動するからである。

日本人はそうではない。

都市ホテルに泊まられる客は、それぞれに〝合理的な〟目的を持つ。商用であり訪問であり、または情愛である。

それでは一体、人はリゾートホテルに何をしに来るのか。

日常性からの脱出である。都市ホテルの利用の様態が〝建前〟とすれば、リゾートホテルの利用の主旨は〝本音〟である。（中略）つまりは、リゾートホテルに客が期待するのは〝祭りの日々〟、合理性の払拭である。すなわち〝不合理〟こそが、客がリゾートに求める〝商品〟だ〉

先にあげた新田の言葉、〈旅館は〝泊まる〟という行為全部を売る〉とは、こういうことなのである。

新田の時代、すなわち戦後まもなくから一九八〇年代くらいまでの時代、旅館に泊まる行為とは、現在のような文化体験のアクティビティやスパではなく、ただひとつ、無礼講の宴会をさしていた。その時代において、新田の理論は正しかった。

当時と比較すれば、あきらかに日本人のライフスタイルは変化した。

日本人がもはや旅館に「不合理」を求めないのだとしたら、旅館とは「不合理」だという定義も成り立たないことになる。

そして、旅館それ自体の存在が不合理でないならば、旅館の合理化も可能ということになる。

旅館の合理化、効率化に挑戦した経営者は星野佳路だけではない。その先駆者としてあげたいのが、箱根・塔ノ沢温泉の一の湯である。

一九九四（平成六）年、「老舗旅館の改革と価格破壊」と題したテレビドキュメンタリーがあった。番組は大きな話題を呼び、一の湯は温泉旅館の改革の旗手として一躍有名になった。私もその番組のことはよく覚えている。

とりわけ強烈な印象に残っているのが、当主の小川晴也が、墓参りをするシーンだった。多分に演出もあったのだろうが、老舗の「価格破壊」は、ご先祖様に報告しなければならないほどの「事件」だったのである。同じ箱根出身で、一の湯がどのような存在か知る私には、その重みがことさらに感じられたのかもしれない。

一の湯は、名前が物語るように、塔ノ沢温泉の開祖のひとつであった老舗旅館である。創業は一六三〇（寛永七）年。最も古い元湯の開湯が一六〇四（慶長九）年であるから、塔ノ沢温泉の歴史と共にあった宿といっていい。ちなみに元湯を前身とするのが、国道一号線をはさんで一の湯の向かいに立つ環翠楼である。

小川晴也は、一の湯の一五代目にあたる。

新しい展開が始まった最初のきっかけは、父親の恵也だった。

一九七四（昭和四九）年、隣接地に開業した「ホテル一の湯」とレストラン「グリル・バレービュー」である。塔ノ沢を流れる早川の渓流を見下ろす立地からの命名。そこで東京の老舗西洋料理店のメニューを提供した。小川恵也は、星野晃良より、やや上の世代になるが、西洋的なものへの憧れがあった点は共通している。

だが、事業は上手くいかなかった。開業三年で累積赤字を一億円も出してしまう。

「親父も私財を投じれば良かったんですが、全額借金でやってしまった。ついに銀行からもう面倒はみないと言われてしまったんですね」

晴也は、慶應義塾大学卒業後、コンピューター商社の日本ユニバック（現・日本ユニシス）に入社し、営業マンになっていた。社会人になって六年目の出来事である。

「私と妻と妹が四人いて、みんな外で働いていたんですが、全員辞めて家で働くことにしました。親父とおふくろも入れて八人で。銀行に対してけじめを見せる意味もあったんだけど、博打ですよね。全くの背水の陣だった。箱根に帰ってきたのは昭和五二年。よく覚えていますよ、八月一日のことでした」

ホテル一の湯はよくなかったが、一の湯の営業成績は順調だったので、旅館のほうがいいのだろうと、ホテルもハードはそのままで一泊二食付きの旅館スタイルにした。レストランでは洋食のほか和食も出した。

「和洋折衷のへんてこな料理を出して、二年くらいは、もんもんとしていましたね。その頃、小田原に『うろんや』という凄く繁盛したスパゲッティ屋があって、そこのオーナーシェフと日影茶屋の角田庄右衛門さんが同級生だったんです。それで、相談するといいよと言われて、ラ・マーレ・ド・チャヤの料理人を紹介してもらったんです」

サザンオールスターズの歌詞にも登場する日影茶屋は、湘南・葉山にある料理旅館を前身とする日本料理の名店だ。「ラ・マーレ・ド・チャヤ（現・レストラン ラ・マーレ）」は、当時の若き当主、角田庄右衛門が開業したフランス料理レストランだった。

一九七七（昭和五二）年、熊谷喜八がシェフになると、地中海の雰囲気を感じさせるヌーベル・キュイジーヌは話題を集めた。湘南・葉山というロケーションも含めて、憧れのライフスタイルを提供したと言っていい。サザンオールスターズのデビューは、一九七八（昭和五三）年のこと。ラ・マーレ・ド・チャヤは湘南ブームの憧れの頂点にあった。

一九八〇（昭和五五）年、ホテルとレストランのネーミングも「キャトルセゾン」と一新して、ラ・マーレ・ド・チャヤからシェフを招聘。そのフランス料理が食べられるオーベルジュとして再出発する。

キャトルセゾンは繁盛した。

ラ・マーレ・ド・チャヤは話題のレストランであり、そのテイストの料理が箱根で食べられることは大きな魅力だった。ライトアップされた早川の渓流を見下ろすロケーションもよかった。

シェフを任された山根崇宏は、本当に腕のいいシェフで、後にプリンスホテルに引き抜かれ、仙石原プリンスホテル、ホテル大箱根、箱根プリンスホテルの総料理長を歴任した。

それなのに、儲からなかった。

繁盛するのに儲からない。

理由のひとつはコストがかかることだった。最高の材料、いい調味料、一流の器具、どれもが一流でなければいけない。

「当時は、まだカジュアルなフレンチってなかったんだよね。ラ・マーレもカジュアルだったけれど、あれはかなり高尚なカジュアルだった。箱根には富士屋ホテルがあるから大丈夫と思って、洋食をやっていたんだけどね」

その富士屋ホテルも、日本人客を相手にするようになって試行錯誤し、ボールルームに畳を敷いて宴会場にしていたのがこの時代である。

藁をも摑む思いで、いくつもの経営コンサルタントをたずねた晴也が、「ペガサスクラブ」のセミナーに足を運んだのは一九八五（昭和六〇）年のことである。

ペガサスクラブとは、読売新聞記者出身の経営コンサルタント、渥美俊一が主宰した団体で、アメリカのチェーンストア経営システムを日本に導入したことで知られる。一九六二（昭和三七）年に発足。ダイエーの中内功、イトーヨーカ堂の伊藤雅俊、ジャスコの岡田卓也など、日本のスーパーマーケットの基礎を築いたそうそうたる顔ぶれがメンバーにいた。渥美俊一は、日本の流通革命の理論的指導者だった。

「白馬に『パイプのけむり』というペンションがあって、そこのオーナーからの紹介でした。ほかは、流通の企業ばかりで、宿泊業は、僕らくらいだった。ペガサスクラブのセミナーは、一回一〇万円くらいするんだよ。赤字の会社には厳しかった。でも、縁があったんだね。昭和三三年に『商業界』が主催するセミナーの一回目があって、その会場が一の湯だった。新聞記者時代の渥美先生も取材に来たことがあると言うんです。一の湯だったら知っているぞ、旅館のことだってわかるぞ、と言われたんです」

そして、三〇分二万円という渥美の相談を受けることにした。

相談の前には、全部で八つの経営資料を揃えるように言われた。二週間かけて準備して、箱根プリンスホテルの喫茶室に呼ばれた。

「確かに赤字だね。でも、資産はそれなりにあるね。これを明日、売ってしまって定期預金に預けなさい。そのほうが今の君よりいい暮らしができるぞ、いきなりそう言われたんです」

当時は定期預金の利回りがよかったから、確かにその通りだったが、経営相談に行って、資産を売れと言われた晴也は、困惑した。

「君のところから相談料を取るにはしのびないから、ここのコーヒー代を二人分払って帰りなさいと言われてね」

なおも答えに窮していると、渥美は言った。

「それでも今の商売を続けたいのなら、商売の定石を勉強しなければいけない。ひとりでやっていても駄目だから、あと四人一緒に勉強しなさい。赤字であっても売上げは上がるから、そこから教育費用を捻出しなさいと言われました」

つまり、ペガサスクラブのセミナーにもっと出ろということだったと晴也は笑う。

それでも、先生は渥美俊一ひとりと決めて、晴也は経営の基礎を学ぶことにした。

「まず、売上げを上げるには投資をしないといけないと言われました。売上げが上がらないのは総支配人の責任だというのは大きな間違いで、投資を決断しない経営者の責任だと言うのです。次に言われたのは、利益は技術だということでした」

粗利益からいろいろな費用を払って純利益となる。それをどう使うかが、技術だと言うのだ。粗利益から差し引かれる費用の四、五割は人件費と人にまつわる費用である。つまり、人件費に見合ったぶんだけ成果が出ているか、それをいかにコントロールするかが利益につながるというのが渥美の理論だった。

「旅館というのは、これをやればお客さんが喜ぶかもしれない、あれも喜ぶかもしれないとやっていくから、滅多やたらに作業が多いわけです。それを給料もろくに払わない劣悪な労働環境でやっているから、人がいつかない。悪く言えば、旅館の従業員は、流れ者集団みたいになってしまう」

星野佳路が父親から引き継いだ直後の星野温泉を語った言葉が重なる。

まさに同じ状況だった。つまり、全国、どこの旅館であっても共通する命題が労働生産性の悪さだったのだ。

晴也は、流通革命の指導者の論理で、ここにメスを入れた。

一九八九（平成元）年、経営効率の指標として絞り込んだのが「人時生産性」だった。総労働時間を分母、粗利益を分子とすることで、一人一時間あたりの粗利益高を割り出す指標である。

「渥美先生は、これが全社で五〇〇〇円、一店舗当たりは六〇〇〇円なければいけないという。一店舗当たりが高いのは、本社機能を養うためです。キャトルセゾンを計算してみたら一七〇〇円だった。当時、外食産業で勢いのあったすかいらーくが三六、七〇〇円だった。うちと倍以上違う。とりあえず三〇〇〇円をめざすことにしました」

世の中がバブルの狂乱に浮かれていた頃、一の湯は地に足のついた改革に乗り出した。

人時生産性を上げるには、単純に分母を小さくするか、分子を大きくするしかない。晴也は、分母を小さくする改革に取り組んだ。

「当時、週当たり労働時間が一一〇〇時間でした。週四〇時間で割ると、延べ二七・五人。社員が一一人で、あとはアルバイトでしたが、無用に長く働いていることがわかった。親方がいる間は帰らないとかね。しかも残業代もろくに払っていないのだから、なお始末が悪い。これが五〇〇時間になれば達成できると考えました」

人時生産性を明確にすることは、それまでうやむやにしていた残業代を払うと宣言することでもあった。宅配便業界が、今ようやく改革に着手した日本の悪癖だ。旅館業界において、これを宣言するのは画期的なことだった。

「やらなくていい仕事は、やらないでいいと決めたらラクになりました。それと、このやり方が良かったのは、当事者に自分で方法を考えさせることでした。すると、どんどんアイディアが出てきました」

この頃、経験的に出てきた法則があると言う。止めて二週間、お客から文句が出なければ、それは必要のないサービスだというのだ。

背水の陣を余儀なくされたからこその強さだったのかもしれない。

まずは、キャトルセゾンで改革に取り組んだ。ホテルのほうが従業員の年齢が若く、また調理場も洋食のほうが柔軟だったからだ。

一九八八（昭和六三）年、キャトルセゾンで実験的に開始した低価格料金を本館一の湯まで拡大したのが、冒頭のテレビ番組におけるタイミングだったのである。

一九九九（平成一一）年、一の湯、キャトルセゾンに続き三軒目を開業する。「仙石原はたご一の湯」（現在は売却）だ。この時、画期的なひとつの英断をする。それは料理のセントラルキッチン化である。

すなわち、料理人をおかない、という決断だった。

「最初は冷凍した豪華な弁当のようなものを夕食に提供しようと考えました。コンビニエンスストアのａｍ／ｐｍが、ナショナルと組んで新たな冷凍食品の開発をしていた頃のことです。うちもその開発のチームに入れてもらって、そこそこ上手くいったんですが、本命ではないと思い、最終的にセントラルキッチンにしました」

この決断のおかげで、身軽に出店できるようになった。

そして、多店舗展開に乗り出してゆく。

「量的拡大をしないと、旅館は良くならない」と晴也は語る。

一軒だけでは改革に限度があるというのだ。それは、晴也が師事した渥美のチェーンストア経営理論につながる。

現在、箱根地区で二〇一七（平成二九）年七月に開業した「ススキの原 一の湯」を含め七軒の旅館を展開しているが、調理はキャトルセゾンにある厨房で行っており、それぞれの旅館に料理人はいない。盛り付けや仕上げ、揚げ物の調理などは、一般の従業員が行っている。

メニューは、箱根山麓豚のしゃぶしゃぶがメインで、春夏、秋冬と年二回リニューアルする。シンプルだが、食べ応えもあり、充分満足できる。これに近隣の魚店から直接仕入れる舟盛りや金目鯛の姿煮のオプションを加えれば豪華にもなる。

「駄目なものは出さない」とする一方で、こだわりをもたない、料理に対するきっぱりとした立ち位置は気持ちがいいほどである。

箱根一の湯の夕食の定番、豚のしゃぶしゃぶ

それを可能にしているのが「リピーターにこだわらない」ことと「ラグジュアリーを志向しない」姿勢だ。多くの旅館がリピーターを育てることに心を砕き、しばしば顧客を一見客より優遇したりもする。だが、晴也はこともなげに言う。

「どうせほとんどの人は、たまにしか旅行しないのだし、次に旅行する時は違うところに行きたいと思う。自分もそうですから」

ラグジュアリー市場については「気を使ってばかりで疲れちゃうから」のひと言で切り捨てる。箱根には、名だたる高級旅館がひしめく。それは、ほかに任せておけばいいという姿勢だ。ラグジュアリー市場は、何かよほど飛び抜けたものを提供しなければ勝ち抜けないことをわかっているのだろう。

新築で開業した「ススキの原 一の湯」は全室露天風呂付きだが、一の湯流の経営方針で、箱根の露天風呂付きの客室としては、最も安い価格で宿泊できる。箱根は今、新規宿泊施設のオープンラッシュで、多くの露天風呂付き客室が生まれているが、その中で競争力があるのは明らかである。

では、一の湯が考える旅館としてのアイデンティティはどこにあるのか。

「いかに旅館テイストを残すかだと思います。旅館テイストとは、うちの場合、象徴的な存在である本館の建物を残すことです。新しく建てる場合は、本館が醸し出すテイストをいかに出すかを考えます。まあ、それは多分に錯覚なんですが、でも、それが大切なんです」

歴史ある本館の歴史的建造物によってブランディングを行う。

これは、たとえば、同じ箱根にある富士屋ホテルが、チェーンホテル化、外食店舗など量的拡大をしてゆく時に行った手法でもある。

日本だけではない、香港のザ・ペニンシュラ、シンガポールのラッフルズ、インドのタージなど、世界のクラシックホテルの多くが本店をランドマークとし、これをアイデンティティとしてブランディングをし、チェーン化を行っている。老舗ならではの手法だが、象徴的アイデンティティがある老舗であれば、これを使わない手はない。

それゆえ、二〇〇九（平成二一）年、一の湯本館が国の登録有形文化財になったことは、一の湯のブランド化にとって大きな意義があった。

その前年には、サービス産業生産性協議会による「ハイ・サービス日本３００選」に選ばれている。イノベーションや生産性向上に役立つ先進的な取り組みを行っている団体や企業を表彰するもので、経営に対する科学的アプローチが評価された結果である。

この二つが評価されたことの意味は大きいと晴也は言う。

老舗旅館としての歴史を否定することなく、一の湯は、旅館の合理的な経営に成功したことが証明されたのである。

ただし、一の湯の成功は、今のところ箱根にとどまっている。

一時期、伊東に進出したことがあったが、箱根と同じ料金、同じ条件でやっても上手くいかなかった。箱根で通用した一の湯のブランド力が、伊東では通用しなかったと晴也は分析している。だが、現在、箱根全体の宿泊需要の三％を占めるシェアが一〇％になった時、再び挑戦したいと意気込む。


一の湯の成功が、温泉旅館の改革として、メディアに取り上げられていた頃、軽井沢の佳路は、数年前の晴也がそうであったように、改革の途上にあった。

一の湯の事例は、星野リゾートと共通する部分がある。

改革者が歴史ある旅館の後継者であったこと、そして科学的な経営論を旅館に援用したことである。ただし、手本とした経営論はそれぞれに異なっていた。

小川晴也が理論的根拠としたのが、流通革命を主導した渥美俊一のチェーンストア経営論であったのに対し、星野佳路が指針としたのは、コーネル大学ホテル経営大学院で学んだ主にアメリカの経営理論だった。

星野佳路は、これまで自分が経営の教科書としてきた本を『星野リゾートの教科書』という本にまとめている。その中で、ことさらに影響を受けたと佳路が強調する経営論を紹介したい。ケン・ブランチャード、ジョン・P・カルロス、アラン・ランドルフ著の『1分間エンパワーメント』である。

この本については、新版の日本語版において、星野佳路が自ら監訳をしている。『社員の力で最高のチームを作る〈新版〉1分間エンパワーメント』のまえがきには、次のように記されている。

〈今の星野リゾートは、この本がなければ存在しなかった。私の経営者人生で最も影響を受けたのが本書だ。

私が家業の温泉旅館を継いだ1990年代、低い社員モチベーション、高い離職率、そして採用難という組織の課題に直面していた。

社員のモチベーションを高めるには、給与水準などの職場環境だけでは十分でないことはわかっていた。会社の将来像の共有、仕事の自由度、そして会社生活の楽しさのほうが大切ということも知識としては知っていた。しかし、そこにたどりつく方法や手順がわからなかったのだ。

本書が、エンパワーメントの方法論を具体的に示していたことを発見した私は、渡りに船とばかりに実際にやってみることにした〉

エンパワーメントとは、「自律した社員が自らの力で仕事を進めていける環境をつくろうとする取り組み」のことである。

エンパワーメントには、三つの鍵があるという。

【第1の鍵】正確な情報を全社員と共有する
【第2の鍵】境界線を明確にして自律的な働き方を促す
【第3の鍵】階層組織をセルフマネジメント・チームで置き換える

そして、これを実践していった結果、〈それはフラットな組織文化として定着し、結果として社員が自発的に動くようになっていった〉と言う。

その時、佳路が苦しんだ家族経営の地方旅館に共通する課題が解決され、星野リゾートは注目される存在になっていったのである。

急速に成長した星野リゾートは、それゆえと言うべきか、世間的に間違ったイメージで理解されている部分があると思う。そのひとつが、「トップダウン」のワンマン企業である誤解である。星野佳路というリーダーの顔が見えすぎるせいもあるのだろう。

だが、星野リゾートが成功した原点には、エンパワーメントの実践によるフラットな組織と人材の活用があったのだ。ここを見誤ると、星野リゾートの本質を見誤る。

一九九〇年代、星野リゾートが実践した三つの鍵の詳細を見てみることにする。

まずは第一の鍵、情報の共有である。


〈顧客満足がどのように収益に結びつくのかというブラックボックスの解明に社員全員で取り組むために、私たちは旅館の収益情報を社内で公開することに踏み切った。企業の存続、そして社員の生活にとって利益が大事であることは誰もが理解してくれた。顧客満足を高めていくことが収益の安定に結びつくであろうという仮説も理解してくれたが、どうやってこの2つの数字をバランスよく両立させながら向上していくのか、これが経営のテーマであり、それを社員全員の共通の課題としたのだ〉

続いて、第二の鍵であるが、それを飛ばして第三の鍵を先に実践したことの反省も語っている。明確なビジョンを示さなければならない第二の鍵より、第三の鍵のほうが安易に導入しやすいからだった。とかく経営論は部分的に導入する過ちを犯しがちだが、教科書通りに手順を追うことの大切さも教えてくれる。

〈このとき、星野リゾートのビジョンを「リゾート運営の達人になる」と設定した。達人とは、顧客満足度と収益率を両立させることができる実力を持つ運営会社と定義した。これは本書に出てくる第2の鍵である。社員の自由な発想、議論、そして行動を真に奨励するために、ビジョンと価値観を明確にし、「自律的に行動できる仕事の領域」を設定したのである。これが第2の鍵の意義であるが、私たちはそれを無視して、第3の鍵で自由だけを奨励するという失敗をしていたのである〉

そして、このエンパワーメントされたチームが自律的に顧客満足度を改善し、新しい魅力を生み出し、収益を改善することで、星野リゾートの成長は続いたのである。

〈温泉旅館の「界」が全国の施設で提供する若者旅、北海道の雲海テラス、星のや京都の空中茶室、青森の苔メンなど、これらの大ヒットサービスの中で私が自ら発想したものは1つもない。軽井沢のブライダル事業は、市場縮小期に20年間業績を維持し続けているが、私が関与していたのは最初の5年だけだ〉

星野リゾートが注目された多くのアイディアが、佳路のアイディアでなかったことも彼は正直に明かしている。

星野リゾートを特徴づけるのが、ホテル、旅館の「運営会社」であることだ。

このビジョンが生まれた背景にも、エンパワーメントの考え方があったのか。

社長就任の翌年、一九九二（平成四）年、「所有を本業とせず、運営会社をめざすという企業将来像を発表」している。年表では目立たないが、旅館、ホテルの「運営会社」であることは、星野リゾートの根本ともいえる指針である。

弟の究道もインタビューでこう話していた。

「本当に最初の頃から、兄はリゾート運営の達人になるんだ、と言っていました」

この言葉を読み間違えてはいけない。佳路は、「リゾートの達人」になろうとしたのではない。「リゾート運営の達人」になろうとしたのである。

旅館、ホテルの経営は、もともと所有と運営が一体化していた。

所有と運営を分離する発想は、アメリカのホテルから始まった。

先駆けとなったのは、スタットラーホテルを買収したヒルトンで、ホテルの運営だけを受託するチェーン展開の方式がアメリカで台頭してくる。一九八〇年代のアメリカの不動産不況はこれを後押しするかたちとなり、今では、世界展開している、いわゆる外資系ホテルチェーンは、そのほとんどが運営会社と言っていい。

もちろん、ホテルチェーンのすべてが運営会社ではないし、リージョナルなファミリー企業では、所有にこだわる経営スタイルもある。

運営に特化することのメリットは、投資をしないで、スピーディーにチェーン展開できることにある。近年、日本でも外資系ホテルを中心に、所有と運営を分離する経営スタイルが多くなってきた。

星野リゾートが、この十五年余り、急速に成長できたのは、運営会社に特化したからだ。星野リゾートが加速度的に増えていくのを、無謀な投資と見る向きもあるが、それは勘違いなのである。

たとえば、二〇一五（平成二七）年、トマムが中国系企業に売却されたことがニュースになったが、所有が誰であれ、運営会社は変わらず星野リゾートであるから、トマムそれ自体が中国のリゾートになった訳ではない。

同じ北海道のリゾート、キロロも現在の所有はタイ資本、運営はスターウッドが行っている。これと同じことだ。

星野リゾート自体は、物件を所有しない非上場の運営会社だが、二〇一三（平成二五）年に上場した星野リゾート・リート投資法人が、本拠地の「星のや軽井沢」ほか、多くの物件を所有している。

リートとは、もともとアメリカで生まれたもので「Real Estate Investment Trust」の略。日本の場合はＪＲｅｉｔと呼ばれる。多くの投資家からの資金で不動産などを購入し、その賃貸収入や売買益を投資家に分配する商品だ。不動産に投資を行うが、法律上は、投資信託の仲間である。星野リゾート・リート投資法人は、ホテル、旅館に特化したリートということで注目された。

星野リゾート・リート投資法人は、星野グループ傘下ではあるが、所有物件には他社のホテルもあり、また逆に星野リゾートのすべての物件を所有している訳でもない。先に例にあげた中国系企業に売却したトマムなどがその例である。

そして、星野リゾート・リート投資法人の資産運用会社として、星野リゾート・アセットマネジメントがある。

星野リゾートは、運営会社として特化することで、同じ運営会社として世界をリードしているマリオットやヒルトンやハイアットに互していこうと考えている。

その目標を達成するために、ほかの運営会社と差別化する運営手法として考え出されたのが、星野リゾートの「マルチタスク」である。

旅館運営には、実に多くの業務が含まれる。一の湯、小川晴也の分析によれば、外食産業がおおむね二〇〇項目くらいであるのに対し、旅館は四〇〇項目でも収まらないという。

これを遂行するには、おのずとマルチタスクが必要になる。

だが、一人のスタッフがそのほとんどをこなす究極のマルチタスクは、家族経営のごく小規模な民宿やペンションに限られる。旅館も規模が大きくなるにつれ、仕事はある程度、分業化される。

旅館の仕事には、大きく分けて、フロント業務、料飲業務、ハウスキーピング（客室清掃）、調理の四つがある。それぞれの業務ごとに担当者が分かれ、しかも部門間のコミュニケーションも悪いのが旅館の特徴だったと星野佳路は指摘する。

料飲業務、すなわち食事のサービスは、朝食と夕食の時間帯に仕事が集中する一方で、昼間は仕事がない。そのため、昼間を「中抜け」と称する休み時間にするのが、旅館の典型的な雇用形態だった。

フロントも若干のずれはあるが、チェックインとチェックアウトに仕事が集中するから、やはり昼間は暇になる。一方のハウスキーピングは、チェックアウト以後、チェックイン前の昼間に仕事が集中する。そのため、清掃はパート、アルバイトに頼ったり、業務委託などにするケースが少なくない。

「中抜け」は中途半端な時間しか休めないので、働く人に評判が悪い。

旅館業に人が集まらない大きな原因にもなってきた。

そこで、これらの業務を一人の担当者が受け持てるようにトレーニングし、「中抜け」をなくし、勤務時間を連続してとり、そのぶんシフトを組んできちんと休めるようにするのが、旅館業におけるマルチタスクである。

星野リゾートはその推進者として有名だが、経営改革を行っているホスピタリティ企業では、多かれ少なかれ、マルチタスク的な改革は導入している。

だが、その内容と目的が異なる。

たとえば、「中抜け」をなくすことを第一の目的として、マルチタスクを導入していると語ってくれたのは、新潟・南魚沼で「里山十帖」を運営する岩佐十良だった。

だが、「里山十帖」は調理をマルチタスクの項目に含めていない。

一方、星野リゾートは、調理の一部作業もマルチタスクに含めている。

旅館の料理場は、もともと治外法権であり、板前の意見は、時にオーナーの権限さえ凌駕することがある。だが、星野リゾートでは、調理作業をリストアップして、専門の料理人がやるべき仕事と、トレーニングすればマルチタスクでできる仕事を分けた。すると、専門の料理人がやるべき仕事は、全体の約三割に縮小したという。

しかし、調理をマルチタスクに組み込む改革は、料理人をなくしてしまった一の湯のほうが、実はより過激である。

だが、一の湯の場合は「結果的マルチタスク」であると小川晴也は語る。

すなわち、星野リゾートが、四つの業務項目のすべてをマスターした社員がマルチタスクを遂行するのに対して、一の湯では、働く者の習熟度や適性で、最初から全部の項目のマルチタスクができなくてもいいとする。

もちろん、優秀ですべてができるマルチタスクワーカーがあらわれれば、それは評価するし、また限られた業務しかできなかったパートやアルバイトが多くの項目がこなせるようになれば社員登用を検討したりする。だが、スタッフのすべてに完璧なマルチタスクは求めない。

星野リゾートのマルチタスクを、カギ括弧つきの「マルチタスク」と表現するのは、マルチタスク的な働き方や段階的マルチタスクとは一線を画するからだ。

そして、最後にここが最も重要なことなのだが、先にあげたように、星野リゾートが、「マルチタスク」という運営スタイルを、世界の外資系チェーンホテルとの競争に勝つための要に位置づけていることである。

「分業制による労務管理でシステムが構築されている世界のホテルチェーンは、マルチタスクをやろうともしない。ここが重要なのです。やりたいけれど、やれないとか、難しいのではなく、やろうともしない。ここに絶対的な競争力があります」

星野佳路は「マルチタスク」を、世界と競合するための武器と考えている。

最後にもうひとつ、インタビューでもしばしば名前のあがる教科書を紹介したい。マイケル・E・ポター著の『競争の戦略』だ。

『星野リゾートの教科書』によれば、内容の趣旨は以下になる。

〈○企業が競争力を高めるためには、競合するライバルの動向に気を配る必要がある
○企業の基本的な競争戦略には、「コストリーダーシップ」「差別化」「集中」の3つがある
○業界構造の成熟度に応じて、競争戦略を考えることで、ライバルに勝つ
○ライバルの動向を見極めることで、競争を避ける戦略を取ることもできる
○新規参入の際には、先行するライバルの戦略を見極める〉

わかりやすく旅館経営に当てはめるならば、〝その他大勢〟からいかに抜けるかの理論であるという。

星野佳路の視点が、一の湯を含むほかの日本のホスピタリティ企業と異なるのは、この「競争の戦略」の考え方が根本にあることではないかと私は思う。

すなわち、経営の効率化、合理化がめざすところは、最終的に競争相手に勝つという意識で

あり、さらに想定する競争相手をグローバルに想定しているところである。

チェーンストア理論が、量的拡大を行ってゆくことで、一店舗当たりのより効率的な経営をめざすのに対して、星野リゾートがめざす「競争の戦略」は、単にそれぞれの旅館の経営効率を上げるだけでなく、運営のプロフェッショナルとして、外資系ホテルチェーンに勝つところまで想定している。

自動車産業などでは当たり前に想定されてきた、世界を視野に入れた「競争の戦略」が日本のホスピタリティ企業にないことこそ、星野佳路の問題意識であった。


ここで、再び話題を新田善三郎に戻したい。

新田は、ホテルの特徴を「合理的」であるとし、旅館をその正反対の「不合理」であると考えた。昭和三〇年代から五〇年代をホテル経営者として生きた新田は、それがゆえ、旅館経営に未来を感じなかった。

そして、「合理的」であるとされたホテル業は、部門別の分業制により、生産効率を上げて成長してきた。その辿り着いた先が、世界に展開されている外資系ホテル運営会社によるチェーンホテルである。

星野リゾートは、これらと戦うために、全く異なる旅館にルーツをもつ、「不合理」の混沌から生まれた「マルチタスク」という運営方式で、ゲストも投資家も満足できる宿泊業の運営企業になろうとしている。

もちろん、星野リゾートの「マルチタスク」にも問題点がない訳ではない。ひとつは、スタッフの過重労働をいかに防止していくかであり、もうひとつは、分業制が根付いている海外においても「マルチタスク」を実践できるか、である。

だが、「マルチタスク」を運営会社としての星野リゾートに強みであると位置づける以上、佳路に迷いはない。

実際、初めての星のや海外進出である星のやバリでも、日本と同じ「マルチタスク」を実践している。

「マルチタスク」による投資効率の良さで競争を勝ち抜けるのか。その真価が問われるのは、これからである。

第六章

大型観光旅館の系譜

いわゆる観光ホテル、大型観光旅館と言えば、誰もが連想するCMがある。

伊東に行くならハトヤ。
電話は4126（よい風呂）。
伊東で一番、ハトヤ。
電話は4126（よい風呂）
4126、4126。
はっきり決めた、ハトヤに決めた。

思わず口ずさんでしまうメロディー、必要なことだけをシンプルに連呼する歌詞。CMソングの王道とも言うべき歌の作詞は野坂昭如、作曲はいずみたく。当代一流の作り手によって誕生した、CM史上に残る名作だ。

初めての旅館CMであると共に、テレビコマーシャル自体としても初期のもの。現在も関東ローカルのテレビ局で地域と時期を限定してCMは続いているが、最盛期には全国ネットで放映されていた。

ハトヤ、サンハトヤの代表取締役を務める原口茂によれば、創業者の知り合いがテレビの制作会社にいて、その関係でテレビCMを始めることになったという。

最初のCMは、一九六一（昭和三六）年だった。

モノクロ映像で、高台に立つビルディングの外観がまず映り、ハイヤーやマイクロバスでお客が到着する様子が続く。着物姿の仲居さんがずらりと並んでお客を迎える。さらに舞台での催し、大広間での宴会、大浴場と映像が流れる。

地元では、ハトヤは「山のハトヤ」、海沿いに立つサンハトヤは「海のハトヤ」と呼ばれている。サンハトヤの開業は一九七五（昭和五〇）年のことだ。

前はうーみ、後ろはハトヤの大漁苑

歌と共に、男の子が活きのいい魚を抱きかかえる有名なCMはこの年に始まった。

「釣れば釣るほど安くなる、三段逆スライド方式」という文句も、それが何を意味するかわからなくても、耳に残っている。

そして、こんな替え歌もあった。

むかし、むかし、浦島は、
ハトヤの亀に連れられて、海底温泉来てみれば海底温泉の開業は、一九八一（昭和五六）年。当時、ハワイのワイキキビーチで話題になっていた「パシフィックビーチホテル（現・アロヒラニ リゾート ワイキキビーチ）」の水槽を見ながら食事のできるレストランにヒントを得たものだという。

海底温泉には、今も開業時のまま、当時からいる亀が泳いでいた。

ひとつの旅館の歴史を、ここまで人々の記憶に残らせたという意味で、ハトヤの存在は偉大であり、大型観光旅館と日本人の親和性を物語る。

ハトヤの創業は、一九四七（昭和二二）年一一月。創業者の原口清二は、佐賀県の出身で、戦後まもなく、川崎で「フジパーラー」という料理店を開業し、大成功した。焼け跡にぽつんと立っていた「フジパーラー」の人気メニューはお汁粉だった。物資のない時代、砂糖を手に入れるルートがあったからこその商売だった。

その資金で原口は、伊東の高台にあった旅館を軍の関係者から買収する。戦前に旅館として建てられたが、開業することなく、軍の施設として接収されていたのだ。

「ハトヤ」というインパクトのある名称は、元の旅館のオーナーがハトのマジックで財をなした人であったことからのネーミングだった。

後のCMではファミリー向けになっていくが、当初は、大型観光旅館の定石として、会社単位の慰安旅行が多かったという。

CM以外にもハトヤが初めて旅館に導入したものは多い。

まずは、旅館料理の定番、「一人鍋」である。

固形燃料に火をつけて温める一人鍋は、いまや旅館の料理になくてはならない。大人数の客を受け入れるにしたがい、料理が冷めてしまう問題に直面したハトヤの創業者が、アイディアを思いつき、業者にオリジナルの鍋を発注した。

第一号の一人鍋は、今も一部、現役で使われている。銀色のステンレス製で、鍋を載せる台の部分に透かし模様で「ハトヤ」の文字が入っている。現在、一般に見るものより、やや鍋自体が大きめで、存在感がある。

昭和四〇年代には、自前の「ハトヤ消防隊」もあった。

様々な旅館で目にする「一人鍋」のオリジナルモデル。今も現役で使われることがあるという

招待旅行で泊まった客の幹事が、夜、見回りをしていたことにヒントを得た。旅館が自前で消防隊を持っていれば、安心だろうと考えたのだ。消防署から本格的なポンプ車を購入し、社員で消防隊を組織した。CMにもハトヤ消防隊編がある。

一九六八（昭和四三）年には、赤坂のナイトクラブ「ニューラテンクォーター」で人気があったステージショーに目をつけて、これを導入した。

毎晩のショーは、今も続いている。

かつてはラインダンスなど、キャバレー的なショーが多かったが、インバウンドが全体の宿泊客の一割を超えた今は、和風の演出があるショーが増えた。家族連れの増える夏休み、年末年始などは、マジックなど子供向けのショーにしているという。

ハトヤのショーは、必ず締めくくりに白いハトが舞台から飛び出す。

これは、昔から恒例の演出とのことで、リピーターのお客が「やっぱり最後はハトだね」と納得したように話していた。

私が取材に訪れたのは閑散期の平日だったが、それでも家族連れが思いのほか多かった。子供の頃、ハトヤに来て楽しかった思い出を大人になって、再び自分の子供も共有する。それは、今も続く大型観光旅館の存在意義のひとつなのだろう。


ハトヤと同じく、インパクトのあるCMで一世風靡した大型観光旅館と言えば、ホテル聚楽がある。

ホテル聚楽の前身もハトヤと同じく、飲食業だった。

だが、歴史はずっと古く、規模もハトヤよりずっと大きかった。

一九二四（大正一三）年、関東大震災の爪痕が残る東京、神田須田町に開業した「須田町食堂」が最初の店舗だった。「ヤスイ、ハヤイ、ウマイ」をモットーに、洋食を気軽に食べられる店というのが評判を呼んだ。「須田町食堂」の名前で各所に店舗を拡大。昭和一〇年代には八九店舗を数えるまでになった。

「須田町食堂」は、日本の外食産業における最初のチェーン店化と言われている。だが、戦争の痛手は大きく、終戦時に残った店舗は五軒だけだった。

そこから再び、戦後の復興が始まる。戦前、旅館業にも伊東と熱海で進出していたが、戦後、本格的に参入する。

一九五六（昭和三一）年、水上温泉の旅館、湯原荘を買収し「水上聚楽」としたのを皮切りに、一九六一（昭和三六）年には株式会社ホテル聚楽を設立。翌年、「水上聚楽」を「水上ホテル聚楽」として開業。同年、買収した飯坂温泉の角屋旅館は、一九六七（昭和四二）年、「飯坂ホテル聚楽」として開業。さらに翌六八（昭和四三）年、伊東温泉ニューかにやを買収し、「伊東ホテル聚楽」として開業した。

こうして、東北、北関東、伊豆に大型観光ホテルのネットワークを築いたのだった。

昭和四〇年代、テレビCMもスタートした。

マリリン・モンローのそっくりさんが登場する〝お色気路線〟で、「聚楽よーん」と悩ましげにアピールする。キャッチフレーズは「遊びきれないホテル」だった。

特に力を入れたのが「世界のショー」と銘打ったショーである。

『月刊ホテル旅館』一九八一（昭和五六）年八月号の記事に導入の経緯がある。

〈ホテル聚楽のなかで一番早く「世界のショー」と銘打って先鞭をつけたのは水上ホテル聚楽（昭和四十二年）、三年遅れて昭和四十五年に開始したのが伊東ホテル聚楽、飯坂ホテル聚楽の導入は昭和四十六年である。

芸の巧拙を問わずに、客を楽しませることを第一義的に捉えた〝ショーの導入〟は、従業員による「福島太鼓」に、より早く見られる、というのは飯坂聚楽の川崎邦彦支配人。

「昭和四十二年に五億円をかけて改装を行いました。冬場はシーズンに較べて売上げが十分の一に落ちてしまうので、地元客を狙って〝東北に新しいドアーが開く〟のキャッチフレーズの下、全館暖房にし、ゲームコーナー、バー、ダンスホール、お好みコーナーなどの付帯施設の充実も図りました。いずれも当時の飯坂では画期的なことだったのですが、これに加えて施設面以外で誘客力を一層強化するエンターテイメントとして〝ショーの導入〟を考えたわけです」〉

これを読むと、最初のショーは従業員による「福島太鼓」だったらしい。そこから発展していって「世界のショー」を誘致するようになった。

当初は、台湾、タイ、フィリピンなどの東南アジアのショーが多かったが、その後、スペインやフランス、カリブ海や南米など、文字通り、世界のショーと呼ぶにふさわしいラインナップになってゆく。

ハトヤの〝ジョーレストラン〟がスタートしたのもほぼ同じ時期だった。

一九六七（昭和四二）年頃といえば、高度経済成長期の中でも、とりわけ好景気が連続した「いざなぎ景気」の真ん中あたり。そうした時代を背景に、大型観光旅館は、大きく華やかに成長を遂げたのである。

そして、注目すべきは、和室の部屋に泊まり、大浴場に入り、浴衣姿で宴会をしていたにもかかわらず、こうした大型旅館を「ホテル」「リゾートホテル」と呼んだことである。いわゆる観光ホテルである。業界用語では「旅テル」とも称した。それは、これまでの「旅館」とは違うことを誇示する姿勢だったのだ。

たとえば「全館暖房」は、従来の西洋式ホテルであれば、明治時代からあった設備だが、旅館では、戦後になっても、まだまだ冬季の暖房は火鉢だけ、というところが珍しくなかった。飯坂ホテル聚楽では「全館暖房」が華々しくアピールされている。一九六七（昭和四二）年の東北で、それは、「ホテル」と呼ぶにふさわしい「近代化」だった。

こうして、「水上聚楽」は「水上ホテル聚楽」になり、「飯坂角屋旅館」は「飯坂ホテル聚楽」

になったのである。

もうひとつ、ホテル聚楽が「ホテル」らしいサービスとして導入したものに、水上ホテル聚楽の開業と共にスタートした朝食バイキングがある。

食べ放題を「バイキング」と呼んだ最初は、一九五八（昭和三三）年、帝国ホテルの「インペリアル・バイキング」である。

北欧にあった「スモーガスボード」という食べ放題の料理を提供するレストランを開業するにあたり、考えたネーミングだった。当時、『バイキング』という映画があり、海賊が豪快に食べるシーンが印象的だったことからのインスピレーションだという。

以来、「バイキング」は、日本語で食べ放題を意味する言葉として定着する。それを旅館で最初に導入したのが、ホテル聚楽だった。

こうして導入された朝食バイキングは、各地の大型観光旅館で普及してゆく。バイキングはその後、夕食にも拡大され、今も大型観光旅館では、ひとつの定番になっている。

バイキングはサービスの省力化だけではなく、それまでの「お仕着せ」ではなく、「自由に料理を選ぶ」楽しさを提供したことの意味も大きかったと言う。

ちなみに、ショーレストランも、実は帝国ホテルの「シアターレストランインペリアル」が一九六六（昭和四一）年と、劇場付きのレストランとしては日本で最も早い。

観光ホテルは、常にアンテナを張り巡らせ、ホテルが外国から導入した新しいアイディアを

2014年に作成された創業90年の企業パンフレット。下には一斉を風靡したCMの画像が紹介されている。

いち早く取り入れていったのである。

ところで、こうした大型観光旅館が、高度経済成長時代の日本人の心を摑んだ理由は何だったのだろうか。

新田善三郎の思想を書いた『海軍式サービス業発想』の著者、田辺英蔵は、なぜ日本人のニーズがあったのか、次のように記している。

〈日本人は今でも遊ぶことは悪いことだとしっかり信じているから、週日に観光地に繰り込むのには理由がいる。

理由はいくらでもある。会社の慰安旅行、招待旅行、商品の展示販売招待会、優秀特約店ご招待、同窓会、戦友会、研修会、セミナー、講演会、勉強会、組合の大会、経営者の大会、政治家の会合……。

それぞれに立派な理由があるから、公式行事の後、人々は心おきなく飲み騒ぐことができる〉

そして、繰り広げられたのは、次のような光景だった。

〈ほとんどの場合大広間での宴会となり、余興があり、芸妓さんが入り（単性《ユニセックス》だから）、二次会があり三次会があり、そのためにホテルはショーを用意し、キャバレーがあり、近頃はディスコ、カラオケ専用のバーも必須施設となった。人々は、当然ながらへべれけとなり、年に何回かは廊下で粉末消火器のテストをなさるお客様が現われ、普通日本人のお客様は飲む時は食べられぬゆえ、夜半におなかがすかれるから、十二時過ぎ頃からラーメンコーナー、寿司店は大繁盛、その頃から部屋へマッサージを呼ばれるお客様も増え、団体同士で（たいていどちらかの会社のきれいな女子従業員の方がからみ）立ち回りとなり、あるいは街に繰り出されたお客様のグループが、通りですれちがった他のホテルの団体の方とサヤ当てが始まり、わがホテルのお客様が（なぜか、常に）勝って相手を袋だたきになされば、顔見知りの警察へもらい下げにうかがい、暁方まで件のお客様の武勇談の話相手を務めるのは熱海後楽園ホテルの副支配人である〉

なるほどと思ったのは、「遊ぶことは悪いこと」という意識が、団体で旅行で出かける理由だという発想だった。

会社や地域、学校など、ムラ単位で何か理由をつけて「遊ぶこと」の免罪符が必要だったというのだ。そして、免罪符を得たことで、解き放たれて、日常ではあり得ない、一夜限りの無礼講となる。

「遊ぶことは悪いこと」については、さらなる証言も見つけた。

城崎温泉に西村屋という創業一五〇年の老舗旅館がある。その五代目、西村四郎は、西村屋本館の別館として、一九六九（昭和四四）年に「西村屋城崎グランドホテル」（現・西村屋ホテル招月庭）を開業した。その彼が一九八〇（昭和五五）年にまとめた「日本旅館の責任とサービス」という一文にこんなくだりがある。

〈○旅館業の問題点

①遊ぶ事は好ましくない、との日本的発想による税負担の差別〉

もともと日本では盆と正月にしか休まない習慣があった。週に一度、安息日が設けられ、これを守ることが宗教的に必須とされた欧米とは、休暇やレジャーに対する考え方が根本的に違ったというのだ。

「税負担の差別」とは、遊興飲食税、遊興税のことを指している。

一九四七（昭和二二）年まで国税としてあり、その後は地方税として、名称を変えながら、地方消費税が創設された二〇〇〇（平成一二）年まで存続した。

もともと遊興税とは、大正時代、金沢市が市税として導入したもの。芸妓を呼んでの飲食宴会に対して課せられた税金である。その後、日本各地の自治体が導入し、一九三九（昭和一四）

年に、遊興飲食税として国税になった。戦局の悪化と共に税率は跳ね上がり、一九四四（昭和一九）年には三〇〇％にもなったという。戦争に伴う「消費の抑制」と「国民精神の緊張に資する」ことが高額な税金の理由とされた。

ようするに「戦争なのだから遊ぶな」ということだ。

しかし、戦争が終わっても、今度は「経済復興のために遊ぶな」となった。

西村が強調したのは、そうして戦後も遊興飲食税が引き継がれていることへの問題意識であった。

ようするに、宿泊業や観光業が、本来的に「悪いこと」として税制上定義され、ある種、差別されていることに対しての異議である。

それにしても「遊ぶことは悪いこと」と国が定義し、戒めた戦争中の発想が根本的に変わらないまま、高度経済成長時代に突入し、その罪悪感が唯一、免罪符となるものとして、団体旅行が勃興していたとは。

そうであれば、大型観光旅館は、日本という国の戦争と経済復興という、時代の必然として存在したことになる。

もうひとつ、大型観光旅館について、興味深い視点を示した文章があるので紹介したい。

ビジネスホテルの先駆者として東京グリーンホテルを創業した近山弘が、一九六二（昭和三七）年九月一五日付の『公旅連ニュース』七四号に掲載した。
タイトルは「二つの疑念」である。

〈マス・レジャーの時代であるから、有名無名の温泉地には豪華絢爛たるマンモス旅館が簇生して、互いに妍を競っている。旅館は愈々巨大に、そして益々豪華に、まことに行きつく果を知らぬ気な競争が続いている。

さらに、最近流行の旅館経営論では、評論家諸氏は異口同音にマンモス旅館こそ、あらゆる旅館にとっての理想像であるといいた気な調子で、宣伝に努めておられるように見える。

大規模化、巨大化ということが、競争の結果として招来されるであろうことは、原則論としては否定できないであろう。しかし、さればといって、源に簇生しつつあるマンモス旅館こそそのままに未来の理想像であるというならば、多少の疑念なきを得ない。

疑念の第一は、旅行の形態に関する問題である。

現在の観光地の巨大な旅館の経営を支えている客層の主体は、いうまでもなく団体である。職場のグループ旅行、募集団体、会社の招待客等、名目こそ異なれ、その内実は均しく団体旅客であって、団体客の宿泊と宴会なしの観光地旅館の経営は恐らく極めて困難なものとなろう。

この団体という形態――しかもその構成メンバーは家族を単位としない――の観光旅行は、寡聞にして、他の国にその例があることを知らない。多分、万比無比、わが国だけの現象であろう。（中略）

何故に我々は団体で旅行しなければならないのか。その一つの、そして最大の理由は、我々の貧しさによるものと考えられる。併し遠からぬ将来、この貧しさ――金銭的な問題に限らず、精神の貧しさも含めて――から脱却した場合には新しい旅行の形態が生まれて来るであろう。そしてそれは夫婦、又は家族単位の旅行であろうと考える。

疑念の第二は旅行の費用の問題である。

団体旅行というものは、その費用の支出について二つのタイプがあるように思われる。その一つは〝社用〟的な感覚からする濫費である。個人の娯しみなどとは全く無関係な（略）宴会の狂態、正に社用の真骨頂を示している。

もう一つは、少々表現の適切を欠くかもしれぬが、欠食坊主が、お斎にありついたかの如き濫費である。昔の農村の事情に多少とも通じておられる方ならばお判りかと思うが、昔の農民は日頃の粗食の鬱憤を、例えば祭りの日には爆発させて、猛烈に飲み、且つ食うというようなことがあったものである。やや、これに似た事象が、温泉地などの団体旅客には感ぜられる。

レクリエーションというものは、所詮そういうものだと云われるかもしれないが、観光に来日する欧米人客などから受ける印象は、遙かにこのような事象とは縁遠いものである。

このような旅行費の消費の形は、私にとっては、どうしてもアブノーマルだという気がしてならない。そして〝社用〟にせよ〝欠食坊主のお斎〟にせよ、これも矢張り我々の貧しさを裏返しに示したものである。何時かはこれにも、大きな転換期が到来するであろうことを考えざるをえない〉

団体旅行の将来に一部の陰りもなかった一九六二（昭和三七）年に、その終焉を予言した近山弘の先見性に、まずは非常に驚いた。三〇年以上後、彼の予言は的中する。

近山は、団体旅行をする理由は貧しさであるとする。

だが、貧しさだけでは、なぜ日本にだけ特有な観光のかたちなのか、いまひとつ、答えにならない。だが、二つめの疑念で、なるほどと思う。

高度経済成長時代の「会社」を中心にした雇用や経営や社会のあり方、都市と大きな格差を持って存在した農村の非日常と日常、民俗学的にいうところの「ハレ」と「ケ」の概念をもって解説されて、納得したのだった。

大型観光旅館の出現と隆盛は、やはり日本特有の歴史的背景と社会情勢をめぐる状況ゆえの必然だったのだ。

大型観光旅館のピークは、バブル景気の頃だったとされる。

一九八五（昭和六〇）年九月のプラザ合意がきっかけとなり、翌年から一九九一（平成三）年頃にかけての資産価値の上昇と好景気を一般にバブル景気と呼ぶ。

かつてのいざなぎ景気がそうであったように、空前の好景気を背景に、旅館はより大きく、豪華になっていった。

そして、施設規模がいっぱいに膨れあがったところで、バブル景気が弾けてしまう。その後の日本は、ずるずると「失われた二〇年」と呼ばれる不景気にはまり込んでいき、大型観光旅館は、その影響をボディーブローのように受けることになる。

だが、その後の大型観光旅館がおかれた状況の背景には、単に景気後退だけでない、バブル景気とその崩壊を経て、日本人のライフスタイルが大きく変わった事情もあったのではないか、と私は推測する。

かつて日本人が持っていた「遊ぶことは悪いこと」の意識が、バブル景気の狂乱と共に吹っ飛び、ポストバブルの経済構造の変革で、終身雇用や日本的な年功序列が吹っ飛んだ。その結果、先にあげたような会社単位で団体旅行で宴会をするレジャーのあり方が、経済的にもメンタル的にも消えてしまった。

近山弘は、いつか貧しさが払拭された時、日本人は夫婦単位、家族単位で旅行をするはずだ、と予言したが、貧しさの払拭というよりは、バブル景気とその崩壊で、日本経済が上に下にシャッフルされた結果、予言通りになったのである。

そして、もうひとつ重要なことがある。

バブル景気を経て、レジャーや余暇の過ごし方の主役が男性から女性に転換したことだ。

一九八五（昭和六〇）年制定、翌年施行の男女雇用機会均等法を境に、女性の社会進出が進んだ。それまで男の専売特許だったライフスタイルを楽しむ「おやじギャル」、男を下僕のように扱う「アッシー」「メッシー」などの流行語が示すように、バブル景気を背景に働く女性たちが存在感を増してゆく。

海外旅行に足繁く出かけ、ブランド製品を買い、グルメを楽しむ。

強くなった女たちのライフスタイルが、それまでの男のライフスタイルを凌駕してゆく。

さらに、一九八〇年代中頃から「セクハラ」すなわち「セクシャルハラスメント」という言葉が使われ出し、社会問題として意識され始めたことも大きい。

「セクシャルハラスメント」が新語・流行語大賞に選ばれた一九八九（平成元）年が、昭和の終焉の年だったというのは、象徴的だと思う。

昭和と共に「セクハラ」的価値観は消滅したのだ。

実は昭和の時代、全盛期の大型観光旅館は、今の感覚からすると、あり得ないくらい「セクハラ」的な世界観が横行していた。

ショーの内容や広告のスタンス、さらに、会社の慰安旅行などで、女性社員が「セクハラ」まがいの状況に巻き込まれる例も多かったはずだ。

先に引用した『海軍式サービス業発想』にある「団体同士で（たいていどちらかの会社のきれいな女子従業員の方がからみ）立ち回りとなり」と言った表現も、遠回しな言い方ではあるが「からまれた女子従業員」のおかれた状況は、今の感覚で言えば「セクハラ」嫌疑のかけられるものだったのではないか。

大型観光旅館の大浴場にも、変化が如実にあらわれる。

かつて旅館の大浴場は男風呂が大きく、女風呂が小さいのは当たり前だった。その状況が逆転していくのである。いったん逆差別の方向に振れきった後、現在では、時間制で男女を入れ替えるか、男女同じ設計、同じサイズの浴室というのが一般的なようだ。

ちなみに、昭和四〇年代、五〇年代は〝お色気〟路線を邁進していたホテル聚楽に「レディースフロア」が登場するのが一九八八（昭和六三）年のこと。このあたりにも、時代の転換期を見ることができる。

以後、観光も飲食業も、女性にいかに受け入れられるか、が指標となってゆく。

当初、注目されたのは「働く若い女性」だった。

だが、彼女たちが、結婚し子供が生まれた時、行きたいところがなかった。

星野リゾートの成功の背景に、その市場を上手く取り込んだことがあるように私は思う。リゾナーレ小渕沢は、流通企業のマイカルがバブル景気の末期、一九九二（平成四）年に開業したリゾートだった。イタリア人建築家、マリオ・ベリーニによる斬新な建築が、八ヶ岳を背景にした自然に映える。バブル崩壊を象徴する大型物件だった。

二〇〇一（平成一三）年、この再生に乗り出した星野リゾートは、これを「リゾナーレ八ヶ岳」として、わずか三年で黒字化に成功する。すでに第一章でふれたように、その成功は、星野リゾートが広く知られるきっかけとなった。

成功の鍵は、ターゲットの絞り込みだった。

市場調査の結果、当時の宿泊産業において、ファミリー層の受け皿が取り残されていることがわかった。バブル景気を経て、カップル、夫婦単位で楽しめる「大人の隠れ家」的な宿は増えていたが、大人と子供が一緒に楽しめるところがなかった。想定したのは「三〇代から四〇代の大人の女性がリラックスできるファミリーリゾート」だった。単なるファミリー向けの宿ではない、最も力を入れたのは「お母さんのストレスをいかに軽減できるか」だったと言う。

このコンセプトと極めて親和性の高い雑誌がある。

一九九五（平成七）年に創刊された『ＶＥＲＹ』である。

読者層に主婦を想定しつつ、それまでの主婦向け雑誌とは一線を画し、ライフスタイルとファッションを提案したことでヒットした。その後、年齢層が上がった読者向けに『ＳＴＯＲ

Y』『HERS』と創刊が続き、『VERY』自体もさらにパワーアップして人気が継続している。

この『VERY』読者層における星野リゾートに対するブランドロイヤリティが極めて高いのだと言う。なかでも「お洒落に子育てしたい」という『VERY』読者のスタンスとぴったり呼応したのがリゾナーレ八ヶ岳のコンセプトだった。

現在、星野リゾートの展開する施設は多様である。だが、こうした女性目線のファミリー志向は、他社に比較して圧倒的なアドバンテージのある分野だと思う。

一九六二（昭和三七）年に近山弘が予言した「家族単位の新しい旅行形態」を、まさに星野リゾートは確立したのではないだろうか。

二〇一〇（平成二二）年以降、リゾナーレ八ヶ岳は、ロケーションを生かした「ワインリゾート」として、新たな取り組みを続けている。今ではファミリーだけを志向するリゾートではないが、それでも『VERY』読者層のファミリーに愛されていることは変わりない。

もうひとつ、星野リゾートにとって転機となった再生案件がある。

三年で黒字化したリゾナーレ八ヶ岳より、はるかに時間をかけた物件であり、また初めての運営受託というかたちで取り組んだプロジェクトでもあった。

後に青森屋となる古牧グランドホテルと、後に奥入瀬渓流ホテルとなる奥入瀬渓流グランドホテルである。

本格的なリゾートホテルであったリゾナーレ八ヶ岳と異なり、典型的な大型観光旅館であったという点でも、これらの再生の持つ意味は大きい。

いずれも、もともとは株式会社古牧温泉渋沢公園が創業、経営していた旅館で、全盛期には古牧温泉で四軒、奥入瀬周辺で四軒、さらに十和田湖周辺で二軒の旅館を所有運営。それぞれの観光地をシャトルバスで結び、東北で最大規模の旅館ネットワークを持つ、北東北の観光をリードする企業だった。

創業者の杉本行雄は、日本資本主義の父と呼ばれた渋沢栄一の最晩年に書生として仕えた人物だった。特徴的な会社名は、本拠地である古牧温泉に渋沢の邸宅を移築し、公園を整備したことに由来する。

杉本は、栄一亡き後、孫の敬三に仕えた。渋沢敬三は、渋沢財閥を継承した財界人であると共に、民俗学者として、自邸の車庫の屋根裏部屋で「アチック・ミューゼアム（屋根裏博物館の意味）」を主宰したことでも知られる。民具や動植物の標本を収集したほか、民俗学者、宮本常一などのパトロンでもあった。

戦後、GHQによる財閥解体の際、渋沢の同族会社が所有した唯一の不動産物件が、青森県三沢市三本木にあった渋沢農場だった。渋沢家はGHQから、その山林を伐採して物納するよう指令を受けた。これを任されたのが杉本だった。製材の仕事が一段落した後、十和田湖で観光事業に乗り出した。だが、経営再建を任された十和田観光電鉄でおきた労働争議で挫折、杉本はこれまでの事業を国際興業の小佐野賢治に売却すると、心機一転、かつての本拠地であった青森県三沢に戻った。一九七一（昭和四六）年、三沢で掘り当てたのが、古牧温泉である。古牧温泉の名前は、古くから名馬の育ついい牧場があったことに由来する。とろっとした感触が肌に馴染むアルカリ性単純泉の名湯だ。

そして一九七三（昭和四八）年、古牧グランドホテルが開業する。

高度経済成長時代がほぼ終焉を迎える頃、やや遅いスタートではあったが、先にあげたような発展を遂げる。巨大な岩風呂、第二、第三、第四と次々に完成した巨大な宿泊棟。典型的な昭和の大型温泉旅館として、その繁栄は、平成になっても続いた。

天皇皇后、三笠宮、高松宮など、皇族も滞在した。

杉本と交流のあった有名人としては、芸術家の岡本太郎が知られる。現在の奥入瀬渓流ホテル本館のロビーに設置された「森の神話」と西館のロビーに設置された「河神」は、いずれも奥入瀬渓流グランドホテル時代の作品である。

岡本太郎は、しばしば古牧温泉も訪れたという。

一九九〇（平成二）年、旬刊旅行新聞主催の「プロが選ぶ日本のホテル・旅館百選」でベストテン入りを果たし、以後、しばしば上位にランキングされた。

売上高が最高を記録したのは一九九五（平成七）年のことだ。評伝『挑戦 55歳からの出発・古牧温泉 杉本行雄物語』の発刊がその二年前だから、絶頂期で意気揚々だったのだろう。杉本は北東北の観光王と呼ばれた。

だが、一九九〇年代後半になると、繁栄に陰りが見え始める。

客足が鈍ってきたのだ。東北は、二〇〇二（平成一四）年の新幹線開業に向けて盛り上がるべき時期のはずだった。それなのに客が減ってゆく。そうした状況のなか、価格を下げたことが致命傷となる。稼働率は上がったが、売上高はどんどん落ちていった。

そして、ついに二〇〇四（平成一六）年に民事再生となり経営破綻。外資系ファンドのゴールドマン・サックスが入手し、約一年かけて経営再建に取り込んだが、大型観光旅館の運営は、彼らにとっても勝手がわからなかったのだろう。どうにもならず、翌二〇〇五（平成一七）年、星野リゾートに持ち込まれたのだった。

ちょうどその頃、星野佳路と同じコーネル大学ホテル経営大学院の留学をめざし、佳路のもとを訪ねてきた青年がいた。それまで商社に勤務していた佐藤大介である。

ホテル経営大学院の入学には、ホスピタリティ業界での実務経験が必要だ。かつて佳路がホテルオークラに勤務したのと同じように、佐藤も軽井沢のブレストンコートでアルバイトをすることになった。

当時、星野リゾートは、星のや軽井沢の開業を前にして、大きな転換期にあった。同じく大型物件で、再生に多くの年月を費やすことになる北海道のスノーリゾート、トマムの案件が持ち込まれたのも二〇〇四（平成一六）年のことである。

そのタイミングでやってきた佐藤に、白羽の矢が立てられたのは、自然なことだったのかもしれない。

佐藤は、結局、コーネル大学に留学しないまま、その後、およそ一〇年にわたって星野リゾートの大型案件の再生に取り組むことになる。

佐藤が青森に赴任することになったのは、二〇〇五（平成一七）年の夏、青森が一年で最も盛り上がるねぶたの季節だった。八月一日に同じくゴールドマン・サックスから持ち込まれた再生案件、石川県・山代温泉の白銀屋（現・界 加賀）の開業があり、これを手伝った後、彼はねぶたに沸く青森に入った。

「実はその前、七月七日の七夕の日に高速バスで自腹を切って現地を視察に行ったことがあるんです。ところが、行けども行けども、きれいな営業施設に着かないんです」

北東北に君臨したリゾート帝国は、その頃、廃墟の旅館群になっていた。

「これは大変だと思いました。でも、奥入瀬に行きたいんだけれどと聞いた時、親切に手伝ってくれるスタッフがいた。建物に新しさはなかったけれど、こうしてお客さまを喜ばせようとするスタッフがいるのであれば、いけるかもしれないと思ったんです」

この時、佐藤が訪れた奥入瀬渓流グランドホテルが、後に同じく星野リゾートの運営となる奥入瀬渓流ホテルである。

再生の第一歩は、佐藤がよりどころとした、やる気のあるスタッフを伸ばしてゆく環境づくりから始めようということになった。そして、奥入瀬、古牧、ブライダルと三つのコンセプト委員会が生まれた。

「まずは、ベンチマークしようということになりました」

同じ大型観光旅館の同業他社と比較して、自分たちの強みは何かを考えることにしたのである。

「ハトヤや三日月のように首都圏から近くなく、遠隔地で成功しているところ、たとえば石川県和倉温泉の加賀屋であるとか、指宿の白水館であるとか、北海道の鶴雅グループとか。すると、自分たちの良さに気づき始めたんです」

温泉の質そのものがいい。祭りがある、郷土料理もある。方言も面白い。

行き着いたのは「青森の文化体験」だった。

「当時、社長がよく言っていたのは〝通じない宿〟がいいよね、ということでした。言葉も通じない、文化も通じない宿。確かに面白いのですが、コンセプトとは変革のキーワードでもあると思うんです。スタッフや外部の人たちにも理解しやすい言葉である必要がある。そこで、方言がいいよね、ということで出てきたのが〝のれそれ〟でした」

「のれそれ」とは「徹底的に」「一生懸命」といった津軽弁である。

「のれそれ青森」、すなわち「徹底的に青森」。このキーワードが生まれたことで、スタッフが動きやすくなったと佐藤は言う。

「たとえば、売店のスタッフとかが『これは〝のれそれ〟っぽくないよね』と言うようになりました。本来の言葉の使い方としては、おかしいんですが」

方言を積極的に使うといった、従来のサービス業ではあり得ない発想もその中から生まれていった。

古牧グランドホテルは、青森県で最大規模の旅館だった。

マーケティングの戦略論で言えば、最大のシェアを持っているところは、マーケット自体を広げることが重要だ。そこから青森自体を売っていこうという発想につながった。

それは、旅行会社や自治体、二〇一〇（平成二三）年に東北新幹線の新青森までの開業を控えていたJR東日本などの関係者の心も動かしていった。

青森にとって、ここは必要な観光資源だったのだ。

旅館の新たな名称は、スタッフとの議論で当初、なじみのある「古牧温泉」を検討していたと言うが、最終的には佳路と佐藤との一五分ほどの電話で決定した。

「古牧温泉は、何か違うんじゃないか。〝のれそれ青森〟なんだから、青森でいいんじゃないの。青森閣じゃ、かっこよすぎるし。青森屋、うん、それいいと」

スタッフたちも最初は怪訝に思ったというが、まず旅行会社がアンテナを立てたことで、青森屋という、何とも直球かつシンプルで、一風変わったネーミングは定着していった。

それと並行して再生の核となったのが「みちのく祭りや」というショーレストランだ。アイディアの原点は、ほぼ同時期に再生が始まったトマムで、二〇〇五（平成一七）年頃にあった「祭りや」というショーレストランだった。カニの食べ放題レストランをリニューアルし、よさこい祭りのショーと北海道らしい食を提供した。それを見て佐藤はひらめいた。祭りだったら、むしろ青森ではないのかと。

当初は青森風のよさこいと青森の祭りをミックスしていたが、やがてよさこいは止めて、青森の祭りだけに集約していった。

佳路は、青森の祭りは動きが地味だからと、よさこいの続行を支持していた。

だが、現場の佐藤やスタッフの意見が採用された。

星野リゾートは、しばしば、トップダウンの組織と思われがちだが、実際は、このように現場の意見が優先されるケースが多いのだ。

特に、青森屋ほか、リゾナーレ八ヶ岳、トマムの大型再生案件は、再生前からのスタッフを含む地元雇用が七割以上を占め、彼らの意見が尊重されるという。

こうして、青森の祭りに特化した「みちのく祭りや」がスタートした。

ここでは一年中、青森の四つの祭りが楽しめる。

すなわち、青森ねぶた、弘前ねぷた、五所川原立佞武多《ごしょがわらたちねぷた》、八戸三社大祭の四つである。まさに青森のテーマパークだ。

「ラッセー、ラッセー。ラッセーラー」

「ラッセーラー、ラッセーラー」

威勢の良いハネト（ねぶたの踊り手）のかけ声が響く。

お囃子と踊りを担当するのはスタッフだ。

さらにステージには、実際の祭りで使われた本物のねぶたの山車（地元では山車そのものをねぶたと呼ぶ）がずらりと並ぶ。舞台向かって中央には巨大な青森ねぶた、右手には扇型の弘前ねぷた、さらに左手には、八戸三社大祭の華やかな電飾に彩られた、紅白歌合戦の巨大衣装にも似た見上げるような山車が鎮座する。

そして、祭りの熱狂を再現するように、会場内をやや小ぶりのねぶたが引き回される。これ以上はないという熱気と華やかさ。圧巻のショーだった。

地元企業でなかったからこそ、四つの祭りを一堂に集めることができたと語った広報担当者の言葉が忘れられない。それぞれの地元が、自分たちの祭りこそが一番という誇りがあるからだと言う。彼女の出身は八戸だった。

「八戸三社大祭の山車が一番いいね」と私が言うと返ってきたとびきりの笑顔もまた忘れられない。当初、緊張した面持ちで話していた標準語が、いつしかお国言葉になっていた。

佐藤は、三沢という米軍基地のあるニュートラルな場所であることも、四つの祭りを一堂にできた理由のひとつだと言う。青森屋は、青森の入り口であり、アンテナショップなのである。

地域文化を大切にする発想は、創業者の杉本にもあった。民俗学者でもあった渋沢敬三に仕えた杉本は、彼の命により民具などの民俗資料を収集。それを所蔵展示する小川原湖民俗学博物館があった。博物館としての再生は、まだこれからだが、その収蔵品の一部は、今も青森屋の館内に飾られ、〝のれそれ青森〟のイメージを伝えている。

「杉本さんの過去の経営にもかなりのヒントはある」と佐藤は言う。

「みちのく祭りや」のショーが終わっても、青森屋の夜は終わらない。

パブリックエリアの中心には「じゃわめぐ広場」がある。ここで毎夜無料の「じゃわめぐショー」が行われるのだ。「じゃわめぐ」とは津軽弁で「わくわくする」「血が騒ぐ」といった意味。ねぶた祭りを形容する表現によく使われる。

この「じゃわめぐショー」がまた、何でもありで楽しいのだ。

ねぶたのお囃子がある。民謡歌手による民謡ショーがある。

光文社ノンフィクション編集部の好評既刊

「恋愛のどん底」から抜け出して今より1000倍♥愛される方法

恋愛に効く千回呪文つき

大好きな人と幸せになるための「未来設定」の仕方

モリット
Moritto

四六判ソフトカバー●1,400円

この本を手に取った瞬間から苦しい現実が一気に動き出す

失恋から立ち直り、愛する人とめぐり逢いたい！ 彼が忘れられない！ 復縁をかなえたい！ 女子の切実な心の叫びに、ブログで大人気の関西人著者がこたえます。本物の自信にあふれる「最高にエエ女」になって、報われない「どん底3丁目」から、彼が思わず愛したくなる私へ。目からウロコのエッセイ。巻末には恋愛に効く千回呪文も収録！

つかまない生き方

握りしめた手を開けば、いくらでもミラクルが流れ込む♪

大木ゆきの

四六判ソフトカバー●1,400円

お金・パートナー・仕事……つかむのをやめれば、逆に、幸運が流れ込んでくる！

「絶対にこれを手に入れなきゃ」ってこだわり、しがみつき、躍起になっているときって、力むあまり手が〝グー〟になっていませんでしたか？ でも、手を〝パー〟にして「つかまない」って、どういうこと？ そもそも、つかまないということは、幸運もつかめないのでは……？ この本では、そんなモヤモヤを解消して、何をどうつかまなければいいのか、お教えします！ 「なんだか人生が空回りしてばかり……」と感じたら、この逆転の法則で、自分を幸せに！

光文社ノンフィクション編集部の好評既刊

愛することば あなたへ

新書サイズソフトカバー●920円

瀬戸内寂聴

悩んだとき、寂聴さんのことばに救われる!!

96歳を迎え、ますます意欲的に活動を続ける著者。最近ではインスタもスタート、90代インフルエンサーとして若い人たちからも一目置かれる存在に。本書は、寂聴さんの膨大な著書、法話、談話などの中から「男と女」「くるしみ」「しあわせ」「わかれ」「さびしさ」「いのり」の「愛」にまつわる6つのテーマで、200超の珠玉の言葉をつめ合わせた金言集の決定版です。どのページから開いても、寂聴さんのことばのパワーと、懐の深さに生きる勇気が湧いてきます!

「九十六歳も長生きして、今、わかったことは、愛とは許すことだということです」（まえがきより）

「読んだ人は、笑いすぎて、お腹がすき、食べすぎて、幸福になります！」

――瀬戸内寂聴

おちゃめに100歳! 寂聴さん

瀬尾まなほ

四六判ソフトカバー●1,300円

寂聴先生、96歳。元気の源は、8年前から傍らで24時間支える秘書の著者。なんとその年の差66歳!　先生の仕事も著書も何も知らなかった彼女が、今では、常に体調と気持ちを汲みとり、私生活では“ため口”の仲に。

忙しい女性のための実用情報や、ゆったりとしたエッセイ、そのほか、日常の掃除やお料理……。美人時間シリーズはあなたに役立つ情報をお届けします。

美人時間ホームページ●http://www.kobunsha.com/special/bijin-jikan/

美人時間ツイッター●@bijin201502　　メール●bijin@kobunsha.com

そして圧巻は、スタッフによる「スコップ三味線」だ。津軽三味線の曲にあわせて、スコップを栓抜きで叩く、いわば「エア三味線」。子供だましのように思えるが、お酒もまわった頃、ステージに登場すると、それは盛り上がる。

最近、登場した朝のアクティビティを見ると、青森屋の「お客を面白がらせるしかけ」は、いよいよノンストップになってきた感がある。それは「津軽弁ラジオ体操」だ。津軽弁でかけ声をかけて体操をする、というだけのことなのだが、方言のエンターテインメントも極まりといったところだろうか。

さらに生のりんごが出てくる「りんごガチャガチャ」や、イカをデザインした「イカこたつ」、その夏バージョンとして登場した「ホタテの腰掛け」など、最近の青森屋は、突き抜けている。だが、これは先にあげたように、東京のマーケティングチームの発想ではない。ましてや、星野佳路の趣味でもない。〝のれそれ青森〟というキーワードに共鳴した地元スタッフたちのアイディアなのだ。

転機となったのが二〇一四（平成二六）年の冬だった。

ねぶたの山車は、毎年、新しいものを造り替える。言い替えれば、祭りが終わった山車は、ごく一部を除いて廃棄してしまう。これを譲り受けるルートを確立した青森屋は、毎年のようにねぶたをもらい受けるようになった。館内のパブリックスペースは、これらのねぶたで埋め尽くされているのだが、この年、ついにねぶたを大浴場に浮かべてしまった。

するると、これが注目され、ＪＲ東日本の「行くぜ、東北。」キャンペーンのポスターに採用されたのだった。その影響はすさまじく、オフシーズンの冬にもかかわらず、予約が殺到した。こうして経営破綻から一〇年、星野リゾートの運営になって九年。青森屋の再生はまさに達成されたのだった。

青森屋に滞在して思ったのは、個人旅行が主体になり、隠れ家的な宿がもてはやされる今にあっても、大勢でああっと盛り上がる無礼講は、やはり楽しいということだった。

企業単位の団体が、農閑期の農村のグループが、商店会の団体が、温泉に繰り出して一夜限りの息抜きをする。そうした旅行のあり方を支える社会構造は変革したけれど、大勢で飲んで歌って踊って盛り上がるのは、やはり楽しいのだ。それを今に伝えているのが青森屋の成功ではないかと思う。

いまや青森屋の名物となったショーレストラン「みちのく祭りや」

大型観光旅館というスタイルは、決して消滅した訳ではないのだ。

古牧グランドホテルが一世を風靡した時代、上位にランキングされた「プロが選ぶ日本のホテル・旅館百選」で、二〇一六（平成二八）年まで三六年連続で一位を獲得した旅館がある。

この栄誉によって、「日本一の旅館」と称される、石川県和倉温泉の加賀屋である。

このランキングは、主に高級志向の大型観光旅館を対象としていて、料理、施設、企画のほか、もてなしの各部門があり、加賀屋は、総合で三位となった二〇一七（平成二九）年も、もてなし部門では一位を固持した。

青森屋の再生を行った佐藤大介は「変革の現場から知る観光産業の現実と可能性」と題した講演で、古牧グランドホテルの経営破綻は、安売りによる収益率の低下と、顧客志向の低下、すなわち「おもてなし不足」であったと指摘している。裏を返せば、大型観光旅館であっても、売上単価を下げずに収益率を維持し、顧客の心を掴むおもてなしをすれば、生き残れるということである。

「笑顔で気働き」をモットーに、「ありません」「できません」は言わない、加賀屋の極上のおもてなしは、まさにそれだろう。

アマンなどのラグジュアリーリゾートにも共通するキーワードのように思うが、旅館ならではだと思うのは、顧客の心に一歩踏み込む気配りである。第二章にあげたホテルと旅館の違いでふれたように、お客がことさらに声を上げなくても、お客の心を忖度するサービスだ。『加賀屋の流儀 極上のおもてなしとは』には冒頭、親しい人を亡くしたばかりの宿泊客に「陰膳」をそなえたエピソードが綴られている。

加賀屋に行くことを夢みながら亡くなった伴侶、旅行の企画者でありながら、直前に亡くなった主宰者。その思いを心に宿泊した人たちの何気ない会話から客室係が察して、用意された陰膳に涙したという。

一般に加賀屋の強みは、こうしたもてなしにあるとされてきた。

だが、実は、加賀屋にも「みちのく祭りや」「じゃわめぐショー」に匹敵する、一夜限りの無礼講を演出するエンターテインメントがある。

メディアが加賀屋を紹介する時は、先にあげた陰膳に代表されるような「おもてなし」が強調されるが、私が宿泊して、最も驚き、感動したのは、「加賀屋雪月花歌劇団」の華やかなレビューショーだった。

加賀屋で最も豪華で華やかな客室棟は、一九八九（平成元）年に開業した「雪月花」だ。豪華客船を思わせる吹き抜けのロビーは、一九八〇年代にニューヨークのマリオットホテルで話題を呼び、その後、世界中のホテルが採用したアトリウムロビー。ホテル聚楽の朝食バイキングのように、ホテルにおける先端を旅館が取り入れた一例である。

この客室棟にあるシアターで、夕食後のひととき、「雪月花」の名前を冠した専属の歌劇団による本格的なレビューショーが始まる。近年、人気のクルーズでもこうしたショーはあるが、たとえば、日本を代表する豪華客船「飛鳥Ⅱ」のショーよりも見応えがあったように思う。とりわけステージに釘づけになったのはフィナーレだった。

出演者全員が目の覚めるように鮮やかな黄色の衣装で登場。熱唱するのは「レジェンド・オブ・加賀屋」である。

「あなたのために歌いましょう、
あなたのために踊りましょう。
ああ、レジェンド・オブ・加賀屋。
ああ、レジェンド・オブ・加賀屋」

夢かうつつか、幻か。

私が感じたのはディズニーランドや豪華客船の旅にも通じる高揚感と多幸感だった。ハトヤのCMのように、歌は耳に心地よく、気がつくと口ずさんでいる。

青森屋が、北国のひとときの夏を謳歌する祭りの興奮であれば、加賀屋は、さながら竜宮城のような非日常感だった。魔法にかけられた一夜を過ごしているようだった。

高度経済成長時代やバブル景気が終わっても、圧倒的な非日常感によって解放される快感は、観光の要素として間違いなくある。そうであれば、時代に即したマイナーチェンジをすることで大型観光旅館のニーズはあるということなのだ。

第七章

スノーリゾートの系譜

日本は、雪の国である。

冬、シベリアから吹く北西の冷たい風が日本海で湿った空気を含み、日本列島の中央を背骨のように連なる山脈にあたって、雪雲となる。そして、雪が降る。

日本の緯度は、それほど北に位置する訳ではない。ただ単に、寒い土地であれば、世界にいくらでもある。だが、これほど雪の降る気候は、世界にない。

江戸時代、雪国の暮らしぶりを書いてベストセラーとなった名著があった。

鈴木牧之《ぼくし》がまとめた『北越雪譜』である。

越後に生まれ育った作者が、雪国の暮らしぶりを綴った雪をめぐる百科事典のような本だ。

『北越雪譜』からのインスピレーションは、後にノーベル文学賞を受賞した川端康成の『雪国』にも随所にちりばめられている。

雪の国では、文学もまた雪の中から生まれたのだ。

『北越雪譜』において、作者は、自身の故郷が最も雪深いと記す。


〈凡日本国中に於て第一雪の深き国は越後なりと古昔も今も人のいふ事なり。しかれども越後に於も最雪の深きこと一丈二丈におよぶは我住魚沼郡なり〉

この魚沼郡と呼ばれたエリアに、現在の南魚沼郡は含まれる。

新潟県南魚沼郡湯沢町三国。

苗場プリンスホテルは、鈴木牧之が『北越雪譜』に描いた土地を背景とする、日本きっての豪雪地帯の山にある。

もともとこのあたりは、佐渡から金を運ぶ三国街道沿いにあった。しかし、明治以降、道は寂れていた。

苗場の開発年表は、一九五四（昭和二九）年、三国トンネルの着工から始まる。

南魚沼郡湯沢町と群馬県利根郡みなかみ町を結ぶ三国トンネルは、雪雲が発生する、まさに日本列島の背骨にあたる。開通したのは、一九五九（昭和三四）年だった。

これによって、国道一七号線で東京と新潟が結ばれた。

その二年後、苗場国際スキー場が開業する。

最初に建設された宿泊施設は、スキーヤーズベッドが並ぶ簡素なスキーハウスだった。

やがて、それは巨大なスノーリゾートへと変貌してゆく。

そして、バブル景気を経た一九九〇年代、雪の国、日本の最も雪深い山の中にあるホテルが、ホテルニューオータニと並んで日本最大規模の客室数を誇ったのだった。

その国最大のホテルがスノーリゾートだなんて、ヨーロッパでもアメリカでも聞いたことがない。だが、日本は雪の国であると考えれば、不思議ではない。

さらに、二〇二〇年の二度目の東京オリンピック開催が決定するまで、一九六四（昭和三九）年の東京オリンピックの後、日本は二度も冬季オリンピックを開催している。

一九七〇（昭和四五）年の札幌と、一九九八（平成一〇）年の長野である。この事実もまた、日本は雪の国であることを物語る。そして、二度目の冬季五輪、長野オリンピックの誘致に奔走したのが、苗場を開発した西武の堤義明だった。

鈴木牧之は、雪と無縁な土地のことを暖国と呼び、自身の雪国と対比させた。

スノースポーツと無縁な暖国の人であれば、日本が雪の国であること、スノーリゾートが日本最大のリゾートであったことに違和感を覚えるかもしれない。

だが、日本の観光とリゾート開発は、雪を抜きには語れない。

星野佳路は、年間滑走六〇日目標と公言するスキーヤーだ。そして、西武の堤義明もまた、筋金入りのスキーヤーであった。

『プリンスの墓標 堤義明 怨念の家系』によれば、堤義明がスキーと出会ったのは早稲田大学在学中にさかのぼるという。

〈当時、義明は、父の康次郎から軽井沢の北にある群馬県の万座温泉で、コクド（当時は国土計画興業）が持つ二軒の旅館の客を増やせという課題を与えられていた。二軒とも冬季は雪に埋もれて客足が途絶える。
堤義明は、万座に本格的なスキー場を作り、リフトを設置すれば客を呼べると考えた。そこで一九五六（昭和三一）年の正月から、万座の旅館に泊まり、現地の営業所長の荻原喬茂からスキーの手ほどきを受けた。義明は柔道で鍛えた足腰の強さもあって急速に上達した〉

義明が早稲田大学で立ち上げた観光学会というサークルには、プリンスホテル社長となった山口弘毅など、後に側近となる者たちがいたが、彼らのほとんどが、万座でのスキー場計画に関わっている。

こうして一九五七（昭和三二）年、観光学会の後輩たちと手造りのリフトをかけ、万座温泉スキー場が開業した。

同じ年、滋賀県の伊吹山にも目をつけ、スキー場を開業しているが、ちなみに伊吹山は、積雪量の世界ギネス記録を持つ山である。

さらに同年、スノーリゾートではないが、大磯ロングビーチも開業している。湘南の海外沿いに作った巨大プールを中心とするレジャー施設だ。

これらの成功が、父、堤康次郎に、義明を後継者として印象づけることになったと言われる。よく知られるように、西武グループの創業者である康次郎は女性関係が派手で、セゾングループを率いた堤清二と義明は異母兄弟であった。スキー場は、義明にとって、自らの将来を引き寄せたものでもあったのだ。

万座温泉スキー場開業の前年、イタリアのコルティナ・ダンペッツォで開催された冬季オリンピックでスターになったのが、アルペンの回転、大回転、滑降で三冠の金メダルを獲得したオーストリアのトニー・ザイラーだった。その後、『白銀は招くよ』『黒い稲妻』などの映画に出演し、さらにスキーへの憧れをかりたてた。

この時、回転でザイラーに次ぐ銀メダルを獲得したのが日本人の猪谷千春である。冬季五輪で日本人初のメダルだった。

アマンリゾーツの創業者、エイドリアン・ゼッカは、風貌が猪谷千春に似ていたため、この頃、ヨーロッパのスキー場に行くと、勘違いされて大歓待されたものだと、話してくれたことがある。日本はもとより、アジア人で最初の冬季五輪メダリストだった猪谷千春。日本人のスターもいたことは、人々によりスキーを身近に感じさせたに違いない。

後のスキーブームのように誰もがスキーを履いた訳ではなかったけれど、当時、スキーが注目される時代背景が確かにあった。

そこで、堤康次郎は、より規模の大きなスキー場を計画するよう義明に命じた。目をつけたのが、豪雪地帯である三国峠周辺の山々だった。

最初の候補地は、苗場山系とは浅貝川をはさんで反対側に位置する谷川連峰の平漂《たいらっぴょう》山だった。ところが、調査してみると、苗場山系にもっといい山があることがわかった。それが現在、苗場スキー場の中心となっている筍山だ。

一九五八（昭和三三）年、オーストリアの職業スキー教師連盟の会長で、サンアントン・スキー学校校長のルディ・マットが来日。各地で講習会を開催すると共に、苗場の視察も行った彼から、お墨付きも得た。

開業まもない頃のパンフレットには、次のようにある。

〈苗場の生みの親、オーストリーのルディ・マット氏が来日した折、多くのスキーマニアを前にこう語りました。「日本の苗場で滑ることは世界のスキーヤーの憧れである。なぜなら雪質とゲレンデがすばらしいからだ。諸君たちが実にうらやましい。」（略）スコーバレーの覇者ヒンターゼアーの初滑りで1962年に開場して以来、毎年名のあるスキーヤーが続々と訪れ得意の妙技を披露しています〉

苗場国際スキー場のオープンは、一九六一（昭和三六）年一二月二三日。その年末から翌年三月三一日までが、最初のシーズンだった。

一九六六（昭和四一）年、加山雄三主演の『アルプスの若大将』では、苗場国際スキー場がロケ地として登場するが、その中に車でスキー場に乗り付けるシーンがある。苗場は〝車でスキーに行く〟というライフスタイルをいち早く打ち出したスキー場でもあった。

苗場開発の最初にあった三国トンネルと国道一七号線の整備。さらに、一九六四（昭和三九）年一二月から国道一七号線は完全除雪となり、車でのアクセスが容易になったことが背景にある。

今も新潟県は、国内のほかの寒冷地と比較しても、道路には融雪装置が施され、冬季の除雪は完璧だ。それを実現したのが田中角栄だった。

角栄が通算一六回の当選をかさねた旧新潟三区は、『北越雪譜』に描かれた豪雪地帯とほぼ地域が重なる。

地元に公共事業の〝利益誘導〟をした政治手法は、中央では金権政治と断罪されたが、地元では最後まで圧倒的な支持があった。

最大の理由が、ほかならぬ雪であった。

『北越雪譜』に描かれたように、かつて降り積もった雪の道は、かんじきで踏み固めるほかなかった。吹雪になれば、何日も雪に閉じ込められて、病人が出ても為す術もなかった。その雪国を変えた男だったからだ。

角栄は、雪の選挙では決して負けることがなかったという。

ロッキード事件で逮捕後の一九七六（昭和五一）年の選挙も、第一審で有罪判決が出た一九八三（昭和五八）年の選挙も、一二月だった。暖国の人がいくら糾弾しようとも、雪との闘いを知る人たちは、かじかむ手で角栄に一票を投じたのである。

彼はまた、多くの議員立法を手がけたことでも知られるが、一九六二（昭和三七）年の豪雪地帯対策特別措置法もそのひとつである。

こうした時代背景があって、国道一七号線は完全除雪されたのだった。

日本の高度経済成長を牽引し、「日本列島改造論」を掲げた男は、雪国からやって来た。それを考える時、日本は、雪の国であるとの思いをあらたにする。

堤義明は、この田中角栄と地元の町議会議員を通じて知己を得たとされる。

そして、そのつながりから、後に関越自動車道が完成した時、苗場近くの月夜野インターチェンジが生まれたと言われている。

もうひとつ、苗場スキー場が、日本のみならず、世界に先駆けて画期的だったことがある。それは、リフト乗り場をフラットにしてゲレンデから直接、滑り込めるようにしたことだ。今では多くのスキー場で当たり前になっているこのスタイルを最初に作ったのが苗場だった。

また、リフトにゴムタイヤを用い、防音対策を施すようになったのも苗場が最初だったと言われる。利便性、快適性への配慮を最大限に駆使して、スキー場、駐車場、さらにホテルが連動したスキーリゾートのかたちが完成してゆく。

一九七〇（昭和四五）年、スキーハウスと呼ばれていた宿泊施設の名称が苗場プリンスホテルとなる。スキーヤーズベッドの全廃は翌年のことである。さらに、スキー場の名称も苗場国際スキー場から、苗場スキー場とあらためられた。

「国際」の呼称をスキー場から外したのは、苗場に知名度とステイタスが生まれていた証なのかもしれない。「ナエバ」の名を世界に知らしめたのは、一九七三（昭和四八）年のワールドカップ開催だった。

その後も、ホテル、スキー場共に増築、増設が重ねられていった。

便利で快適なスキーリゾートという意味で、苗場を筆頭とする西武グループのスキー場とプリンスホテルは、世界的にも突出していると思う。

ヨーロッパやカナダなど、海外のスノーリゾートに行くようになって、私はそのことに気づかされた。

とりわけ忘れられないのが、フランスのトロアバレーに行った時のことだ。

トロアバレーは、アルベールビル冬季オリンピックの会場となったエリアで、その名の通り、バルトランス、メリベル、クーシュヴェルという三つの谷が主要なスキーエリアになっている。

ヨーロッパアルプスの中では、戦後の開発で歴史が新しい。

そのクーシュヴェルの高級ホテルで「うちはスキーイン、スキーアウトができる」と盛んに自慢されたのである。ようするに、ホテル前からスキーで滑り出して、スキーを履いて帰ってくることができる、ということだ。

そんなことは、日本では当たり前で、自慢する話ではない。特にプリンスホテルでは、どこでも当然のことだ。

しかし、ヨーロッパの、たとえばシャモニーやツェルマットといった歴史あるスキーエリアでは、だいたいホテルとロープウェイやリフトの乗り場が離れている。近くにいい山があって、雪が降るからリフトをかけた、という村落発展型であるから仕方ない。そのヨーロッパにあって、トロアバレーは先駆的だったのだ。

この時、私はつくづく日本のスノーリゾートの先進性を実感した。苗場スキー場とプリンスホテルが創り出し、後にほかのプリンスホテルや、さらにはそれを追随した日本のスノーリゾートの利便性は、もっと世界にアピールしていい。

一九八〇年代から一九九〇年代にかけて、苗場プリンスホテルは、便利で快適なスノーリゾートというだけでなく、時代のトレンドを牽引するものとなる。

それを象徴するのが、一九八一（昭和五六）年に始まったユーミンこと、松任谷由実の苗場プリンスホテルでのコンサートだろう。現在も「ＳＵＲＦ＆ＳＮＯＷ ｉｎ ＮＡＥＢＡ」として開催されている。

前年にリリースされたアルバム『SURF&SNOW』のプロモーション的な意味合いもあって始まったとされるが、当初、苗場のコンサートは、スタッフたちの慰安旅行も兼ねていたという。

そして、日本に空前のスキーブームが到来する。

星野佳路は、日本は、スキー経験者の数が世界と比較して、突出して高いことを指摘する。しかし、その多くがまた、休眠層であるのも日本ならではの特徴だという。

その異常な状況を創り出したのが、バブル景気と時を同じくしておきたスキーブームだ。バブル景気の余韻が残る一九九三(平成五)年、スキー人口はピークの一七七〇万人に達した(観光庁のデータによる)。若者であれば、スキーをしないなんてあり得ない時代だった。

それと時を同じくして、毎年、リリースするアルバムがヒットを重ねたのがユーミンだった。バブル景気というと、マハラジャやジュリアナ東京といったディスコブームが連想されるが、ユーミンのヒット曲もまた、あの時代を象徴するものだった。

なかでも、「サーフ天国、スノー天国」「ロッヂで待つクリスマス」「恋人がサンタクロース」「ブリザード」など、スノーリゾートをテーマにした曲は、スキーブームを後押しした。一九八八(昭和六三)年、それを決定的にしたのが、これらをBGMにした映画『私をスキーに連れてって』だった。

映画のヒットで、スキーブームはいよいよ拍車がかかる。

『私をスキーに連れてって』で、メインのロケ地になったのが、万座と志賀高原、それぞれのスキー場とプリンスホテルだった。

万座は、先にあげたように、堤義明が開発した最初のスキー場であり、一九八〇（昭和五五）年に前身の万座観光ホテルが万座プリンスホテルとして開業していた。

そして、志賀高原プリンスホテルと焼額山スキー場が開業したのは一九八三（昭和五八）年の一二月である。

ストーリーのクライマックスとなるのが、原田知世演じる主人公の恋人が、三上博史演じる主人公の窮地を救うため、志賀高原の焼額山スキー場から山を越えて万座スキー場をめざすシーンである。

このルートは、直線距離で二キロ、志賀万座ツアーコースになっている。

志賀高原と万座は、実は近いのだ。

志賀高原が、日本を代表するスキーエリアであることは言うまでもない。

万座を最初に開発した堤義明は、なぜ志賀高原の開発にすぐ着手しなかったのか。

苗場の筍山もいい山だが、スキーコースとしての総合評価であれば、やはり志賀高原のほうに軍配が上がる。

映画を見ていると、その疑問がわき上がる。

堤康次郎の側近であった中嶋忠三郎の『西武王国 その炎と影』には、次のような一文が記されている。

〈志賀高原スキー場の開発には、いろいろの問題点があり、こちらの方の買収には二十余年の歳月を要した〉

志賀高原が開業した一九八三（昭和五八）年から二〇年を引けば一九六三（昭和三八）年になる。

やはり万座を開発した直後から、志賀高原には目をつけていたのだ。

まっとうなスキーヤーであれば、志賀高原をスルーするはずはないのだ。

では、「いろいろの問題」とは何だったのか。

関係者の話によると、志賀高原特有の土地所有や経営権をめぐる問題があったようだ。

日本の山には、村落共同体が、山林原野を共有し、伐採、炭焼き、山菜キノコ狩りなどの権利を享有する入会権という慣習的な権利がある。志賀高原では、大正期に入会権の保持を目的とした「和合会」という財団法人ができた。戦後もこの和合会が土地所有などを一括して行ってきたため、会員ではない、外の資本が土地を買収したり、観光施設を運営することができなかったのだ。二〇〇八（平成二〇）年以降、ようやく緩和されているというが、義明が開発を試みた時代は、外部の資本が入ることは全く不可能だった。

志賀高原の中では、唯一の例外として、長野電鉄が所有運営する奥志賀高原スキー場と奥志賀高原ホテルがあった。

この奥志賀高原スキー場に隣接するのが、焼額山スキー場である。

この周辺は、和合会ではなく、湯田中地区の共益会という組織が管理する山だった。堤義明は、この共益会と長年にわたる交渉を続けたのである。

湯田中は、志賀高原に上がる途中にある温泉町である。

映画『私をスキーに連れてって』にも登場するが、車で志賀高原に行く場合は、必ずここを通る。共益会では、開発を許可するかわりに、湯田中地区から直接、ロープウェイでアクセスできるスキー場の計画を条件に出した。これが一九八七（昭和六二）年に開業したごりん高原スキー場である。

苗場に平漂山という候補地があったように、志賀高原も、当初の計画では焼額山ではなく、同じ志賀高原山系にある岩菅山を想定していたという。

長野五輪の誘致に尽力した義明は、岩菅山に滑降コースを作ることを考えていたのだ。しかし、自然保護団体などの反対にあって、実現できなかった。

焼額山は、その代替案だったことになる。

結局、長野五輪の滑降コースは、白馬八方尾根に決定した。

滑降の選手が飛び込んできたゴールの先には、白馬東急ホテルがそびえていた。

東急の創業者、五島慶太と義明の父、堤康次郎は、「強盗慶太、ピストル堤」と並び称され、箱根など、各地で覇権を競い合った関係である。

後継者の五島昇もまたスキーヤーだった。白馬のゲレンデをどこでも直滑降で滑り降りてくることから「チョッカリ（直滑降）の坊ちゃん」と呼ばれていた。

義明は、岩菅山のコースから滑り込んでくる選手が、プリンスホテルの目の前でゴールする場面を夢見ていたに違いない。

関係者によれば、義明は、苗場もさることながら、志賀高原への思い入れも強かったと言う。スキーエリアとしてのアドバンテージと、何よりも西武グループとして、志賀高原の開発は、まだ完成していなかったからだ。

近年、ニセコや白馬がインバウンドブームで急成長しているが、やはり日本を代表するスキー場として志賀高原は外せない。和合会、共益会の話を聞くと、スキー場としての優れた潜在力がありつつ、再開発が遅れている理由もなるほどとわかる。雪の国、日本の観光にとって、志賀高原は眠れる宝なのかもしれない。

二〇〇五（平成一七）年三月三日、堤義明は、株式の虚偽記載、およびインサイダー取引の容疑で、東京地検に逮捕された。東京・芝公園の東京プリンスホテルパークタワーの開業を一ヶ月後に控えたタイミングだった。そして、有罪判決を受ける。

その直前まで、義明は、湯田中からごりん高原を結んだロープウェイをさらに延長して志賀高原まで乗り入れる青写真を考えていたという。

だが、夢は叶わぬまま、ごりん高原スキー場は二〇〇七（平成一九）年に廃業した。


苗場プリンスホテルが、日本最大規模を誇ったのは、一九九一（平成三）年一二月に四号館が開業し、約一八〇〇室になった時である。ちなみに現在は、約一二〇〇室である。

同年、収容人員最大一〇〇〇人のイベントホール「ブリザーディウム」も完成。ユーミンのコンサートもここで行われるようになる。「ブリザーディウム」とは、ユーミンの曲名でもある「ブリザード（大吹雪）」と「イウム（空間）」の造語で、ユーミン自らの命名だ。

日本のバブル景気とは、一九九一（平成三）年二月までとされるが、泡沫の夢は、ある時点で突然、消えたのではなく、時代の空気としてのバブル景気は、その後、しばらく余韻が続いていた。スキー人口の頂点が一九九三（平成五）年とされるスキーブームも同じである。

苗場プリンスホテルが日本最大級の規模であったことを物語るのが、フロントを通さずにチェックアウトできる「クイック・チェックアウト・システム」を日本で最初に導入したホテルだったことだ。このシステムは、海外ではラスベガスの大型カジノホテルやハワイ、マイアミの大型ビーチホテルで導入されていたもので、日本ではスノーリゾートであったというのが、また雪の国らしい。

一九九一（平成三）年に四号館が開業したタイミングで、全室にホテルのコンピューターシステムに接続したＣＣＴＶを導入。フロントでの業務を軽減すると共に、清掃業務の効率化にも貢献したという。

苗場プリンスホテルは、当時、数あるプリンスホテルの中でも、軽井沢と箱根と並び、大きな利益を上げた稼ぎ頭の施設だった。

またこれらのプリンスホテルは、堤義明の逮捕後、西武グループが再生され、プリンスホテルなどとあわせて西武グループホールディングスに統合されるまで、プリンスホテルの親会社だった株式会社コクドが所有していた。

軽井沢と箱根は、株式会社コクドの発祥の地でもある。

軽井沢の別荘開発で成功した堤康次郎が、同じ手法で別荘地を開発すべく、箱根にやってきた。そこで設立した会社、箱根土地株式会社が、後の国土計画株式会社、さらにコクドと名称を変えた会社の前身である。

堤康次郎が軽井沢で開発した別荘地とは、かつての沓掛、現在の中軽井沢周辺だった。

それはすなわち、星野温泉のある場所だった。

康次郎の開発した千ヶ滝別荘地は、星野温泉の隣接地にあたる。

『プリンスの墓標 堤義明 怨念の家系』で、四代目嘉助こと、星野晃良は証言する。

〈堤康次郎は、ウチの親父が敷地内に自前の水力発電所を作っているのを見て、それをまね、ここに別荘地を作ろうと考え、恩師の永井柳太郎に頼み込んで一〇〇万円の借金をし、それを見せ金にして千ヶ滝一帯の土地を買い占めた〉

戦争中、義明は軽井沢に疎開していた。

星野佳路の父、晃良と義明は、なんと一学年違いで、同じ学校に通う間柄であった。〈当時の堤は大人しく、ひどく内気な子供で、誰も康次郎の子供だなんて知らなかった〉と晃良は、同書で語っている。

何とも不思議な縁である。

終戦後の一九四七（昭和二二）年、堤康次郎は、中軽井沢の星野温泉から、さほど遠くない朝香宮の別荘を買い上げた。翌年、「皇族」の別荘であることから、軽井沢プリンスホテルとして営業を始める。プリンスホテルの名称の起源とされる。

一九五〇（昭和二五）年、皇太子だった今上天皇が一夏、軽井沢に滞在することになり、康次郎が無償で提供したのが、軽井沢プリンスホテルだった。後の千ヶ滝プリンスホテルである。

こうして、本当に「プリンス」が宿泊したホテルとなり、確固たるブランドを確立したのである。

その後も、皇太子皇太子妃時代の今上天皇皇后は、毎年のように千ヶ滝プリンスホテルに滞在した。軽井沢は「テニスコートの恋」で結ばれた思い出の地でもあったからだ。その恋が生まれたのも、独身時代の今上天皇が千ヶ滝に滞在していたからこそである。

第一章で、皇太子や秋篠宮が、佳路や究道も参加した星野子供会に、しばしば参加したと書いたが、背景にこうした状況があったのだ。

義明は、実現こそしなかったが、一時期、千ヶ滝プリンスホテルを「軽井沢御用邸」にすべく画策したこともあった。

星野温泉のある中軽井沢は、西武グループにとっても因縁の地だったのだ。

その後、康次郎は、東京都心でも次々と旧皇族華族の邸宅や敷地を買い、次々とプリンスホテルを開業していった。

そして、スキーブームが絶頂期を迎える頃、苗場プリンスホテルが単体で日本最大のリゾートホテルであっただけでなく、プリンスホテルは、日本最大のホテルチェーンとなる。

箱根と軽井沢は、父康次郎の時代の開発だが、苗場やそのほかのスノーリゾートは、すべて義明の時代になって開発したものだ。

さらに義明が関わったのは、雪だけではない。万座スキー場と大磯ロングビーチを開業した前年の一九六五（昭和四〇）年、義明が手がけた最初の事業は、軽井沢スケートセンターだった。

コクドは、またアイスホッケーのプロチームも持っていた。星野佳路ほどの腕前ではなかったが、義明自身もプレイしたという。

西武グループは野球チームも所有していたが、それにしても堤義明は、ことごとく雪と、そして氷の世界で成功した事業家だったのだ。

二〇〇五（平成一七）年、堤義明失脚の年に出版された『プリンスの墓標 堤義明 怨念の家系』の著者、桐山秀樹は、同書の終章でこう書いている。

〈堤義明と彼の王国の周辺を取材していて改めて気付いたことがある。それは、初期の大磯ロングビーチを除いて、彼が開発した軽井沢、苗場、雫石（岩手）、奥志賀、青森のスキー場やホテルは「雪と氷のリゾート」であったということだ。しかし、スキー人口は、一九九三（平成五）年の一八六〇万人をピークに、二〇〇三（平成一五）年には七六〇万人に激減した。時代は明らかに変わったのだ〉

だが、それでも毎年、日本列島に雪は降る。

地球温暖化による暖冬や雪不足が懸念される年はあっても、それでも雪の降らない年はない。

スキーブームは去っても、やはり日本は雪の国なのだ。

それを証明するかのように、日本のスキー人口が減少し続ける中、北海道のニセコにオーストラリア人を中心とした外国人が訪れ始める。

アウトドア業者として現地で働いていた外国人の口コミとも、二〇〇一（平成一三）年の九・一一をきっかけに、それまで北米に目を向けていたオーストラリア人が、より治安がよく、距離的にも近く時差もないニセコに注目するようになったとも言われる。

雪を求めるインバウンドは、今一大勢力になりつつある。


あらためて星野リゾートが注目される契機となった初期の再生案件、すなわち、リゾナーレ八ヶ岳、アルツ磐梯リゾート、青森屋、トマムを見てみると、それらもまた、ことごとくスノーリゾート、もしくは雪国の立地であることに気づかされる。

当時、雪国にことさら破綻企業が多かったのかもしれない。バブル景気とスキーブームを背景に、雪の国ゆえにいくらもあった雪の降る山に乱立したスキー場。大型観光旅館も首都圏から遠い雪国のそれは、景気後退の影響をより強く受けたのだろう。

また、熱狂的なスキーヤーである星野佳路が、スノーリゾートを再生する能力に長けていたということもあるかもしれない。

リゾナーレ八ヶ岳の場合は、近隣に人工雪のスキー場がありながら、スノーリゾートとしての位置づけがなかった点を改革した。晴天率八〇％のウィンターシーズンを強化。スノータイヤなしで行ける、東京からアクセスのいいスノーリゾートとして、宿泊客限定の無料レンタルやスキー場への送迎で、ファミリー客に向け、子供が気軽にスノースポーツにデビューできることをアピールしたのだ。

だが、その星野リゾートをして、最も再生に時間のかかった巨大スノーリゾート案件がトマムだった。再生が成功し、人々の眼にふれるようになった近年、星野リゾートが買収したと勘違いされることが多いが、青森屋と同じく、成功事例として注目されるまでに一〇年の年月が費やされている。

北海道のほぼ中央部、勇払郡占冠《しむかっぷ》村にトマムはある。

帯広と千歳を結んだ真ん中あたり。スキー場の中心となるトマム山は、日高山脈に連なる。内陸の立地ゆえ、北海道でもことさらに酷寒の地として知られる。だが、それは極上のパウダースノーが降るということでもある。

一九八一（昭和五六）年、旧国鉄石勝線が延長されて石勝高原駅、のちのトマム駅が誕生。二年後の一九八三（昭和五九）年、開業したのがアルファリゾート・トマムだった。

スキー場とホテルオークラ系の高級リゾート、分譲マンションからなる複合リゾート。開発を手がけたのは、仙台を本拠地とする関兵グループの関光策である。

関兵グループは、関兵精麦として精麦事業から出発し、仙台を拠点に不動産、海運、観光と東北一円に手広く事業を広げて成功した関兵馬を創業者とする。兵馬は、かつて長者番付の日本一になったこともある立志伝中の人物だ。兵馬の事業は長男の兵蔵が継承し、次男の光策は、新しい展開をめざし、津軽海峡を渡って北海道に進出した。それが札幌を拠点とし、光策が社長を務めたアルファ・コーポレーションである。

当初の事業は、札幌や近郊での住宅、マンション建設と地道なものだった。

だが、やがて光策は、壮大なリゾート開発の夢を描くようになる。

第一歩として手がけたのが、一九八〇（昭和五五）年、札幌市内に開業したホテルアルファ・サッポロ（現・ホテルオークラ札幌）だった。本格的なリゾート開発を計画するにあたり、まずはホテル事業で成功し、知名度をあげようという作戦だった。一四七室と小規模ながら、隠れ家的なシティホテルとして人気を得て、収益的にもグループを支える存在となった。そして、満を持して開業したのが、アルファリゾート・トマムである。

関光策の夢は、リゾート開発の枠を超えた山岳都市を出現させることだった。

北米の著名なスキーリゾート、アスペンをモデルに描いていたという。原野が広がるばかりで、過疎に悩んでいた占冠村をアスペンのような山岳都市にしたい。

その夢に、バブル景気とリゾート法という追い風が吹き始めた。

バブル景気の真っ只中であった一九八九（平成元）年一一月、経済誌『財界』のインタビューで、関光策は意気揚々と事業展開を語っている。

〈今年の十二月でオープン六周年を迎えるわけですが、まだ全体の一割程度しか完成していないのが現状です。なお九〇年春には一挙に大規模な施設の着手を予定していますから、開発にもかなりの加速度がつくと思っております。

計画では、二十年をかけて約五万ベッドをつくる予定でおりますが、この十二月完成予定の第二タワーができてようやく六千四百ベッド、春には超高層ホテル二棟と中層のホテルの同時着工でベッド数も大きく伸びます〉

この時、計画中だった第三、第四のタワーはオールスイートルームだった。客室棟が第四まであるのは、青森屋も同じで、その符合にゾクッとした。雪の舞う北の大地に、同じように壮大な夢の計画があったのだ。

そして、一九八七（昭和六二）年、総合保養地域整備法（リゾート法）が成立すると、トマムはその第一号として、重点整備地区に指定される。今となっては、悪名高きリゾート法を象徴する存在ということだ。しかし、もちろん当時は誇らしい栄誉だった。

〈これも大きく影響していると思います。現在、毎日平均二つの団体（官庁、地方公共団体、経済団体等）の方々が視察に来られます〉（前掲書）

大規模開発の資金は、関連会社のアルファ・ホームが宿泊棟の一部をコンドミニアムとして会員権にして販売することで支えられていた。日本では、まだ馴染みの薄かったタイムシェアリング方式での販売。だが、建設費の回収を急ぐあまり、部屋数の一〇倍を超える会員権を販売。会員から予約が取れないとの不満が噴出し始める。

それでも、山岳都市の夢はさらに膨れあがってゆく。一九九一（平成三）年には、開発のモデルと目していたアメリカ・コロラド州のアスペン市と占冠村が姉妹都市となった。

先にあげた記事の三年後、一九九二（平成四）年一一月、同じ『財界』のインタビューに答えて、山岳都市としての「マスタープラン」について語っている。

〈山岳リゾート都市づくりですから、大手企業の研究施設とか、保養施設などの誘致を図り、さらに教育、文化、医療施設などを整備して、一挙に大手企業の研究施設、保養施設をつくります。欧米では一流リゾート地に大手の研究施設はたくさんできています。この段階までいきましたら山岳都市という呼び名でいいわけで、リゾート地という評価は消え

ていいわけです〉

この時点で、トマムは一万ベッドの規模になっていた。

ツインルームとして計算すれば五〇〇〇室になる。

だが、最終目標は五万ベッド。それに向けて、新たなホテル誘致が動き出していると、光策は、もったいぶったようにインタビューを締めくくっている。

後の定義でいうならば、この時、すでにバブル景気は終わっていた。

しかし、人々がそのことに気づくのは、もっと後になってからである。


破綻への序章は、一九九三（平成五）年、施工業者の大林組から代金未払いの理由で仮差し押さえを受けたことだった。

先にふれたように大規模開発の資金回収は、会員権の販売にゆだねられていた。ところが、バブル崩壊によって、この目論見が外れてしまったのだ。

そして一九九八（平成一〇）年五月、ついにアルファリゾート・トマムは経営破綻する。総投資額一〇〇〇億円。運営にあたっていたアルファ・コーポレーションとアルファ・ホームズの二社で負債総額は一一八二億円におよんだ。

同年六月一一日号の『週刊新潮』は、破綻の裏事情を「『トマム』破産は兄弟ゲンカの果て」

と題して次のように報じている。

〈大規模リゾートだけあって施設運営は複雑だった。

「初期に建設され、全体の六割を占める施設を関兵精麦が所有。現在の社長は兵馬氏の四男和治氏です。次男の光策氏率いるアルファ・コーポレーションは残りの四割を所有していた。リゾート開発を実際に推し進めてきた光策氏は、トマム全体の運営を任された会社の社長も兼ねていた」（地元記者）

しかし昨年八月末、和治氏は関兵精麦所有分の運営委託を打ち切ると発表。光策氏は反発したが、臨時株主総会で運営会社の社長を解任され、和治氏が就任。トマムの実権が兄から弟に移った。

「光策さんは資金繰りを考えずに計画を進め過ぎた。このまま一緒ではトマム全体が危なくなる。開発を始める時は父を含め、反対しました。景気の波に乗った時期もあったとはいえ、今ではやむを得ない決定でした」（和治氏）

一口三百万円から四千五百万円もの会員権が売れた時期もあった。だが、光策氏側の所有施設はバブル崩壊の時期に完成したため、会員権が思うように売れなかったという。破産申請代理人の尾崎英雄弁護士は、

「建設資金の未払い等で、平成五年から債権者の経営管理下にある。光策氏の運営管理会

社を通じて得ていた年間五億円の委託収入も打ち切りで途絶え、破産した。会員の方がいるので会社更生や和議を検討したが、決定までの間の運転資金もない。破産申し立ての予納金もやっとでした」

関兵精麦側の施設は営業を続けるが、アルファ・コーポレーション側の会員権では利用できない。五千八百口、二百七十四億円相当の会員権は紙屑になる〉

一九九八（平成一〇）年は、折しも、北海道拓殖銀行、日本長期信用銀行など、大型倒産が相次いだ年だった。リゾート法に後押しされ、バブル景気に踊らされたアルファリゾート・トマムは、まさにバブル崩壊を象徴する大型倒産だった。

さらに二〇〇三（平成一五）年、親会社である関兵精麦も民事再生法を申請。

山岳都市の夢は終焉した。

しかし、地元の自治体にしてみれば、夢が終わったではすまされない。

アルファ・コーポレーションの倒産を受けて、占冠村がその所有分を買収。これをルスツリゾートなどを展開する北海道を代表する観光企業、加森観光に運営委託する。

星野リゾートは、関兵精麦の破綻を受け、二〇〇四（平成一六）年に同社所有分を買収、再生事業に参画した。

次男の光策と四男の和治、兄弟の分割所有に呼応するかたちで、当初は、加森観光と星野リゾートが半々で運営していたのだ。

トマムは、リゾナーレ八ヶ岳や青森屋と同じく、再生前の運営だった頃から継続して勤務するスタッフが少なくないが、この頃が一番厳しかったという。

たとえば、星野リゾート側で客単価を上げようと努力しても、同じ施設に見える加森観光側で安い客室料金を出していれば、そちらに引っ張られてしまう。

さらに客室数に対して営業しているレストランが少なく、食事券を持った宿泊客がさんざん待たされたあげく、夕食を食べ損ねるといった、あり得ない事態も生じていた。古参のスタッフは、当時のことを振り返って語る。

「これで何を食べろと言うんだ、と夕食券を投げつけられたこともありました」

しばしば、大行列を呈していたのが、カニの食べ放題レストランだった。カニが美味しいから並んでいたのではなく、そこしか食べるところがないから並んでいたのだ。

後にそこが、よさこいを見せるショーレストランに再生され、青森屋のショーレストラン「みちのく祭りや」の原型となる。

二〇〇五（平成一七）年、加森観光が撤退。トマム全体が星野リゾートの運営となり、本格的な再生がスタートした。

スキーブームの全盛期、私も何度か、北海道に滑りに行った。

でも、その時、選択肢として、トマムを選ばなかったのは、一九八七（昭和六二）年に発刊されたホイチョイ・プロダクションの『極楽スキー』という本が、トマムのことを「アルファ・トマム」を引っかけて「アルク・トマム」と評していたせいだと思う。

リフトの掛け方が悪くて、途中で平坦なコースを滑らされるレイアウトになっていることを揶揄しての酷評である。

バブル景気のライフスタイルを牽引したホイチョイ・プロダクションは、映画『私をスキーに連れてって』の原作者でもある。

星野リゾートの運営になってから、リフトの掛け替えが行われ、コースレイアウトは、ずいぶんよくなった。山自体は決して悪くないと、星野佳路は言う。

しかし、ニセコなど、もっとスケールの大きなスキー場のある北海道にあって、スキー場だけでは勝てないと判断した。

同じスキー場の再生でも、福島県のアルツ磐梯の場合は違った。二九もコースがあって、スキー場それ自体がいいため、直球でスノーリゾートに特化することで、本気で滑りたい客層にアピールした。

そこで、考え出したのが二つのコンセプトだった。

すなわち、エキスパートとファミリーである。

まず上級者向けには「冬山解放宣言」がある。

管理されたゲレンデではなく、自然のままの圧雪していないエリアを開放するという、これまで日本のスキー場にはなかった発想だった。理念合意書にサインし、ヘルメットと腕章をつけて、レクチャーを受けた上で開放エリアに入る。トマムが先駆けたことで、近年、日本のほかのスキー場でも、非圧雪のバーンを開放するケースが増えてきた。

さらに、その発展型としてヘリツアー、CAT（雪上車）ツアーがある。

ヘリやCATでアクセスし、自然のままの山の中でヴァージンスノーを滑る。新雪を滑るのにはゲレンデとはまた違うテクニックが必要だが、だからこそエキスパートには、たまらないアドベンチャーだ。これもまた、日本のスキー場には、ほとんど前例のなかった試みである。

アルファ・コーポレーション時代に入社し、加森観光を経て今に至る、トマムの生き字引のひとり、日本山岳ガイド協会のメンバーでもあるベテランスキーガイドの玉井幸一は言う。

「CATは二〇〇六年から始めましたが、六〇％はリピーターです。一〇月の予約開始と同時にすぐ埋まってしまいます」

リピーターは四〇代くらいの富裕層、医者などが多いという。

道内屈指の雪質を誇る狩振岳《かりふり》に行くレギュラーツアーはひとり一日四五〇〇〇円。決して安くはないが、シェフが同行し、移動式大型テントでコースランチが振る舞われる贅沢なもの。満足度は高い。

そして、ファミリー向けには、ストーリー型ファミリーゲレンデ「アドベンチャーマウンテン」を開発した。楽しみながら上達する仕掛けが特徴だ。

どんなスポーツでもそうだが、面白いと実感できるには、ある程度、上達する必要がある。子供も同じで、上達してこそ、もっと滑りたいと思うようになる。そうなって初めて、その子供にとって、スキーやスノボは生涯スポーツになる。だから、ファミリーゲレンデが単に緩斜面を囲い込んだ「託児所」ではいけない。いかに上達するかを念頭においたファミリーゲレンデは、自らがスキーヤーであり、幼くしてスキーを始め、競技者にまでなった長男、倭山《わさん》の父、星野佳路らしい発想と言える。

ゲレンデには、年齢や上達度にあわせて二つのゆるキャラがいる。

幼児向けのファミリーゲレンデ「ニポタウン」に住むのは、森の妖精「ニポ」。ニポとはアイヌ語で「木の子供」という意味がある。そして、ゆるキャラというよりは、「ゆるくない」キャラの「チョッカリ大魔神」だ。トマムの森の木を切る悪者で、ニポはチョッカリ大魔神が大嫌いというストーリー設定。チョッカリとは言うまでもなく、直滑降のこと。東急の五島昇が「チョッカリの坊ちゃん」と呼ばれていた、あの「チョッカリ」である。

頭の大きなかぶり物でよちよち歩く典型的ゆるキャラのニポと異なり、スキーを履いたチョッカリ大魔神は機動力に長け、神出鬼没にゲレンデにあらわれる。

二〇〇七（平成一九）年頃までに、トマムは北海道のスノーリゾートとして、マーケティング的に言うならば、リーダーではないが、エキスパートのコアスキーヤーとファミリーというニッチャーのニーズを摑むに至っていた。

夏シーズンの強化が、さらに後押しする。

スノーリゾートとしてトマムを見てきたが、アルファ・トマムの時代から、通年での集客は大きな課題だった。本来、北海道観光のトップシーズンは夏である。大勢訪れる観光客をいかにトマムに取り込んでいくか。

キラーコンテンツとなったのが「雲海テラス」だった。

夏の早朝、ゴンドラ山頂駅から、しばしば美しい雲海を見ることができる。

もともとゴンドラの運行は冬だけだったから、それはメンテナンス担当者だけが知る絶景だった。星野リゾートでは、全スタッフが参加する「魅力会議」というミーティングがある。自分たちが働いている施設や地域から新しい「魅力」を見つけ出して発表し、商品化につなげてゆく試みだ。

二〇〇五（平成一七）年、メンテナンス担当者が「魅力会議」で発表した雲海の美しさは、「雲海テラス」として商品化された。

「雲海テラス」の「魅力」は、トップシーズンの七、八月だけでなく、ショルダーシーズンの六、九月の黒字化にも貢献した。スタッフの通年雇用が可能になり、その収益から、リフトの掛け替えや客室のリニューアルといった懸案事項の投資が可能になった。「魅力会議」という、スタッフの意見を吸い上げる星野リゾートの手法が、巨大リゾート、トマムの再生を動かし始めたのだ。

冬以外のシーズンにゴンドラを運行するアイディアは、たとえば現在、苗場スキー場でも採用されている。紅葉シーズン、赤や黄色に染め上げられた急勾配を田代スキー場と結ぶ「ドラゴンドラ」は、新たな観光スポットとして人気を得ている。

冬山解放宣言が日本のスキー場に非圧雪バーンを増やしたように、新生トマムは、スノーリゾートの新たなありように確かな一石を投じている。

二〇一〇（平成二二）年、青森屋の再生を牽引した佐藤大介が満を持してトマムに転任。トマムは、いよいよ攻めに転じることになる。

もともとは従業員しか見ることができなかったという「雲海テラス」からの絶景

実際に行ってみたトマムの印象は、とにかく大きいということだった。

スキー場というより、麓のリゾートエリアが大きい。リゾートとして計画された原野そのものの大きさに圧倒される、というほうが正しいかもしれない。古参スタッフたちは、口々に言う。

「とにかく広いから、スタッフ同士でもコミュニケーションが取りにくい。同じリゾート内でも部署が違えば何をやっているかわからない。それがネックでした」

そして、広大な原野にそびえるタワーの偉容。

だが、佐藤は、「大きい。原野に突然、出現するタワーの風景。そして酷寒と極上の雪という自然条件」こそがトマムの魅力だと語る。

酷寒の自然条件は、極上のパウダースノーのほか、今年で二〇年目を迎える「アイスビレッジ」にも生かされている。氷の教会での挙式や氷のバーなど、毎年、スケールアップしている。

広いからこそ、スキーヤーやボーダーでなくても楽しめるアクティビティも豊富だ。スノーモービルツアーや雪上のバナナボートなどは、中国本土からのインバウンドに特に人気が高い。スノースポーツができなくても、彼らはウェアや用具を借りて記念写真を撮り、スノーアクティビティに興じる。だが、その状況も変わり始めている。

「香港に続いて、台湾も滑り始めました。中国も来ますよ。コロラドのアスペンやベイルも中国マーケットを狙っています。雪質は文句なし。アジアマーケットにおいてはアクセスもアドバンテージがある。あとは、どれだけ上質なステイが提供できるか。欧米もライバルだと見据えています」

佐藤はトマムの将来を意気込む。

かつて日本のアスペンをめざしたトマムは、本当にアスペンをライバルと見据えるところまできている。

北の果ての原野に咲いた山岳都市の夢は、ほかのどこにもない風景をかたちづくった。それは、たとえば自然景観や歴史的建造物のように、日本のバブル景気という時代の狂乱が雪の国に創り出した遺産なのかもしれない。遺産は、今新たな命を吹き込まれて、雪の国の観光を牽引する。

第八章

海外への扉を開く
澤の屋とルレ・エ・シャトー

一九七四（昭和四九）年の春、上野の国立博物館で「モナ・リザ展」が開催された。パリのルーブル美術館が所蔵するレオナルド・ダ・ヴィンチ作の名画、モナリザは一点のみの単独展にもかかわらず大きな話題を呼び、会期中、一五〇万人の見学者が訪れた。

このモナ・リザ展におけるフランス政府特命大使として来日したのが、作家のアンドレ・マルローだった。ド・ゴール政権下の文化大臣を長く務めた経験があり、その間、同じくルーブル美術館の名作「ミロのヴィーナス」の来日を成功させた経緯があった。当時、日本のマスコミは彼のことを「モナ・リザ大使」と呼んだ。

中国や日本を題材にした『人間の条件』やカンボジアを題材にした『王道』など、アジアと関わりの深い作品も多く、知日家としても知られていたマルローにとって、三度目の来日だった。東京での公式日程のあと、マルローは日本をめぐる旅に出た。以前に訪れたことのあった京都、奈良などを経て、大和路から紀伊半島の熊野をめざすルートは、関係者がマルローのために周到に準備したものだった。

熊野三山は、日本人の精神世界を構成する神道、仏教、修験道が渾然一体となった聖地があり、それらを結ぶ道がある。いわゆる熊野古道だ。

二〇〇四（平成一六）年に「紀伊山地の霊場と参詣道」として世界遺産に登録されるのだが、はるか以前の一九七〇年代、当時、日仏文化会館館長で、日本中世仏教の権威であったベルナール・フランクは、その意味を読み取り、日本文化に造詣の深い作家の思索を深める旅先として選んだのだった。もちろん外国人旅行者なんてほとんどいなかった時代のことである。

熊野の旅のクライマックスとなったのが那智の大滝だった。

マルローは同行者に語った。

「ここには武士道において示されたような、日本文明の真の垂直軸がある」と。

そして、興奮冷めやらぬまま、一行が投宿したのが、湯の峰温泉の旅館「あづまや」だった。

彼は「これぞ日本の旅館だ」と言って喜んだという。


だが、この時のもてなしが、一九七〇年代における旅館の立ち位置を象徴しているようで興味深い。女将は、当時の写真を取りだして、こう語ったのだ。

「母方にフランス料理の飯田深雪先生に師事していた叔母がいましてね、その叔母に来てもらってフランス料理をお出ししました」

写真を見ると、当日の料理は、そのフランス料理と和食の折衷だったようだ。座敷に椅子と大きなテーブルを設え、テーブルクロス代わりのシーツを敷いた上にお膳を置き、その横にはワインとワイングラスがある。ナイフ、フォークを使って伊勢エビを食べるマルローの姿が印象的である。

外国人がこぞって寿司や刺身に舌鼓を打ち、ラーメンを食べることが旅の目的にさえなる今からは信じられない話だが、日本文化に造詣のある、来日三度目の作家にして、箸も使えず、日本料理を食べるのはしんどかったのだ。

最後のエピソードは、ことさら微笑ましい。

「デザートにレモンパイをお出ししたのですが、たいそうお気に召したようで、おかわりはないかと聞かれました」

レモン風味のカスタードに焦げ目をつけたメレンゲを載せたレモンパイは、クラシックなスタイルの洋菓子だ。浴衣でくつろいだ姿で写真に写っているマルローがレモンパイに相好を崩し、おかわりまで所望したとは。


「これぞ日本の旅館」というのも、案外、レモンパイまで用意してくれた旅館のホスピタリティに対する感想だったのかもしれない。

外国人はホテルに泊まるもの。だから旅館に迎え入れる時は、せめて西洋的なものを用意してもてなす、というのが一九七〇年代の感覚だったのだろう。

だから、外国人を誘致するには、ホテルを建てる必要があり、外国人にとって旅館は、ホテルがない場所でしかたなく泊まるものという考え方は、明治時代以降、戦後も長く一般的だったと思う。

富士屋ホテル、日光金谷ホテル、奈良ホテルといった、日本的な建築と意匠の中にベッドのある客室を設え、椅子とテーブルを配したメインダイニングで西洋料理を提供するクラシックホテルは、いずれもこうした考え方のもと、誕生したものである。

そして、その頃、外国人にとって旅館とは、おそらく熊野、湯の峰温泉においてアンドレ・マルローがそうだったように、旅館しかないエリアを旅した時にのみ、泊まるものという位置づけだったのだと思う。


では、外国人観光客が、積極的な選択肢として、旅館を選ぶようになったのは、いつ頃、どのような経緯だったのだろうか。

第四章で、都市の旅館で客足が伸び悩むようになり、ビジネスホテルに転業していった経緯についてふれた。だが、そこでビジネスホテルになるのではなく、外国人観光客をターゲットにしたことで生き残り、伝説的存在となった旅館があった。

東京、下町の谷中にある澤の屋旅館である。

創業は、戦後まもなくの一九四九（昭和二四）年。当時は、部屋さえあれば、泊まる人がいる時代だったと言う。澤の屋の当主、澤功は、前回の東京オリンピックがあった一九六四（昭和三九）年、旅館の一人娘と結婚し、養子に入った。

その頃が、東京における旅館業の最盛期だったと功は証言する。

それは、第四章の森田館の証言とも重なる。

功は、あまりの忙しさから当然のように勤め先の銀行を辞め、旅館業に専念した。

「団塊の世代の生徒さんで修学旅行は溢れ、商用のお客さまにも家族的経営が喜ばれました。新婚旅行など、観光のお客様も大勢いらっしゃいました」

その後も、まだ好景気は続いた。

一九六八（昭和四三）年、澤の屋は、旅館の半分を鉄筋コンクリートの建物に建て替え、客室数を増やした。部屋を増やせば、それだけ利益は上がるだろうと考えたのだ。

ところが、一九七〇（昭和四五）年の大阪万博が終わると、宿泊客の数は一気に下降していった。修学旅行生の数が減ったこともあったが、最大の理由は、商用客がビジネスホテルに泊まるようになったことだった。

「それまで商用のお客さんは、四人くらいで一つの部屋に泊まって、夜は酒盛りしたり、麻雀したりしていたものでした。ところが、夜になってまで係長と一緒の部屋にいたくはない、という風潮になっていったのです。畳よりベッドの個室が好まれるようになり、修学旅行客もホテルに流れていくようになりました」

森田館が、別館の佐々喜を閉館し、東京グリーンホテル淡路町を開業したのが、まさに一九七〇（昭和四五）年のこと。ひとつの時代の潮目だったのだ。

さらに追い打ちをかけたのが、一九七二（昭和四七）年の都電廃止だった。

上野公園から都電に乗れば、谷中は便利にアクセスできた。ところが、その大切な「足」を断ち切られてしまったのだ。さらに上野駅前にビジネスホテルが建ち始める。

追い詰められた功は、鉄筋コンクリートの新館だけを旅館として残し、木造の旧館をアパートにして家賃収入を得ることで、なんとか生活を支えていたという。

そんな時、アドバイスをくれた人物がいた。

外国人を受け入れて成功していた新宿のやしま旅館の主人、矢島恭である。

これから外国人を受け入れるのならば、日本式の旅館のほうがいい。ホテルと競争して、家族経営の小さな旅館が勝てるわけがないのだから、というのが矢島の考え方だった。

「でも、日本人客でさえ敬遠している旅館に外国人が泊まるわけない、と思っていました。それと言葉が通じない不安がありました」

二つの理由が気持ちの中で、立ちふさがって踏み出せなかったと功は言う。

「旅館に外国人が泊まるわけがない」という思い込みは、冒頭に上げたエピソードにもつながる。外国人はホテルに泊まるもの、という発想は、外国人自らが決めたことではなく、多分に日本人の側にあった思い込みだったのだ。

実際、一九七〇年代、一九八〇年代に日本を訪問した外国人が、旅館に泊まろうとして「ノーガイジン、ノーガイジン」と入ることさえ拒まれたという話を聞いたことがある。

日本人の心にあった障壁が、外国人を旅館から遠ざけ、外国人には、西洋式のもてなしが必要だと思い込んでいたのかもしれない。

だが、やしま旅館の成功は、そんな障壁は幻だったことを証明してみせた。

一九七九（昭和五四）年、矢島は「ジャパニーズ・イン・グループ」を設立。ビジネスホテルの台頭で困窮していた全国の家族経営の旅館に声をかけ、外国人観光客という新たなマーケットを開拓した第一人者だった。

そして、澤の屋も、待ったなしの状況に追い込まれた。

一九八二（昭和五七）年七月のことだった。一人の宿泊客もない日が三日続いた。

功は、ついに決心して夫婦で新宿のやしま旅館に見学に出かけた。

「外国人のお客さんがフロントにたくさんいて、活気に溢れていたんです。部屋は和室が一二室で、バストイレ付きは二室だけというのも、うちもまったく一緒でした。しかも矢島さんの話している英語が『アイ・ハブ・ア・ルーム』『オーケーオーケー』と、実に簡単だったんです。あんな簡単な英語でいいのかと思いました」

一瞬にして、功の心にあった障壁はかき消された。

そして、澤の屋も外国人観光客を受け入れることにしたのである。

「ジャパニーズ・イン・グループ」はどのようにして存在をアピールし、顧客を摑んだのだろうか。

当時、毎年二回七万部ずつ、合計一四万部のパンフレットを刷って、世界各地の大使館や領事館などに送っていたと言う。パンフレットを郵便局に運び込む作業を手伝っていた功は、当初、こんなものを送りつけられて、大使館も迷惑しているのではないかと懸念していた。ところが、「とても重宝している」と手紙が届いて驚いた。

何ともアナログで、場当たり的なPRに思えるが、インターネットのない時代、日本に興味のある旅行者もまた、情報収集に苦労していたのである。

訪日外国人の数は、一九七〇（昭和四五）年に大阪万博で躍進した後、大きな伸びはなかったものの、毎年、少しずつは増えていた。しかし、一九七四（昭和四九）年に為替が変動相場制となり、円高が進行すると、かつては外国人観光客を主なターゲットにしていたホテルでは、外国人客が減少し、日本人客に方向転換を迫られる事態が生じるようになっていた。実数がそれほど減ったわけではなかったところを見ると、欧米の富裕層が贅沢な旅行をするという戦前からのインバウンドの定型が、少しずつ様変わりしていたのかもしれない。

だが、海外に発信されていたのは、以前と同じく、大きくて高級なホテルや旅館の情報ばかり。手頃な料金の宿の情報が求められていたのだ。

いわゆるバックパッカー、限られた予算で世界を自由に旅するスタイルが、若者の一般的な旅のかたちとして認知され始めた時代であったことも追い風となった。

リーズナブルな料金で泊まれて、日本人の日常生活にふれられる家族経営の旅館は、彼らのニーズにぴったりだった。

こうして多くの外国人観光客が「ジャパニーズ・イン・グループ」のパンフレットを手に日

本を旅行するようになった。

そして、そうしたバックパッカーの旅のスタイルをさらに広めたのがガイドブック『ロンリープラネット』の創刊だった。

創業者のウィラー夫妻により最初の本が出版されたのが一九七三（昭和四八）年。以降、評判を得て次々と新しいエリアのガイドブックが出版されていった。バックパッカー向けガイドブックの原点としては、一九五八（昭和三三）年に出版された『ヨーロッパ〝1日5ドル〟の旅』（後に『ヨーロッパ1日10ドルの旅』）があるが、『ロンリープラネット』は、世界各地を網羅したこと、さらに絶妙なネーミングによる認知度の増大とその影響力において、旅行ガイドブックのガリバー的な存在になってゆく。そして、それが同時にバックパッカーという旅のスタイルの裾野も広げていった。

この『ロンリープラネット』が、日本のガイドブックの初版を発行したのが一九八一（昭和五六）年のことだ。そして、二版目から澤の屋も登場するようになった。インターネットのなかった時代、『ロンリープラネット』に掲載されることの意味は大きかった。

さらに、重要な要素が口コミである。泊まった人の口コミが口コミを呼び、澤の屋の知名度は、どんどん上がっていったのである。

その後、インターネットの時代を迎える。

一九九八(平成一〇)年から功の息子がいち早く、その動きに対応した。かつては手紙やファックスだった澤の屋の予約も、メールが主体になっていった。

同時に、旅行の情報源もガイドブックからインターネットに移っていく。

宿泊客のほとんどが外国人だった澤の屋では、世界を旅するゲストから、情報環境の変化を肌感覚で知ることができた。

検索した時、いかに自社のホームページがトップに上がってくるか、それについて日々研究を重ねた。

そして、今はトリップアドバイザーの評価が、旅行者の判断を決める時代になっている。その評価も澤の屋は、極めて高い。

さらに、今後は動画の時代であるとも言われるが、それにもいち早く対応している。

澤の屋のホームページは、家族経営の旅館らしく、デザインこそ素朴でシンプルなものだが、トリップアドバイザーのリンクを大きく掲げ、動画サイトもある。現代の宿泊施設として、申し分のない体裁になっている。

こうして澤の屋は、インバウンドブームの今も、外国人から評価の高い宿泊施設として、継続的な人気を保っている。

澤の屋の基本は、ことさらに日本的なことをアピールするのではなく、家族経営の日本旅館として、従来のスタイルを守りながら、日本人にしてきたのと同じサービスを当たり前に提供

英語対応のほか、空室情報も日々アップデートしている

してきたことにある。

だが、外国人を受け入れるなかで変化したこともある。

先回りの過剰なサービスは止め、「ご自由にどうぞ」を基本にしたことだ。

そこに至るまでの試行錯誤を功は語る。

「たとえば、荷物を運んであげようとしたら『ノーサンキュー』と言われたこともありました。プレゼントをしたら喜ばれるだろうと思って、二泊以上したお客様には、富士山の絵のついたふきんを用意したんです。ところが、ある日、部屋の掃除をしていたら、それが捨ててあったんですね。宿泊料金が三八〇〇円の時に三〇〇〇円のふきんでした。それで考えたんです。世界の人、すべてが喜ぶようなプレゼントはないって。だったら余計なことはしないで、そのぶんなるべく料金を上げないようにしようと思いました」

そのかわり、頼まれたことは一生懸命にやる。

だが、そうは言っても、家族経営の旅館では、人手も限られている。すべてに対応することはできない。そこで、家族で相談して、できること、できないことを決めていったという。

そうして切り落としていったサービスのひとつに夕食の提供がある。

日本人客相手の時代、澤の屋は、ＪＴＢの協定旅館だった。一泊二食を提供しなければいけないなど、多くの厳しいルールがあった。ところが、外国人の宿泊客は、これを希望しない人が多かった。そうした状況で、たまにひとりだけ夕食の希望があっても、コストが割高になってしまい、経営を圧迫した。

そこで、夕食は出さないと決断したのだった。

その代わり、周辺のエリアマップを作って、宿泊客には谷中の町に出て行って食事をしてもらうことにした。最初に提案を受け入れてくれた店が五軒あった。

依頼したのは、店頭に「ＷＥＬＣＯＭＥ」と英語で表示をし、写真入りのメニューを用意してもらうこと。表示を出してもらったのは、当時、まだまだ外国人というと、言葉の問題などから断る店が多かったからだ。宿がお客を抱え込むのでなく、町ぐるみで対応してもらおうと考えたのである。

結果として、澤の屋は、戦後の高度経済成長時代、日本の観光旅館が基本としてきた、一定の決まったものを揃えるという、画一したスタイルをいち早く崩すこととなった。宿泊客の九〇％がＦＩＴ（個人旅行）で、ほとんどが旅行会社を介さない予約だったからこそ、可能なことだった。

澤の屋がある谷中は、関東大震災の被害にも遭わず、太平洋戦争の空襲も免れた、江戸時代の町並みが残る界隈だった。雰囲気のいい路地があり、昔ながらの日本の日常生活が息づいている。やがて、何気ないこうした風景こそが、外国人の求める「日本」であることに気づき始める。そこに特別扱いされないで入って行くこと、日本人の生活体験をすること、それこそが外国人の求める旅のかたちだった。

生活習慣の違いも当初は戸惑ったが、お客の側に悪気はないことに気づいた。ならば、お互いが、おりあいをつけていけばいいと考えた。

だが、難しい問題もあった。ノーショー（予約をしながら無断で泊まらないこと）である。小さな家族経営の旅館が、旅行会社を介さずに個人旅行客の予約を受けることの最大のリスクと言ってよかった。

澤の屋が、外国人客を紹介したほかの宿でも、一度、ノーショーがあると、怖くなって外国人を敬遠する宿が多かった。

今でも、日本の宿泊施設は、予約の時に名前と連絡先だけで、クレジットカードの番号まで聞かないところが多い。しかし、これは世界的に見れば異例のことだ。そのため、予約する側にしても、クレジットカードの番号を求めない宿に対して、つい気持ちが緩くなる部分もあるのだろう。

澤の屋が、アメックスと提携して、クレジットカードによるリザベーション・ギャランティを開始したのは、一九八五（昭和六〇）年。外国人客の宿泊を始めてまもなくのことだった。その後、一九九一（平成三）年にはビザとマスターでも開始した。いち早い決断の背景には、功の前職が、銀行員だったこともあるのだろう。

インバウンドブームを受けて、今ようやく日本の宿泊施設もリザベーション・ギャランティを取り入れる動きになりつつあるが、澤の屋はその先駆者でもあったのだ。

一方、外国人を受け入れるきっかけを作ったやしま旅館は、主人の矢島恭が亡くなったこともあり、二〇〇〇年代初めに旅館を廃業した。だが、功は、観光業界の名士となっても、自分の今があるのは、やしま旅館のおかげと力説する。

「全国各地の講演に行くことと、メディアの取材を断らないのは、その恩返しをしたいと思っているからです。矢島さんの遺志をついで、どうぞ外国人を受け入れましょうと、皆さんに話をするのです。でも、みんなが澤の屋と同じではつまらない。その土地ならではの宿がいいのです。よく地方に講演に行くと、うちは何もないと言われますが、それは何もないという思い込みなのです」

矢島が設立し、澤の屋を世界に紹介してくれた「ジャパニーズ・イン・グループ」は現在も存在するが、功が講演などで宿の経営ノウハウを公表することへの反発があったそうで、澤の屋は退会している。

だが、インターネットのなかった時代、「ジャパニーズ・イン・グループ」の果たした役割は非常に大きかったと功は言う。ビジネスホテルが台頭する時代、家族経営の旅館に生き残る道筋をつけてくれたのだから。インバウンドの時代を迎えて、功は、あらためて矢島の偉大さに思いを馳せているのだろう。

澤の屋のロビーには大きな日本地図が貼られていて、日本各地の旅館のパンフレットがおかれている。澤の屋に宿泊する人のうち、日本での予定を全部決めているのは二三%とのデータがある。自由に旅する人たちは、その多くが、日本に来てから、行くところや泊まるところを決めている。もちろん今はインターネットがあるが、こうしたパンフレットのニーズも意外にあると言う。ならばと、功は講演などで知り合った旅館の情報を個人的に共有するようにしている。それは、ひとえに一軒でも多くの旅館に外国人を受け入れることで生き残ってほしいと思うからだ。

取材に訪れた時、宿泊客でもなさそうなのに、澤の屋の前で記念写真を撮る外国人観光客を見かけた。それだけ有名な存在なのだろう。だが、規模を大きくしたり、旅館を増やしりたりすることなく、今も家族経営の小さな旅館のまま、運営している。

「お客さんは、家族経営の旅館は〝顔〟が見えるからいいと言います。結婚する前に泊まったという方が十数年ぶりに再訪してくれることもあります。そういう方は、日本に来ると必ず澤の屋に泊まるわけではない。仕事で来る時はホテルに泊まることもある。年に何回かは、プラチナカードの方が泊まることもあります。安いからではなく、自分の旅のかたちに合わせて、澤の屋を使ってくれているんですね」

だから、澤の屋は、今も昔ながらの旅館のスタイルを変えないのである。

一九八〇年代、もうひとつ、澤の屋とは違うかたちで世界に扉を開いた旅館があった。静岡県、南伊豆の「清流荘」である。

創業者の田中武は、下田で代々、庄屋や金融業を営んでいた旧家の出身だったが、昭和恐慌のあおりを受けて先代が頭取を務めた下田銀行が倒産したことから、旅館業に乗り出すことを決心する。

一九三四（昭和九）年の蓮台寺荘を皮切りに、一九四〇（昭和一五）年に清流荘、さらに戦後の一九五五（昭和三〇）年に武山荘を開業した。これらは、南伊豆の名旅館として「下田三荘」と称されたという。

清流荘の開業は、太平洋戦争開戦の前年だが、旧湊海軍病院のあった下田は、むしろ戦争が始まると軍需景気で賑わいを見せた。それを見込んでの開業だったのだろう。当時、下田へのアクセスは砂利道を走る東海バスしかなく、しかし、だからこそ、人里離れた南伊豆を愛する富裕層も多かったのである。

戦後、そこに大きな時代の節目が訪れる。一九六一（昭和三六）年一二月、「第二の黒船」

とも称された、伊豆急行の伊東から下田への乗り入れである。その翌年、旅館業を引き継いだのが、武の息子、賢一であった。

賢一は、三軒あった旅館を清流荘だけにして、ここを高級旅館として進化させていくことにした。あり余るほどある温泉で、源泉かけ流しの温泉プールを作るなど、温泉と南伊豆の南国情緒を組み合わせた独特の世界観が生まれていった。

一九七九（昭和五四）年には、日本で開催されたサミットの後、アメリカのカーター大統領が下田で行われたタウンミーティングに参加。その際、清流荘を訪れている。外国人観光客が多かった訳では決してなかったけれど、賢一の意識は、世界を向き始めていた。

そして一九八六（昭和六一）年、フランスから大きな転機が訪れる。

きっかけとなったのが、当時、エールフランスで広報部長をしていた中澤紀雄である。中澤は、東京大学卒業後、フランスのソルボンヌ大学に留学した教養豊かな人物だった。賢一もまた、文化に造詣が深く、彼が最も崇拝していたフランス文学者、寺田透に中澤が師事していたというつながりがあった。さらに中澤の弟が、田中家と親戚関係にあった大正製薬に勤めていたり、二人はよく知る間柄だった。

中澤が、航空会社としてキャンペーンを行うにあたり、パートナーとしてたまたま声をかけたのが、フランスを拠点とする独立系ホテルのコンソーシアム、ルレ・エ・シャトーの代表、ジョセフ・オリベローだった。

フランス語で「ルレ（Relais）」とは、馬を替える宿場、すなわち小さな宿を意味する。そして「シャトー（Chateaux）」とは城。その名の通り、ルレ・エ・シャトーは、家族経営の小さな宿やシャトーホテルが集まった組織として始まった。一九五四（昭和二九）年にパリとニースを結ぶ「ラ・ルート・デュ・ボヌール（幸福の道）」沿いに点在する宿屋の主人が集まって生まれた「ルレ・ド・カンパーニュ（田舎の宿屋）」という組織を前身とする。当初は、職人たちのギルドであるとか、温泉組合の寄り合いに近いものだったようだ。ピエール・トロワグロが中心になり、トップシェフが集結して発足したルレ・グルマンと合併、ルレ・エ・シャトーとなったのは一九七四（昭和四九）年のこと。そうした伝統から、食を重視し、レストランのみのメンバーも多いのが特徴となっている。

中澤が声をかけたのは、ヨーロッパで始まったルレ・エ・シャトーが国際的なネットワークを広げようとしていた時期にあたる。ジャポニスムブームの時代から日本は、フランス人にとって文化的な憧れの地でもあった。そうした歴史的背景もあり、日本と関わるプロモーション、日本のメンバーを仲間に加えることに大いに興味を示してきたのだ。

ルレ・エ・シャトーの基本である、小さな独立系の宿ということで、ごく自然の流れとしていきついたのが旅館だった。

そして、ルレ・エ・シャトーの日本事務所が中澤によって開設された後、旅館業界に知り合いもなかった彼が、個人的なつながりのあった賢一に声をかけたことで、清流荘が日本で最初のメンバーとなったのである。

こうして一九八六（昭和六一）年の春、エールフランスの協賛で、ルレ・エ・シャトーのメンバーが来日した。東京でセミナーや会見をこなした後、一行は、下田の清流荘に滞在したのだった。


ところで、私がこの出来事を最初に知ったのは、関係者にインタビューをする以前、ルレ・エ・シャトー代表のジョセフ・オリベローと共にオーナーが来日したオテルリー・デュ・バーブレオを取材で訪れた時だった。私が日本人と知ると、担当者がうれしそうに日本語のチラシを持ってきた。大切に保管していたものらしいのに、コピーを取るのでもなく、現物を持ち帰るようにと促された。

「フランス式〝楽しく生きる知恵〟の外交官　ルレー&シャトーが日本へ」のタイトルの下に、オリベロー夫妻と並んで浴衣姿で、芸妓が注ぐシャンパンのグラスを傾ける田中賢一の写真があった。一九八六（昭和六一）年の来日を記録したチラシだった。

パリ近郊のバルビゾンにあるオテルリー・デュ・バーブレオは、一九七一（昭和四六）年一〇月三日、昭和天皇皇后が訪欧した際、食事に訪れたことがある。日本とは特別なつながりのある宿だった。そのため一九八六（昭和六一）年、一五年ぶりの来日にあたり、当時のアルバムを持参。昭和天皇の末娘にあたる島津貴子との面会にそれを渡したのだった。

チラシには、その写真も掲載されていた。

この特別な関係も、あるいは、ルレ・エ・シャトーが日本の旅館をメンバーに加えようと思った理由のひとつだったのかもしれない。

バルビゾンで最初にそれを見た時、私は清流荘をめぐる経緯をまだ知らなかったので、何のことかよくわからなかった。だが、フランス人が旅館と出会った決定的な出来事だったことだけは見て取れた。

当初、清流荘と共に、メンバーに加わったのは、柿傳、福田屋といった料亭だった。先にふれたようにルレ・エ・シャトーのメンバーには、レストランだけの施設、ミシュランの星付きレストランを持つオーベルジュなども多い。宿として旅館が入ったということで、料亭という発想になったのだろう。

フランス式"楽しく生きる知恵"の外交官
ルレー & シャトーが日本へ
浴衣姿でグラスを持つルレ・エ・シャトー代表のオリベロー夫妻（左側の二人）と田中賢一

旅館で清流荘に続いたのは、一九八七（昭和六二）年に加わった伊豆・修善寺温泉の「あさば」と熱海の「蓬莱（現・界 熱海）」である。いずれも同じ伊豆の仲間内で、清流荘が声をかけたものだった。そのあたりも同じエリアの宿屋の主人が集まって始まったルレ・エ・シャトーの黎明期を思いおこさせる。

地縁のつながりのないメンバーの加盟としては、一九九二（平成四）年の強羅花壇が最初だったと言う。一九九三（平成五）年に淡路島のホテルアナガが加わるまで、宿はすべて旅館だった。


こうして、澤の屋がジャパニーズ・イン・グループに加入して外国人客を受け入れ始めたのと同じ一九八〇年代、高級旅館においては、ルレ・エ・シャトーが世界に扉を開く役割を果たしたのだった。

田中賢一の息子、秀夫は、当時のことを振り返る。

「アムステルダムの世界大会に初めて参加した時は、東洋から初めてのメンバーということで、タナカ、タナカと大歓迎されました。でも、急に外国人客が増えたということはなかったですね。世界各地のほかのメンバーとの社交とか、お互いに訪問し合って施設を見せてもらうとか、そういったことに意味を見いだせないと、遠い極東で費用対効果があるかというと難しいところでした」

それでもインターネットのなかった時代、ジャパニーズ・イン・グループがそうだったように、毎年出版されるガイドブックに宿の情報が掲載されることの意味は大きかった。ルレ・エ・シャトー自体の黎明期を振り返っても、組織が先にあげたような同業者の寄り合いで終わらなかったのは、一九六一（昭和三六）年に業界で初めて加盟ホテルの写真や情報を盛り込んだカラー版のガイドブックを作成したことにある。大資本のホテルチェーンでさえ、そうした発想のなかった時代のことだ。

そして、すぐに宿泊客の増加には結びつかなかったにしても、それを通じて世界が旅館の存在を知ったことは事実だろう。

現在、ルレ・エ・シャトーは世界六二ヵ国以上に約五六〇軒のメンバーが加盟している。二〇一四（平成二六）年にユネスコで「食とおもてなし（ホスピタリティ）による、よりゆたかな世界」をキーワードとしたヴィジョンを宣言。地域を守る、環境に配慮する、といった指針を掲げている。地方の小さな宿から始まったルレ・エ・シャトーは、地域に根ざしたそのコンセプトの現代的な視点で再構成されている。

日本メンバーは、旅館とホテルが、あさば（伊豆・修善寺温泉）、要庵 西富家（京都）、神戸北野ホテル（神戸）、強羅花壇（箱根）、ジ・ウザテラス ビーチクラブヴィラズ（沖縄）、天空の森（鹿児島・南きりしま温泉）、扉温泉明神館（松本）、西村屋本館（城崎温泉）、別邸仙寿庵（群馬・谷川温泉）、べにや無何有（加賀・山代温泉）、忘れの里 雅叙苑（鹿児島・妙見温泉）の一一軒、レストランがオテル・ドゥ・ミクニ（東京）、オトワレストラン（宇都宮）、柏屋（大阪）、日本料理 銭屋（金沢）、ドミニク・ブシェ トーキョー（東京）、ヒカリヤ ニシ（松本）、ラ・ベカス（大阪）、レストラン サン・パウ（東京）、レストラン モリエール（札幌）の九軒である。

最初のメンバーである清流荘、次いで加盟した蓬莱（現・界 熱海）は、いずれも経営が創業家を離れたタイミングで退会しており、現在は、あさばが最古参のメンバーだ。

二〇一六（平成二八）年一一月には、日本でアジア・パシフィック地域で初となる世界大会も開催された。清流荘の世界デビューから三〇年、日本は世界大会を開催するまでになったのである。日本韓国支部長として大会を取り仕切ったのは、二〇〇八（平成二〇）年に加盟した松本・扉温泉明神館の齊藤忠政だった。


もうひとつ、ルレ・エ・シャトーが世界に向けて扉を開いた高級旅館というジャンルをより広く世界に発信することを目的として、二〇〇四（平成一六）年に誕生したコンソーシアムに「ザ・リョカンコレクション」がある。

現在は小規模ホテルもメンバーに加わっているが、日本旅館の世界的認知度を上げ、その文化を伝えてゆくことが発足の理念であった。現在、三四軒が加盟しているが、そのうち七軒が、ルレ・エ・シャトーの現在、もしくは以前のメンバーである。

ザ・リョカンコレクションが掲げるミッションは次の三つだ。

1. 恒久的な外国人顧客を創生し、全加盟施設の経営の安定に資する。
2. 日本旅館文化の維持と発展に資する。
3. 日本文化、地域文化、地域経済の発展に資する。

英語によるホームページには、初めて旅館に泊まる外国人が不安を感じないですむように、旅館とは何かから始まって、旅館独自のサービスやもてなしのあり方、作法などをわかりやすくガイドした内容もある。

ルレ・エ・シャトーが世界に扉を開いた役割だとすれば、ザ・リョカンコレクションは旅館への水先案内とも言えるのかもしれない。

第九章

地方発の旅館革命とアジアンリゾート

高度経済成長時代、鉄筋コンクリートの大型旅館こそが観光の王道であり、旅館のあるべき姿とみなされていた頃、地方色というものは重視されていなかった。

ご馳走と言えば、日本のどこに行ってもエビの天ぷらやマグロの刺身で、土地の地魚や山菜を提供するより、そのほうがいいという考え方が長くあった。団体旅行の目的は、一夜限りの無礼講であり、その土地の文化や自然を楽しむことではなかったからだ。

いち早く、それにアンチテーゼを唱えた成功例が、湯布院だった。

ずいぶん以前、湯布院の取材に行った時、成功の立て役者である「亀の井別荘」の中谷健太郎と「由布院 玉の湯」の溝口薫平の二人に「ほかの温泉地がこぞって大型旅館を建てていた頃、どうして湯布院は同じ道を歩まなかったのですか」と聞いたことがある。

それぞれの旅館を訪ね、個別に聞いたにもかかわらず、同じ答えが返ってきたことを私は印象深く覚えている。

溝口薫平は言った。

「何もなかったからです。金もない。知名度もない。頼るものが何もなかった。地域の魅力づくりをするしかなかったのです。みんな貧しいから協力するしかなかった」

中谷健太郎も言った。

「落ちこぼれだったからね。名所旧跡があるわけでもない。何もない。だから、よその大きな温泉地は、自分たちの手本にならなかったんですよ」

キーワードは「何もない」だった。

隣接する温泉観光地、別府と比較してのこともあったのだろう。

別府から乗ったタクシー運転手の言葉もまた忘れられない。

「今は別府に行ってきたと言うより、湯布院に行ってきたと言うほうが、かっこいいんじゃのう。昔は奥別府なんて呼んだもんだが、今は反対ですわ。別府は、湯布院の近くです、なんて説明しよる。ええ、湯布院は、いいところですよ。都会から来る人は、こういう風景を見ると心がなごむ言うて喜びますわ。でも私は湯布院には、よう住みません。頼まれてもごめんじゃ。だって何もないもの」

乗せた客は湯布院に行く客で、その夢を壊してはいけないと精一杯に配慮しながらも、のぞいた本音がおかしかった。


だが、中谷健太郎は、「何もない」を強調した後、「でも……」と言葉をつないだ。

「もしかしたら、一〇階建ての旅館は建てられないが、三階建てくらいならば建てられるかもしれない、そんなことは考えていたかもしれません。だけど、最終的にそういう選択をしなかったのは、この土地の歴史だと思います」

実は、湯布院は「隠れキリシタン」の村だったというのだ。

観光客の喧噪をよそに今も町はずれには、苔むしたキリシタン墓地がひっそりと佇む。

「由布院は、明治になって鉄道が敷かれてからも、いつも色町になることを頑なに拒否するようなところがありました。大型旅館への道を歩まなかったのは、そうした伝統に影響されたところが少なからずあったと思います」

そして、隠れキリシタンの村だったからこそ、藩の殿様からは見捨てられており、地元の庄屋の存在感が大きく、彼らには独自の気概があったと健太郎は言う。

そうした庄屋の一人が、玉の湯の先祖となる溝口家だった。

一方、中谷健太郎の祖父にあたる巳次郎は、別府の観光振興に活躍した油屋熊八との出会いから由布院と縁がつながった。

油屋熊八は、戦前の日本の観光を語るには欠かせない、伝説的な人物だ。

愛媛県宇和島の出身、大阪の米相場で一旗あげ「油屋将軍」とまで呼ばれたが、日清戦争後の経済変動で一挙に無一文となる。再起をかけて渡米。アメリカでキリスト教の洗礼を受けて帰国。再び相場師となって金を儲けた後、観光業に乗り出したのは、聖書の中にある「旅人をねんごろにもてなしなさい」という一節に突き動かされたからだという。

熊八の渡米中、妻が身を寄せていた先が別府だったことから、その観光開発に乗り出す。亀の井ホテルや亀の井自動車を創業。日本初の女性バスガイドなど、さまざまなアイディアを思いついては実行した。

熊八の壮大な計画のひとつに九州横断道路があった。別府から阿蘇、雲仙、長崎と結ぶルート。その最初の拠点が由布院だった。熊八は、閑静なこの温泉をＶＩＰの接遇に使うことを思いつく。

ちょうどその頃、生まれ故郷の北陸加賀で料理屋の経営に失敗し、食い詰めて別府に流れてきたのが中谷巳次郎だった。料理屋を失敗した理由のひとつが、中華料理を取り入れた折衷の懐石料理で本場のピータンを出したところ、「腐った卵を出している」と噂がたったことだとか。新しいもの好きの性質も熊八と意気投合した理由だったのだろう。巳次郎は、熊八が由布院に建てた別荘で、ここを訪れる政治家や文化人、外国人などを接遇することになった。これが後の亀の井別荘である。

隠れキリシタンからＶＩＰのための別荘に至る歴史。「何もない」だけではない、由布院独自の立ち位置が、大型旅館全盛の時代にあって、その道を歩ませなかったのだ。

東京の東宝撮影所に勤めていた中谷健太郎が、父宇兵衛の死去に伴い、亀の井別荘を整理するために休職し、由布院に戻ってきたのが一九六二（昭和三七）年のことだ。

一時帰郷した健太郎が東京に再び戻らなかったことが、後の由布院に大きなムーブメントを創り上げるきっかけとなる。

一九七〇（昭和四五）年、湿原植物の宝庫である猪の瀬戸にゴルフ場建設の動きがあり、これを阻止するための組織「由布院の自然を守る会」が生まれた。

運動にとりわけ熱心だったのが、中谷健太郎と溝口薫平だった。

薫平が二代目となっていた「玉の湯」は、一九五三（昭和二八）年、山小屋を前身とし、禅寺の保養所として開業した宿だった。

ゴルフ場建設の反対運動にことさら彼らが熱心だったのは、二人ともゴルフができなかったからとも言われるが、これが「明日の由布院を考える会」という組織に発展。新しいことを仕掛ける活動の中心になっていく。

この頃、彼らが唱え始めたのが「生活観光地」という考え方だった。


〈観光の中身は特別に観光用に造られるべきではない。その土地の暮しそのものが観光の中身なのだ。村の生活が豊かで魅力あるものでなくて、なんのその土地に魅力があろうか！〉（『たすきがけの湯布院』）

この考え方が原点となり、湯布院の新しい時代が始まった。

一九七一（昭和四六）年、大きな転機となったのが、中谷健太郎、溝口薫平、やはり彼らと同世代だった「山のホテル夢想園」の志手康二の三人で旅立った五〇日間のヨーロッパ視察旅行だった。格安航空券もない時代、農協でローンを組んだ七〇万円も航空券代金を支払うと残りわずかになってしまった。それでは、心許なかろうと、当時の町長が「調査費」の名目で一人一〇万円の資金を用意してくれた。単なる物見遊山ではない、湯布院の未来がかかった旅だったのである。

彼らがめざしたのは、ヨーロッパの小さな町、できれば湯布院くらいの規模、温泉があればなおよい、という条件を満たすところだった。健太郎の友人のつてで西ドイツ、バーデンヴィッテンベルグ州の温泉町を巡ることになった。この偶然の巡り合わせが、後の湯布院に大きな影響を与えることになる。

なかでも彼らに強烈な印象を残したのが、バーデンヴァイラーという町だった。

これもまた、偶然だったのだが、彼らが訪れた時、町は勝訴のニュースに沸いていた。町に車の乗り入れを規制する法案が二年がかりの裁判で通ったのだった。静かな環境こそが町の財産なのだから、それを守るための努力は惜しまない。その確固たる思想は、町中の興奮と共に、三人の若者をしっかりと包み込んだ。

健太郎は、その日の記憶を記している。

〈あの日グラテヴォルさんは熱っぽく語った。「その町にとって最も大切なものは、緑と、空間と、そして静けさである。その大切なものを創り、育て、守るためにきみはどれだけの努力をしているか?」「きみは?」「きみは?」グラテヴォルさんは私たち三人を一人ずつ指さして詰問するようにそう言った。それで私たちは真っ赤になってしまった〉(『たずきがけの湯布院』)

この旅の体験を通して、彼らの観光に対する考え方は、よりはっきりとした輪郭をもつものになっていった。

一九七五(昭和五〇)年は、第一次オイルショックの翌々年であると共に、湯布院にとっては大分県中部地震による風評被害が影を落とした年でもあった。しかし、だからこそ、という気持ちがあったのだろう。この年、後に続く三つのイベントが始まった。ゆふいん音楽祭、湯布院映画祭、そして、牛肉のバーベキューを食べて、草原で思いっきり絶叫する「牛喰い絶叫大会」である。

お客を宿に囲い込まずに地域全体で観光客を楽しませる。ひとつひとつ手づくりで、大型旅館とは異なる観光のかたちを確立していった。それが浸透してくると共に、中谷健太郎の亀の井別荘、溝口薫平の玉の湯も名旅館として評判を得ていったのだった。

一九七五(昭和五〇)年、鹿児島県、霧島の妙見温泉でも、後に大きな潮流となる変革の第一歩を記していた旅館があった。

妙見温泉の開湯は、明治時代にさかのぼる。田島本館は、周辺の農家の人たちが農閑期の骨休めに利用する湯治宿として創業した。自炊もできる、気兼ねなく長逗留のできる昔ながらの湯治宿だった。源泉は三種類あり、それぞれに異なる効能があって、温泉の良さは申し分がない。母が営むその宿の後継者として育ったのが田島健夫だった。だが、当初は湯治宿の経営にことさらの興味はなく、地元の信用金庫に就職した。

その彼が、観光に興味を持ち始めたきっかけが新婚旅行ブームだった。一九六〇年代、南国情緒あふれる南九州に大勢のハネムーナーが押し寄せたのである。

健夫は、その状況を見て、自分でも宿を経営することを思いつく。そして一九七〇（昭和四五）年に開業したのが雅叙苑だった。

しかし、充分な資金もないなか、でき上がった中途半端な宿にハネムーナーは来てくれなかった。困り果てた健夫は、近くの発電所の工事に従事する作業員を一泊二食付き三五〇〇円の格安料金で泊めることにした。

彼らが求めたのは、夜の娯楽だった。

しかたなく、近くのストリップ劇場に出張してもらい、健夫も照明や音響を担当した。お色気の娯楽を求めるのは、時代のニーズでもあったのだろう。大型旅館でもセクシー路線のショーやアトラクションが花盛りだった時代のことだ。

だが、もちろん、それは健夫の理想ではなかった。とんでもない宿になってしまったと苦慮していた。悩んだ末に始めたのが、月一回の東京通いだった。

東京から来る観光客に泊まってもらえる宿にするには、東京の人が何を求めているか知る必要があると思ったのだ。

ある日のこと、銀座のソニービルの一階で健夫は思いがけないものを見た。

田舎では珍しくない、どこにでもある菜の花畑がそこに再現されていたのだ。

その時、彼は閃いた。

田舎では当たり前の、「ふるさと」のような風景に都会の人は魅力を感じるのか。

季節のうつろい、田園風景。鹿児島にはある当たり前のものが都会にはないのだ。だったら、都会の人が喜ぶような集落の風景を創ろう。

こうして一九七五（昭和五〇）年、健夫は宿のリニューアルを開始した。宿の名前を「忘れの里 雅叙苑」とネーミングしたのもこのタイミングだ。

「忘れの里」とは、忘れてしまった、忘れてはいけない故郷という意味である。

住み手を失った、行き場のない古い民家を見つけてきては移築した。高度経済成長時代、都会でも田舎でも、誰もが古いものを壊して新しいものを建てていた時代のことである。古民家ブームが始まるのは、もっと先のことだ。

さらに古民家を改装して客室にするにあたり、健夫は新たなコンセプトを思いつく。

それが「温泉付き客室」だった。

一九七八（昭和五三）年、後に大ブームとなり、高級旅館の客室の定番となる「露天風呂付き客室」の原型がここに生まれたのである。

当時としては時代に逆行する、だが、未来を先取りする旅館のかたちだった。

食事も敷地内で育てた地鶏や有機野菜にこだわり、鹿児島ならではの田舎料理を提供する。野菜のゴロゴロ入った味噌汁には、地元の麦味噌を使っている。しめたてのぷりぷりした地鶏、産みたての卵。すべては、ここでなければ味わえないものだ。

宿の評判が定着した今でさえ、インターネットの口コミには、時々高級食材の「ご馳走」がないことを悪く評価する客がいる。ましてや、ほかにこうした宿がなかった頃、コンセプトが理解されるには、それなりの時間がかかった。高度経済成長時代、多くの日本人は、冒頭にあげたように全国どこでも画一的なご馳走を提供し、宴会で騒ぐことこそが観光だと思っていたからだ。

健夫は言う。

「観光とは、地域にしかない魅力を全身で味わうことです。九州のシラス台地の土壌で育った野菜は、関東ローム層の土壌で育った野菜とは違う味がする。どちらが美味しいかはともかく、それをここで味わってもらうことに意味があるんです」

その発想は、湯布院の中谷健太郎や溝口薫平が唱えた「生活観光地」の考え方にも通じていた。

ところで、私が「忘れの里 雅叙苑」の名前を初めて聞いたのは、一九八〇年代の終わりか一九九〇年代の初め頃だったと記憶する。

世の中がバブル景気に浮かれていた頃のことだ。

旅行好きで、美味しいものを食べるのが好きという友人が、鹿児島空港から車で一五分、東京からの週末旅行にも決して不便ではない立地に思わぬ桃源郷を発見したと、大変興奮して報告してきて、そこに行くよう強く薦められたことをよく覚えている。

旅行好き、美味しいもの好きと言っても、やたら滅多と、何かを推薦する人ではなかった。特定の宿を推薦されたのは、後にも先にもここだけだった気がする。

よほど衝撃的な体験だったのだろう。

だが、ダイバーでもあった私は、個人的な休暇旅行と言えば南の島ばかり出かけていた。

そのため、せっかく早くに存在を知りながら、そのタイミングで雅叙苑に行きそびれてしまった。その後も大いに後悔するのだが、しかし、一方でアジアンリゾート通いの経験が、前著『アマン伝説』につながっていったことになる。

一九九〇年代後半から、日本人の海外渡航者数が一八〇〇万人に迫った二〇〇〇（平成一二）年にかけて、いわゆるアジアンリゾートブームがおきる。

この頃、プーケット、バリ、ランカウイといった東南アジアのリゾートに高級ホテルが出揃ったことが背景にある。一九九七年から九八年にかけてアジアは通貨危機に見舞われているのだが、危機前のある種のバブルが、日本のバブルにおいてそうだったように、インフラの底上げをしていた。その結果、治安が悪くて不衛生、あるいは買春旅行に代表されるいかがわしいイメージが払拭され、アジアのイメージが向上していたのだろう。結果、格安航空券の台頭もあって、物価の安いアジアで、贅沢なリゾートライフを楽しむ旅が女性を中心に広まっていた。海外渡航者数を増やした原動力だったと言ってもいい。

それを象徴するように同年、始動した旅行雑誌が『クレアトラベラー』である。

母体となる『クレア』の創刊は、バブル最盛期の一九八九（平成元）年だが、定期的に特集を組んでいたテーマが「旅」だった。なかでも一九九八、九九年と二年連続して特集を組み、完売し、好評だったのがアジアンリゾート企画だ。それを受けて九九年一一月に『クレア』別冊として発売された『超快適アジアン・リゾート＆アジアン雑貨の旅』が、『クレアトラベラー』の前身となった。

定期的なムックとして刊行されるようになった『クレアトラベラー』の第三弾として企画されたのが二〇〇〇（平成一二）年一〇月の『「至高の楽園」アマンリゾーツのすべて』だった。

一九八八（昭和六三）年、プーケットに最初のリゾート、アマンプリが開業、謎めいた創業者、エイドリアン・ゼッカが手がけたアマンリゾーツは、小規模なヴィラスタイルの客室にアジアならではの建築や料理を取り込んだ、これまでにはないリゾートのかたちを表現し、創業当初から北米などの富裕層には高い評価を受けていた。そのアマンリゾーツが、この特集が引き金となり、日本におけるアジアンリゾートブームの牽引役として、一気に憧れを集める存在となった。アマンリゾーツという象徴的アイコンがあったからこそ、アジアンリゾートブームは盛り上がったとも言える。

そのアマンリゾーツにからめて、健夫は面白い話をしてくれた。

「アマンダリに似ているとよく言われるんですね」

一九八九（平成元）年、バリ島のウブドに開業したアマンダリは、アマンリゾーツが手がけた二軒目のリゾートだった。プーケットに開業した一軒目のアマンプリ以上に、アマンリゾーツの評判と名声を知らしめ、話題になったリゾートである。

雅叙苑のほうがアマンダリよりずっと早いのだから、ここがアマンリゾーツのコピーでないことは確かだが、似ているという意見はうなずける。

どちらも地元の村を再現したリゾートだからだ。

アマンダリも古民家の移築でこそないが、地元の建材を用い、地元の民家を建てる工法でヴィラは建設された。そして敷地内を我が物顔で鶏が走り回るのも同じだった。

それを聞いて思い出したのは、創生期からアマンリゾーツのＰＲを担当してきたトリーナ・

ディングラー・エバートにインタビューした時の話だ。

アマンリゾーツ、特にアマンダリと旅館が「似ている」ことは、ゲストからもよく言われたことだそうで、それについて彼女はこう語った。

〈アマンリゾーツは、何か特定のものを複製したり、特別なカルチャーをフューチャーしたものではありません。ですが、旅館とアマンは、なんて面白いパラレル（相似）なのだろうと思いました〉（『アマン伝説』）

そうした伏線があり、一九九六（平成七）年一月号の『婦人画報』で京都、俵屋の女将、佐藤年がアマンダリを訪問し、創業者のエイドリアン・ゼッカと対話する企画が生まれた。

その時のことを佐藤年が語った話が、また忘れられない。

〈細かい写真がいっぱいあるでしょう。どれがアマンダリで、どれが俵屋さんか、わからないって言うんですよ。私から言わせれば、何が似ているのかはわかりません。でも、洗面所の写真は本当に似ていて、これはうちだったわよね、と確認したくらいでした。皆さんがそれだけ似ているとおっしゃることは、何かが似ているんでしょうね。似ているところがあるとすれば、その場所独自の文化に根をはった建物だということかと思います〉（前

忘れの里 雅叙苑（左）とアマンダリ（右）。どちらも、自然の中に溶け込むようにして存在する建物が特徴的

掲書）

その言葉に従うならば、鹿児島の村を再現した雅叙苑が、バリの村を再現したアマンダリに似るのは、京都の俵屋に似るよりもっと自然なことになる。

アマンリゾーツを象徴的アイコンとしてブレイクしたアジアンリゾートブームは、もしかしたら日本において、田舎の村を再現した雅叙苑のようなタイプの新しい宿に対する理解をも深めたのではないだろうか。

京都という絶対的なブランド価値のある観光地であれば、その土地の文化に根付いた宿を誰もが自然に受け入れるだろう。だが、名もなき田舎の村に同じような価値を見いだしてもらうのは簡単なことではなかったと思うからだ。

アジアンリゾートブームは、一九九〇年代後半から二〇〇〇年代初頭にかけてだが、ちょうど同じ頃、地元の自然や文化に根ざした新しいタイプの宿が、日本各地に同時多発的に誕生しているのが興味深い。

特徴としては、京都や箱根、伊豆といった、全国的なブランド価値を確立した観光地ではない地域であったことだ。特に目立ったのが九州、そして四国である。

それらは、雅叙苑のような先行事例に直接もしくは間接的に影響を受けたものもあれば、アマンダリと旅館がそうであったように偶発的なパラレルとしか思えないものもあった。

だが、後になってみれば、これら地方発の旅館革命は、確実にひとつの潮流となって、日本の旅館のあり方を根源的に変えていったのである。

そのひとつに熊本県天草の「石山離宮 五足のくつ」がある。

特徴的なネーミングは、一九〇七（明治四〇）年の夏、九州を旅した五人の若き詩人、与謝野鉄幹、北原白秋、吉井勇、木下杢太郎、平野万里の紀行文『五足の靴』にちなむ。彼らが歩いたルートが、五足のくつの敷地を通っている。

開業は二〇〇二（平成一四）年。最初に完成したのがAとBのヴィラで、三年後、よりラグジュアリーでコンセプトの異なるヴィラCを開業した。

ホームページを開くと、次のようなメッセージがあらわれる。

「九州でも日本でもない、アジアの中の天草」

アジアンリゾートブームさなかの開業当時、しばしば「天草をアジアっぽくした宿」と誤解されたという。だが、メッセージが意味するところは違う。九州や日本ではなく、アジアの中に天草を位置づけて俯瞰する、その視点で生まれた宿という意味だ。

客室棟には、それぞれ天草にちなんだテーマがある。ヴィラAとBは「オールド天草」と「ニュー（未来の）天草」、ヴィラCは「キリスト教が伝来した中世の天草」だ。

実際、ヴィラCのテーマになった時代、天草からは遠くバチカンまで天正少年使節が派遣されたのであり、文字通り、アジアの中の天草と位置づけられていた歴史があった。


物語性に満ちた独特の世界観。島である天草にあって、海沿いではなく、緑の中に溶け込むような山中の立地。だが、ここに行き着くまでには長い道のりがあった。

オーナーの山﨑博文は、田島健夫と同じく明治時代に創業した宿を営む家に生まれた。天草下島で唯一、温泉がある下田温泉、宿の名前は「伊賀屋」といった。江戸時代はイカ専門の海鮮問屋だったことから周囲からは「イカヤ」と称された。湯治客もあるが、商人宿としての利用も多かったそうだ。博文はその六代目にあたる。だが、早稲田大学の商学部に進学し、旅館は弟が継ぐものと考えていた。

転機となったのは一九八五（昭和六〇）年、博文が二三歳の時だった。

大学は卒業しないまま、文学であったり、音楽であったり、興味の趣くまま、自由に生きていた頃のこと。時代はバブル景気にさしかかろうとしていた。

父が同業者の債務を背負い、倒産の危機に陥ったのだ。

「まがりなりにも明治から続いた旅館。倒産するのなら、その瞬間は見ておかなければと思い、帰ってきたのです」

しかし、仕事を手伝ううちに、宿を経営する面白さに目覚めてしまう。

「たとえば、タウンページに天草で一番のご馳走を出す自信がありますと、地域で一番大きな広告を出す。町内会や老人会の旅行には送迎のバスを出す。そうすると、目に見えてお客さんが増えるのです」

いつの間にか、債務の返済のめどがたち、旅館は立ち直っていた。

同時に旅館業を一生の仕事にする決心をした博文は、苦労を共に乗り越えてきた母親に「これからは時々一、二ヶ月ほど旅に出るから」と宣言した。

新たな旅館建設のため、土地を購入したのが一九八八（昭和六三）年のことである。

博文は二六歳になっていた。

一九八八（昭和六三）年といえば、アマンリゾーツのアマンプリが開業した年だ。

理想の宿のかたちを見つけるために旅をしたと聞いて、てっきりアジアを旅したのかと思ったが、そうではなかった。

「旅したのは、もっぱらヨーロッパでした。最も感銘を受けたのは、南仏のエズにあるシェーブル・ドールであるとか、ヴァンスのシャトー・サンマルタンといった小さなホテルです。経営者がかっこいいんですよ。個人からつむぎ出される世界観が映画のようだった。学生時代に映画監督になりたいと思っていたんですが、ホテルオーナーは、映画監督より凄いかもしれないと思いました。何かモノづくりをしたいとも思っていましたが、それはホテルだったんじゃないかと」

普段の旅は、バックパッカーの貧乏旅行だったが、南仏のそれらのホテルを訪れたのは、一九九二（平成四）年、南ヨーロッパの小規模ホテルの視察に参加した時だった。

旅の最後に、視察のテーマである「日本の近未来ホテル経営 減価主義と増価主義」について主催者から話があった。

「日本のホテル経営は、これまでオープンした日をそのホテルの価値として最大と信じ、それ以降、毎年価値を減じていく会計学でいう減価主義と同じ立場をとってきました。それ故に資金を回収したら直ちにスクラップアンドビルドを実行し、新たなホテルを建設することを旨としてきましたが、今後は我が国のホテルの経営環境の変化に伴い、新しい考え方が必要になってくると思っています。それが『増価主義』です。オープンして以降、益々その価値を増大させるホテル経営。資金を回収した後も破壊することはせず、時を経たがゆえに価値を増し、愛着を生むホテル。今回、皆さんが視察されたポルトガルのポサーダや南フランスの小規模ホテルは非常に参考になったと思います」（『山口祐司』お別れの会

冊子）

それを聞いた瞬間、博文は、感動で体が震え、目の前がすっかりクリアになったと言う。

彼が当初、購入していた土地で計画していた旅館は一二〇室くらいの大型プロジェクトだった。しかし、天草の土地にふさわしいのは、スクラップ&ビルドが必須のそうした旅館ではなく、「増価主義」の実践であり、南仏で見たシェーブル・ドールやシャトー・サンマルタンのような宿を天草に造ることだと確信したのだった。

増価主義の話は、私自身にとっても驚く話だった。

それは、そのテーマを主催者に説いたのが、父山口祐司だと言われたからだ。

アメリカ、コーネル大学でホテル経営学を学び、アメリカのホテル会計をいち早く日本に紹介した彼は、また一八七八（明治一一）年創業の富士屋ホテルの創業家に婿入りし、歴史あるホテルの経営に携わった人でもあった。

その経歴ゆえに行き着いた思想だったのだろうか。

博文は、視察旅行には四国からの参加者もいたと振り返る。

一九九八（平成一〇）年開業のオーベルジュ土佐山（高知）、二〇〇〇（平成一二）年開業の島宿 真里（小豆島）など、同時多発的に地方で開業した地域文化に根ざした宿は、四国にもいくつかあった。

たとえば、第三セクターであるオーベルジュ土佐山の計画が始まったのは一九八九（平成元）年。開業にあたって、バリのアマンダリほか、世界各地のホテルを視察したと言うから、あるいは南仏まで行ったのかもしれない。

偶然の一致なのかもしれないが、五足のくつが一五室、オーベルジュ土佐山は一六室と、規模もほぼ同じだ。地元土佐の建材、土佐漆喰や土佐和紙といった地元の素材を用いて一〇〇年持つ建物を、との考えのもとに建設されたオーベルジュ土佐山は、いかにも増価主義の実践に見える。

ところで、五足のくつは、正式名称に石山離宮がつく。

これは、どういう意味なのだろうか。

もともと天草は陶磁器の原料となる陶石の産地で、地元では、古くからそれが採れる山を「石山」と呼んだ。五足のくつが立つのは、その石山なのである。

宿の場所を石山にしたのは理由があるという。

「アフリカに行ったことです。ジンバブエのマシンゴというところに巨大な石の遺跡があって、中国の宋の時代に交易があったと聞いて、居ても立っても居られなくなって。そこで学んだことは、自分は石が好き、ということでした」

そして、石山の自然の中に宿を建設することにした。

自然というキーワードに気づいたきっかけは、黒川温泉の影響だろうと語る。

もともと山間のひなびた湯治場だった黒川温泉。過剰投資で疲弊した大型旅館の多かった温泉地を「自然の雰囲気」をテーマに復興させた一九八〇年代、町おこしの成功例として有名な存在だった。その中心的人物だった後藤哲也は、自然を感じさせる露天風呂を自ら岩をくりぬいて造ったことで知られる。

雅叙苑の田島健夫も自ら岩をくりぬいて湯船を造り、「建湯」という浴場を造ったが、彼は何度となく黒川温泉の人たちの相談にのったことがあると話す。

自然の中に鹿児島の村を再現し、露天風呂付き客室を初めて考えついた雅叙苑。自然の中に露天風呂を造り、後に温泉地全体に波及した露天風呂を巡って楽しめる「温泉手形」を造った黒川温泉。

五足のくつのヴィラCの露天風呂付き客室も、まさに自然の中にある。

それぞれは、決してコピーではないのだが、一貫した思想が背景にある。湯布院が先鞭をつけたそれは、大型旅館が提供していたものとは全く異なる温泉の楽しみ方だった。

こうして、自然の中で楽しむ温泉というコンセプトは、九州からひとつの大きな潮流になっていったのではないだろうか。

もうひとつ、五足のくつがユニークなのは、大浴場がないことである。

温泉は、それぞれの客室で楽しむ設計になっている。

これは、温泉は温泉旅館のハイライトなのだから、そこで二人で来た男女が別々になるのはふさわしくない、という考え方による。

九州と言えば、星野リゾートの温泉旅館「界」のブランド名の発祥となった界 阿蘇（旧界ＡＳＯ）がある。もともと界ＡＳＯの開業は、二〇〇六（平成一八）年。国立公園内の広大な敷地にヴィラスタイルの客室が点在するコンセプトは、先にあげた九州発の潮流にまさに合致する。

界ＡＳＯにも大浴場はなかった。

星野リゾートが運営受託するのは二〇一一（平成二三）年のこと。そして「界」の名称は、星野リゾートが展開する日本旅館のブランドとなったのである。


山﨑博文の記憶によれば、五足のくつのヴィラＣが開業してまもない二〇〇二（平成一四）年頃、星野佳路がここを訪れたことがあると言う。

軽井沢以外で最初の事業だったリゾナーレの運営開始が二〇〇一（平成一三）年であるから、それがようやく軌道に乗り始めた頃だろうか。星野佳路が時代の寵児ともてはやされるのは、まだもう少し先のことである。

「黒川温泉で総会があって、それに行かれたのかどうかはわかりませんが、その前日のことだったと思います。その時、星野リゾートの一〇〇周年に向けて新しい宿泊施設を造ろうと思うのだが、東京近郊の軽井沢でお客は来てくれるだろうか、と聞かれたことを覚えています。私は、その土地らしさを表現すれば、来てくれますよ、と返事をしました」

言うまでもなく、この時、佳路が構想していたプロジェクトが星のや軽井沢である。

「その土地らしさ」というキーワードに、佳路は、野鳥の森を重ねたのではないかと想像する。星野リゾートの原点となった森。九州で同時多発的に始まった自然の中というコンセプトは、星野リゾートが父や祖父の時代から受け継いでいたものでもあった。

第一〇章

「星のや竹富島」と
地域観光再生の旗手たち

二〇〇六（平成一八）年一月、ＮＨＫのドキュメント番組『プロフェッショナル 仕事の流儀』で星野佳路が取り上げられた。

タイトルは「リゾート再生請負人 星野佳路の仕事〝信じる力〟が人を動かす」。

その後、怒濤のごとくメディアに取り上げられ、時代の寵児となったきっかけが、この番組だったと言っていい。

星のや軽井沢が開業した前年は、星野リゾートにとって節目となる年だった。後に界 加賀となる白銀屋、青森屋となる古牧グランドホテル、奥入瀬渓流グランドホテルなどの旅館再生事業に着手。ピッキオが「第１回エコツーリズム大賞」を受賞したのもこの年のことだ。そうした活躍を受けての企画だったのだろう。

番組は、星野佳路の名前を広く全国に知らしめることになった。

佳路が、環境省の会議で隣に座った竹富町商工会長、上勢頭保《うえせどたもつ》に声をかけられたのは、ちょうどこの頃のことだ。

竹富島は、沖縄県の八重山列島、石垣島の隣に位置する小さな島である。

珊瑚礁が隆起した島に赤瓦の昔ながらの集落が続く。

その美しい町並みを守るため、一九八六（昭和六一）年に制定されたのが「竹富島憲章」である。「売らない」「汚さない」「乱さない」「壊さない」という島を守るための四原則に、伝統文化と自然・文化的景観を観光資源として「生かす」を加えた五つの基本理念が定められている。

しかし、実際の島は、竹富島憲章が制定される前に、ずいぶん多くの土地が島外の資本に売却されていた。上勢頭保の父である昇、そして昇の兄である亨は、米国統治下だった昭和三〇年代から外部の土地所有に対して反対運動を行ってきた。

兄の亨は、喜宝院の住職をしながら、民芸品などを集めた蒐集館を昭和三〇年代に開設。歌と踊りの名手でもあり、島独自の文化に通じていた彼のもとには、島外から多くの文化人が訪れた。たとえば、司馬遼太郎の『街道をゆく 第六巻　沖縄・先島への道』には旅の文化の水先案内人として、亨のことが書かれている。岡本太郎も交流のあった一人で、その経験と洞察は『沖縄文化論』にまとめられた。年に一度の種取祭を中心とし、神と共に生きる竹富島の豊かな文化風土が広く紹介されたのは、上勢頭亨の貢献が大きい。

一方、弟の昇は、町議会議員を務めたほか、半農半漁を営みつつ、一九七〇（昭和四五）年に島で最初の民宿「泉屋」を開業するなど、観光業の黎明をもたらした男だった。島のアイコンになっている水牛車に観光客を乗せるアイディアも昇の発案だ。耕作地のなかった竹富島では、かつて西表島に田んぼを所有し、「出作り」と称して稲作を行ってきた。水牛車はそこで使っていたものだった。昇の民宿がサービスとして始めた水牛車に目をつけて専業で創業したのが新田観光で、今は星のや竹富島でも提携して利用している。

上勢頭兄弟は、その一方で長く土地所有の反対運動にも関わってきたのだった。亭の娘婿である芳徳は、兄の亭を穏健派、弟の昇を武闘派と称した。佳路に声をかけてきた保は、武闘派の昇の息子ということになる。

保は、復帰直前の一九七二（昭和四七）年に帰島し、観光船の運航などを行う南西観光を設立。以来、父昇の活動を支えてきた。

土地の買い戻しをめぐる保の活動が始まったのは、一九八二（昭和五七）年のことだった。当時、島の三分の一の土地が島外の開発業者の手に渡っていて、ここが開発されることになった。保は親しくしていた沖縄のリゾート会社の社長に協力を依頼、最終的には日本債権信用銀行から融資を受け、買い戻すことに成功した。その後、協力してくれた社長と共同でリゾート開発を計画するが、バブル崩壊で日債銀も破綻、計画は頓挫した。だが、不良債権化することだけは免れていた。

ところが、二〇〇六（平成一八）年、根抵当権を持っていた銀行が経営不振となり、その土地がアメリカのファンドに売られてしまったのである。

苦労して土地を買い戻し、竹富島憲章にのっとり、島民である自分の手でこれを「生かす」ことをめざしてきた保の苦労は、また振り出しに戻ってしまった。

保が佳路に声をかけたのは、こうしたタイミングだった。

そして、星のや竹富島のプロジェクトは開始したのである。

佳路がコーネル大学ホテル経営大学院に趣いた前年、同大学院を卒業した東良和は、沖縄最大の旅行会社、沖縄ツーリストの二代目社長だが、星のや竹富島の開業ほど、星野佳路の手腕に感心したことはないと語る。

「父が石垣島の出身ですから、竹富島がどれだけ濃密な人間関係のある特別な島であるかわかります。よく開業できたと思います。私だったら絶対断りますよ」

沖縄で「公民館」と言えば、地域の住民が集まる建物のことでなく、地域の自治組織をさすことが多い。竹富島では、その組織が特に強固で、強い影響力を持つ。

その基盤となるのが島の偉人、西塘様の言葉とされる「かしくさや　うつぐみどぅまさる（みんなで協力することこそ優れて賢いことだ）」である。これに由来する「うつぐみ（一致協力の心）」が竹富島の基本精神なのだ。

公民館には執行部があって、二年任期の公民館長を筆頭に副館長、幹事、主事の役職がある。執行部の最も大きな役割は、種取祭などの祭りを取り仕切ることだ。しかも事務的な仕切りだけではない、神々への信仰もリンクしている。公民館長は、祭りを司る「祭主」の役割も兼任するのである。

そして、もうひとつ、公民館の大きな役割が島外との交渉だった。

当然、リゾート開発などもここに含まれる。

東は、こうした竹富島独自の自治組織の強固さを知っていたから感心したのだ。

佳路の竹富島通いが始まった。弟である専務の究道もしばしば同行した。

リゾナーレの時がそうであったように、星野リゾートの本気が試されるプロジェクトである覚悟はしていたのだろう。

開発の着手を決意した二〇〇七（平成一九）年から二〇一〇（平成二二）年、公民館総会で決議されるまでの二年半あまりの間に、住民説明会だけで八回、佳路の来島は、およそ二〇回にもおよんだのだった。

上勢頭保が、佳路に依頼した経緯と理由については、月刊『商工会』二〇一六（平成二八）年八月号のインタビュー記事に次のようにある。

〈「その地域の景観や伝統文化を大事にした開発を進めることこそ観光の国際化には必要」と言い切る星野社長に、「日本の観光業を牽引していくのは彼だ」と直感した上勢頭は、連携することで島を守ろうと決めた〉

具体的には、株式会社竹富土地保有機構を立ち上げ、八三ヘクタールの土地を所有。このうち六・七ヘクタールの土地を星野リゾートが借り上げ、星のや竹富島の運営を行う。借り上げ金によってファンドから買い戻した借金をすべて返済したら、一五年後をめどに今後、転売されずに島の景観を守っていけるよう財団法人化するという手法だった。

運営と所有の分離は、そもそも星野リゾートの運営手法でもあった。

だが、株式会社竹富土地保有機構の代表に星野佳路がついたことから、反対派からは、さまざまな憶測も呼んだようだ。当時、星野佳路の露出が増え、リゾートの事業規模が拡大しつつあった時期でもあったことから、竹富島の住民との長い交渉は、ネガティブな視点から報道されることもあった。だが、佳路は粘り強く交渉を続けた。

そしてついに二〇一〇（平成二二）年、公民館総会の日を迎えた。

決議の結果は、賛成票が一五九、反対票が一九。圧倒的な信任だった。

結果を受けて、同年四月、星野リゾートと竹富公民館との協定書が結ばれた。

第一に、先にあげたように、株式会社竹富土地保有機構の借金を返済した時点で財団法人化すること。第二に、島民が従事している観光業、すなわち水牛車、レンタサイクル、観光バスなどの事業は手がけないこと。第三に、社員は集落の住民として島の集落内に居住すること。そして、お互いに問題があった場合は協議することなどが定められ、最後には「この協定書を竹富の神々に誓って遵守する」と記された。

住居のことは、集落に空き家が少ないことから状況は難しかったが、水牛車は、先にふれたように、地元の新田観光が「星のや」のロゴマークをつけて専用車として運行するなどして、協定は守られている。

調印式の日には、佳路と究道が、担当の社員と共に同席した。当時の公民館長は、亨の娘婿である上勢頭芳徳だった。長崎県生まれ、島外出身者で初めての公民館長である。

彼は、当日の心持ちを語ってくれた。

「私が全責任を取る訳ではないですが、やはりこれを決めた公民館長として名前は残ります。その覚悟を示すために、種取祭で祭主をする時と同じ正装をして、刀を携えてのぞみました。協定書には、血判を押しました。勢い余って指を切りすぎてしまい、血染めの協定書になってしまいましたが」

淡々と語るが、祭りの正装に刀、血染めの血判とは穏やかではない。

つまりは、それだけの覚悟だったのだ。

続いて同年七月に地鎮祭が執り行われた。

竹富島には、六山《ムーヤマ》と呼ばれる六つの重要な御嶽《うたき》がある。御嶽《うたき》とは、祭祀を行う場所のこと。琉球文化における信仰の要である。六山には、それぞれ神司《かんつかさ》と呼ばれる女性の神職がいて、御嶽を守り祭祀を執り行う。

　地鎮祭では、四人の神司が参加した。それぞれの御嶽を巡りお祈りをする。

　そして、神にお伺いを立てる神事が行われた。

「住民の総会では認められましたが、神様のご意見はまだ聞いていなかったですから。お酒とお米をお供えして、お米をひとつまみずつ、三回取るのです。それを二粒ずつ並べてゆく。偶数ならば、神様はOKという意味です。逆に、最後に一粒残ってしまい、奇数だったら、神様はNOとおっしゃっていることになります」

　私は、芳徳に問いかけた。

「神様のご意見はどうだったのですか」

「OKでした。偶数でしたから」

「もし奇数だったら、星のやはどうなっていたのでしょう」

「神様には従わなければいけません。以前にもこんなことがありました。NHKの取材班が来て、公民館の執行部と神司しか入れない聖なる場所を撮影したいと言いました。その時も、この神事を行いましたが、奇数が出ました。もう一度と言われ、再びやりましたが、また奇数が出た。何度やっても奇数が出ました」

「どうしたのですか」

「聖なる場所は撮影できませんでした」

星のや竹富島は、神の島の聖なるご神託を承ったのだった。

それでもまだ、世俗の人間たちとの軋轢は終わっていなかった。

星野リゾートの計画に反対する住民、島外在住の島出身者が組織した団体「竹富島憲章を生かす会」が、竹富公民館を相手取って、評決には瑕疵があり、認められないと裁判をおこしたのである。これを受けて竹富公民館では、二〇一〇（平成二二）年九月一六日、臨時総会を開催、再投票を実施した。

受け入れの承認が再び圧倒的多数で議決された。これによって、法廷闘争も終結。星野リゾートは、正真正銘、竹富島の人々に受け入れられたのだった。

島には、東集落《アイノタ》、西集落《インノタ》、仲筋集落《ナージ》と呼ばれる三つの集落がある。アイヤル浜にほど近い星のや竹富島は、言うならば四つ目の集落だ。

赤瓦の伝統建築を再現した客室棟は、高いところから俯瞰して眺めると、まさに集落そのものだった。人口三六〇人の島に対して、四八室のリゾートは、規模的にも四つ目の集落と呼ぶのがふさわしい。

ビーチが近いロケーションではあるが、星のや竹富島の施設レイアウトは、ビーチを中心にして展開するビーチリゾートのそれではない。地域文化リゾートとでも呼ぶべき趣きがある。

島の人々は、星のや竹富島が開業して一番良かったこと、それは、種取祭において、座待《ザータイ》と呼ばれる裏方を星野リゾートのスタッフが務めてくれることだと言う。

拍子抜けするような理由だが、神の島において、祭りの要員として期待されていることほど誇らしいことはないのかもしれない。

そして今、竹富島では、ふたたびリゾート開発をめぐる反対運動に揺れている。島で最も美しい、聖地でもあるコンドイビーチでのリゾート計画である。

「ならぬ」と染め抜いた勇ましいTシャツが販売され、反対集会も盛んに開かれている。開発事業者側は、星野リゾートの前例をあげ、容認を迫っている。その中で、興味深い記事を見つけた。

二〇一七（平成二九）年八月一八日、『八重山毎日新聞』に掲載された沖縄竹富郷友会中筋会会長の狩俣恵一による「竹富島の観光開発問題の解決に向けて」という記事だ。郷友会とは、島外在住の島出身者による組織のことで、星野リゾート反対運動の時にも「竹富島憲章を生かす会」では、東京などの郷友会メンバーが大きな影響力を持った。

狩俣は次のように記している。

〈星野リゾート問題は、住民説明会で終結したのではなく、竹富公民館総会での住民投票において決着した。私は今回も、最終的には住民投票で決着を図るべきであると考える。

というのは、現在の竹富公民館構成員は250名程度であるが、先般の住民説明会の出席者はその18%程度に過ぎなかったからである〉

星のや竹富島は、神の島の自治組織と真摯に向き合い、受け入れられたリゾートであることを、この記事は寡黙に物語っていた。

竹富島が神の島であるならば、北海道は、先住民族アイヌにとって神の大地だ。

アイヌ文化が色濃く残る道東の阿寒湖を本拠地とし、北海道の地域観光のリーダーとして知られるのが、鶴雅ホールディングス株式会社代表取締役社長の大西雅之である。

私が大西と初めて会ったのは、二〇一一（平成二三）年四月、日本中が東日本大震災と原発事故の影響で疲弊していたさなかのことだった。当時、しばしば語られたのが「想定外」という言葉だった。それを受けて大西が語った言葉が忘れられない。

「アイヌのエカシ（長老）が言ったんですよ、自然とはカムイ（神）のこと。それを想定してはいけないよ」

アイヌ語には「自然」という言葉が存在しない。日本語の自然に相当するものすべて、山も川も海も動物も、カムイ（神）であると考える。それを制御できると勘違いしてきた和人（日本人）に対する戒めの言葉だった。

久しぶりに会った雅之は、顔をほころばせて言った。

「ＪＴＢ協定旅館ホテル連盟の会長を仰せつかったのですが、総会でイランカラプテと挨拶したら、だいぶ返してくれる方が増えました」

ハワイの「アロハ」や沖縄の「めんそーれ」に相当するアイヌ語の挨拶が「イランカラプテ」だ。これを北海道のおもてなしを表現する言葉として普及させようという官民学連携の取り組みが「イランカラプテ キャンペーン」である。

大西は、政治家、学者、アイヌ民族の人たちから構成されるアイヌ政策推進会議においても唯一、和人の民間人として委員を務めている。

アイヌ文化のことを語る時、雅之の口調は熱をおびる。

出身地の阿寒は、和人とアイヌが共にひとつの町づくりをし、アイヌが経済的にも自立することができた北海道の中でも特異な地域であった。


大西家のルーツは、四国の徳島である。そこから青森、北海道と北上し、雅之の曽祖母が一九一五（大正四）年、釧路市内で小さな宿屋を開業したのが宿泊業を営んだ最初だった。ちなみに星野温泉が旅館を開業したのは、その前年のことだ。

昭和初期には、祖父の大西正一が釧路駅前に移って「幾代旅館」を始めたが、正一の願いは、いつか温泉地で旅館をやることだった。雅之の父母である大西正昭と茂子は、同じ釧路駅前で

「大西果実店」を営んでいたが、正一の夢を実現すべく、一大決心して青果店をたたみ、阿寒湖にやってきた。

そして一九五五（昭和三〇）年、開業したのが阿寒グランドホテルだった。

前々年の一九五三（昭和二八）年には、ラジオドラマ『君の名は』が放送され、阿寒湖を見下ろす美幌峠が舞台となり、映画のロケもあった。一九五四（昭和二九）年には昭和天皇皇后も行幸している。昭和の観光ブームがささやかながら始まった頃であり、だからこそ正昭と茂子も阿寒湖をめざしたのかもしれない。だが、後発の彼らに残っていた土地は、温泉街の中心地から外れた湿地帯しかなかった。道路事情が悪く、工事は困難を極めた。

創業六〇年記念誌で雅之は語っている。

〈1年間に帳簿上を動いたお金が1億2千万円、創業時の売上げが900万円だったそうですから、借りては返し、借りては返しの連続だったんでしょう。ちまたでは〝阿寒グラグラホテル〟といわれていたそうです〉

大西雅之が生まれたのはその創業の年だった。

彼の人生は、阿寒湖での旅館業の歩みと共に始まったのである。

その後も困難は続いたが、やがて高度経済成長を追い風とする北海道の観光ブームが本格的にやってくる。阿寒湖温泉への観光客は一九六〇（昭和三五）年の約三〇万人から右肩上がりに増加、一九七三（昭和四八）年には一〇〇万人の大台を超えた。正昭は、拡大する需要に合わせて増築に増築を重ねていった。

雅之は東京大学経済学部に進学。経営財務を専攻し、卒業後は三井信託銀行に就職した。しかし、それから二年後、父の正昭が糖尿病で倒れ、母の茂子も看病疲れから肝臓を悪くした。雅之は、阿寒に帰郷することを決意する。

一九八一（昭和五六）年、雅之は阿寒グランドホテルに入社した。

まもなく親子の衝突が始まった。大学で経営財務を学んだ雅之と叩き上げで旅館経営に携わってきた正昭の考え方は、なかなか一致しなかった。それは、やがて雅之が再び東京に帰ることを決意するほどの葛藤につながった。星野家の場合は、佳路が本当に軽井沢を去ったのだが、大西家の場合は、まだお互いが忍耐強かったのかもしれない。当時の阿寒町長が仲介に入り、親子は和解したのだった。

昭和から平成へと年号がかわった一九八九年、創業者であった大西正昭が亡くなった。後継者となった雅之は、三三歳の若さだった。

バブル景気の絶頂期。阿寒湖温泉への観光客数も依然、右肩上がりが続いていたが、阿寒グランドホテルは、危機的状況に立たされていた。二年前の一九八七（昭和六二）年からサービスの悪さを指摘され、ＪＴＢから送客中止の通告を受けていたのだ。

それでも宿泊客は押し寄せていた。ブランド力のない阿寒グランドホテルは、安い料金で大勢泊まってもらうしかない。当時、一九三室あった客室に一〇〇〇人泊めたこともあったという。だが、これではいけないと雅之は気づき始める。

雅之が掲げた革新の基本コンセプトは「宿づくりは作品づくり」だった。

団体から個人客に旅行形態がシフトしていく時代の変化もいち早く読み取っていた。

バブル景気の最中にどん底だったからこそ、早い段階で時代の潮流に乗れたとも言える。

一九九四（平成六）年、そのコンセプトを実現する鶴雅別館を竣工する。年間売上げが二〇億円だった時の三六億円の投資は博打といってよかった。しかも客室数はわずか四九室。周囲の誰もが反対した。しかし、これがターニングポイントになった。

「宿づくりは作品づくり」のコンセプトにのっとり、次々と個人客向けの増築、改装を進めていった。一方、北海道経済は北海道拓殖銀行の破綻など、バブル崩壊の影響が色濃く影を落とし、低迷を続けていた。当然、観光にも影響はおよぶ。その中で、鶴雅グループは好調を維持していた。二〇〇〇（平成一二）年には、阿寒湖温泉における第一号の旅館だった「ホテル山浦」の経営を継承。女性客をメインターゲットとした「阿寒の森鶴雅リゾート 花ゆう香」を開業した。曽祖母の宿より長い歴史を持つ老舗の歴史を継いだのだった。

翌年には本店の名称を「あかん遊久の里 鶴雅」とし、阿寒グランドホテルの名称は、登記上の社名に残すだけになった。二一世紀を迎えて、典型的な高度経済成長時代の大型旅館は、阿寒湖温泉のリーディングカンパニーとして、すっかり新しいイメージに脱皮したのである。

鶴雅グループと大西雅之の歩みには、不思議と星野リゾートの星野佳路とシンクロするところがある。佳路が初めて軽井沢を出てリゾナーレの運営に着手したのと、ほぼ時を同じくして雅之のもとにも、阿寒湖以外のところから再生案件が持ち込まれた。

二〇〇一(平成一三)年、サロマ湖の東急リゾートが経営撤退を発表した。困り果てた地元自治体、常呂町の助役が雅之のもとを訪ねてきたのだ。

「大手の東急がやっても駄目なのだから、できるわけないと思いました。今でもサロマ湖で経営は大変です。それでも、サロマ湖に出た意義は大きかった。これをきっかけに阿寒から道東、さらに道央に進出するきっかけとなったからです」

二〇〇二(平成一四)年に「サロマ湖 鶴雅リゾート」を開業すると、二〇〇四(平成一六)年に、本拠地の阿寒湖で、老舗旅館の阿寒観光ホテルの経営譲渡を受け改修、高級旅館「あかん鶴雅別荘 鄙の座」を開業した。

アイヌの世界観を表現した印象的なエントランス。館内にも随所にアイヌの伝統工芸である木彫りが飾られている。「宿づくりは作品づくり」というコンセプトをまさに感じさせる、ほかのどこにも似ていない旅館である。

二〇〇八（平成二〇）年には、中国映画『狙った恋の落とし方。』に鄙の座が登場。中国人観光客に一大阿寒湖ブームを巻きおこすことになる。

二〇〇六（平成一八）年には「あかん遊久の里 鶴雅」のうち四四室を「鶴雅レラの館」として改装した。設計段階からアイヌの人たちの意見を参考にした、本格的にアイヌ文化を踏襲した客室だった。開業の時には、アイヌのエカシ（長老）によるカムイノミ（神々への祈り）が捧げられた。

ハワイでハワイアンの聖地だったリゾートで、やはり神に捧げる祈りと共に始まる開業セレモニーに参加したことを思い出した。ハワイ島のフォーシーズンズ リゾート フアラライは、正式名称にアット・ヒストリック・カウプレフと聖地の名前が続くが、その後、ハワイで指折りのラグジュアリーホテルになった。先住民族へのリスペクトとその文化体験をリゾートに反映することは、世界的な潮流なのである。

その後、鶴雅グループは、二〇〇七（平成一九）年には「北天の丘 あばしり湖鶴雅リゾート」、二〇〇八（平成二〇）年に「屈斜路湖 敦賀オーベルジュ ＳｏＲａ」、二〇〇九（平成二一）年に「しこつ湖鶴雅リゾートスパ 水の謌」、二〇一〇（平成二二）年に「定山渓鶴雅リゾートスパ森の謌」など、道東のオホーツクエリアから、さらに道央へと、次々と施設を開業していった。

二〇〇〇（平成一二）年の航空法改正以降、北海道へのアクセスは、ドル箱の札幌路線に集中し、阿寒やオホーツクエリアの道東は、減便など不利な状況が続いていた。その中で、支笏湖、定山渓など、札幌からアクセスできる道央に進出できたこととの意味は大きい。道央では、道東の約三倍の売上げがあり、そこから設備投資ができたからである。

鶴雅リゾートの新規開業は、すべて既存施設の再生だった。

新築は、現在、支笏湖で建設中の物件が初めてだという。

北海道の観光業全体としては、厳しい状況が続いており、経営破綻したり事業撤退する施設が多かった。それらを次々と再生した鶴雅グループは、北海道の観光業全体の振興に果たした役割も少なくない。サロマ湖の場合がそうであったように、自治体の人たちが直接、社長の雅之を訪ねてくるケースも多かった。

「ニセコは、我が社のハードリピーターだという方から持ち込まれた案件でした。お金に困っている訳ではない。ただ、どうしてもあなたにやってもらいたいと」

それが二〇一三（平成二五）年に開業した「ニセコ昆布温泉鶴雅別荘 杢の抄」だ。

こうして鶴雅グループは、観光業再生の旗手として、北海道では押しも押されもせぬ存在になったのである。

星野リゾートと経営のスタンスが異なるのは、所有と運営を分離せず、所有にこだわっている点にある。

「所有は大事だと思っています。宿というのは、たとえ少し出来が悪くても、磨き上げてゆく我が子だと思っていますから」

二〇一六（平成二八）年に開業した「函館大沼鶴雅オーベルジュ エプイ」は、ＪＲが運営していたリゾートの再生。北海道新幹線の駅に近いロケーションは、本土への進出を見据えているのでは、と想像してしまう。

道外から再生案件の依頼もあるのでは、と雅之に問うと、否定はしなかった。

「でも、これ以上事業を拡大すると、旅館のおやじでいられなくなってしまいます。ぼくの時代は、旅館のおやじでいいと思っています。むしろ、今の興味は地域づくりに向かっています。宿づくりが作品づくりであるのと同じに、町づくりも作品づくりです」


実際、大西雅之には、鶴雅リゾートの経営者としてだけでなく、ＮＰＯ法人 阿寒観光協会まちづくり推進機構の理事長としての顔もある。

「いま、阿寒に四つの事業が下りてきているんです」

かつてないほど、この地域に注目が集まっていると雅之は熱く語る。

観光庁が始めた観光立国を体現を形成する取り組みが「観光立国ショーケース」である。全国から金沢市、長崎市、そして阿寒を含む釧路市の三つが選ばれた。

そしてもうひとつ、日本の国立公園を世界のナショナルパークに互していけるブランドにするため、全国で八つの国立公園が選ばれた。この中にも阿寒国立公園が入っている。

これらを受けて進行中の四つの事業とは、まず第一が、海外での実施例があるデジタル・アートをアイヌ民族の文化・神話をモチーフにした「夜の森を舞台とした体験型テーマパーク」として阿寒湖温泉地区に導入すること。第二に世界唯一のマリモの自然生息地の開放と限定ガイドツアーの実施。第三が町全体を和人とアイヌが共生する異日常空間とする「まちなかアートミュージアム構想」。そして第四が「白湯山自然探勝路」を国際的なトレッキングツアーとしてブランディングすることと、スキー場の整備である。

あかん鶴雅別荘 鄙の座のエントランスでは、アイヌの森の神であるフクロウが来訪者を迎える

これは、日本の観光業に大きく立ち後れているアドベンチャーツーリズムを構築するもので、これによって、アドベンチャーツーリズムの先進国である欧米からの観光客も呼び込もうという計画だ。

最近では、仕事の三分の二は、こうした地域観光の振興に向けられているという。

鶴雅グループを日本全国や世界に展開していくのでなく、本拠地である阿寒を世界的なブランドにすることで、結果的に鶴雅グループのブランド力も上がる。これも世界進出のひとつの手法なのかもしれない。

そして新潟にも、地域観光に軸足を置き、そのエリアの魅力を発信することで、成功するはずがないと言われた曰く付きの旅館を見事に再生した一軒の宿がある。

南魚沼の大沢山温泉にある「里山十帖」である。

創業者の岩佐十良は、東京で『自遊人』という雑誌を発行する編集者だった。

魚沼といえば、言わずと知れたコシヒカリの名産地である。

なかでも上質な米がとれるのは、南魚沼市の西山地区、大沢、君沢、樺野沢の三つの地域だという。里山十帖が立つのは、そのひとつ、南魚沼市の大沢だ。

「言うならば、米のロマネコンティです」と岩佐は言う。

ワインの最高ブランド、ロマネコンティがブルゴーニュのコート・ドール地区、ロマネコンティ村で産したものに限定されるのと同じ価値が、これらの地域の米にはある。

東京出身の岩佐が魚沼と出会ったきっかけが、まさにその米だった。

『自遊人』の特集で米を扱っているうちに、実際に食べてもらうほうが早いことに気づく。そして、米の通信販売を始めたのが二〇〇二（平成一四）年だった。

ちょうど自主流通米が始まったばかりの頃である。

縁故米という名目で、販売することは可能だったが、作付けの段階で青田買いをしなければならず、扱い高も一〇トン単位と大きかった。

米は奥が深かった。もっと勉強しなければならない。

「とりあえず二、三年暮らしてみようということになりました。軽井沢も候補だったのですが、新潟は発酵食品など、米だけでなく、食が素晴らしかった。自然も、名もなき山や名もなき川や、名もなき絶景で素晴らしいものがいくらもあるのです」

岩佐は、新潟の食と自然に魅了されたのだった。

こうして『自遊人』は本拠地を新潟に移したのである。

新潟は、二〇〇〇メートル級の山々が屏風のように迫り、昔は、そこから太平洋側に抜けることができなかった。しかし、だからこそ、閉ざされた中で人々は生活を成り立たせ、独自の経済圏を築き、独自の文化を培ってきた。

山々は草津の白根山、志賀高原から、北は山形県まで続いている。

その地勢的な特徴は、第七章でもふれたとおりだ。シベリアから吹く冷たい風が、この日本列島の背骨のような山々にぶつかって雪雲となり、雪を降らせる。

屏風のような山々の中に三国峠があり、苗場山がある。

そして、ここから日本のスノーリゾートの歴史は始まった。

岩佐もバックカントリースノーボードを嗜むが、この雪国に生活の拠点を移したことで気づいたのが、雪国ならではの豊かな食文化だった。

一九七〇年代前半まで、すなわち田中角栄が日本列島改造論をぶち上げ、故郷に利益誘導してインフラを整備するまで、新潟では、冬の間、雪で孤立する集落がいくらもあった。彼らは、長いこと、当たり前のように、雪むろなどを利用して食糧を備蓄する知恵を蓄えた。そうして発酵食品の文化が培われたのである。

「人が住むところで、これほど雪深いところは世界に類がありません」

そう語る岩佐が、まず手がけたのが二〇一〇（平成二二）年にスタートした「雪国A級グルメ」というプロジェクトだった。食に特化して、雪国ならではの食の魅力を伝えていこうという試みである。

もともと当地では「雪国観光圏」という、雪深い地域が連携し、その魅力を伝えていく取り組みが始まっていた。新潟県魚沼市、南魚沼市、湯沢町、十日町市、津南町、群馬県みなかみ町、長野県栄村の三県七市町村にまたがる広域観光圏。一般社団法人の雪国観光圏事務局と、自治体の集まりである雪国観光圏推進協議会が連携する。

「雪国A級グルメ」は観光圏の事業としてスタートし、今ではその中核事業になっている。

しかし、当初の計画に宿泊施設があった訳ではない。

里山十帖のプロジェクトは、二〇一二（平成二四）年五月、たまたまかかってきた一本の電話から始まった。相手は仲のいい農家だった。

「山の上にある大沢山温泉、知っているでしょ？　あそこの温泉旅館が六月末で廃業するんだけど興味ある？」

聞けば、隣町から移築した築一五〇年の古民家、二十数年前の開業時に建てた宿泊棟など、全部で五つの建物があるという。

現地を見に行った岩佐は、総ケヤキ、総漆塗りで、豪雪地帯でもそうはない見事な太い梁と柱の古民家と周囲の環境に一目惚れする。

岩佐はその時の印象を著書『里山を創生する「デザイン的思考」』に記している。

〈さらに宿の先の林道を歩いていくと、夢のような景色が現れたのです。目の前には数枚の棚田。正面には雪を抱いた日本百名山の巻機山。鳥の声が棚田を囲む森に響き渡り、まるで天国のような場所だったのです。この景色に私はクラクラしてしまいました〉

だが、天国のような場所に立つ温泉旅館は、約二〇年の間に経営者が三人変わった、曰く付きの物件だった。最大の理由が暖房効率の悪さである。上越国際スキー場が隣接するところから、冬はスキー宿として営業していたが、暖房費の回収さえままならなかった。

旅館業はいったん廃業してしまうと、再度許認可を取るのが難しい。

三人目の経営者は、六月末での廃業を固く決意していた。困難な旅館経営で、家族も破綻寸前だったからだ。

待ったなしの状況の中で、岩佐は旅館を引き継ぐことを決意したのだった。

物件を斡旋した農協は「あの宿は逆立ちしても黒字にならん」と言い、当初はどこの金融機関も相手にしてくれなかった。過去二〇年、誰も成功しなかった物件である。

岩佐は、地元の地方銀行に訴えた。これからは観光が成長産業だと言っているのに、実際には、旅館は衰退産業だと融資してもらえない。本当に旅館が成長産業だと思うのなら、小さな旅館の将来に賭けてほしいと。

ようやくその地銀から「支援する」との返事を受けて、プロジェクトは動き始めた。

リノベーションの要であるデザイナーと設計監理者をどうするのか。岩佐は武蔵野美術大学工芸工業デザイン学科でインテリアデザインを専攻していた。かつての同級生に打診すると、スケジュールが埋まっていてすぐには着手できないという。

岩佐は、それまで職業としてインテリアデザインをした経験はなかったが、背水の陣で、自分で手がける決心をする。現場工事もゼネコンではなく、職人に部分発注することにした。決心した背景に、彼には、かねてから「宿は地域とライフスタイルのショールームになりうる」という考えがあった。雑誌をやりながら、旅館こそが「リアルメディア」ではないか、という思いがあったのだ。

また、震災後、ヨーロッパやニュージーランドなどの環境先進国を訪問し、エネルギー事情を学ぶ中で、最も身近で重要なエコの取り組みは「断熱」であるという理解に至ってもいた。

問題の冬季の暖房は、この視点を生かすことにした。

工期を分けて、テスト営業をしながらのリノベーション。旅館経営を決意してからわずか一年半余りの二〇一三(平成二五)年一〇月、「里山十帖」はプレオープンした。周辺の自然が最も美しい五月にグランドオープンするためのスケジュールだった。

里山十帖とは「里山で始まる十の物語」という意味である。


もともと新潟の食の豊かさに惚れ込んで移住した岩佐である。採れたての山菜や雪むろで保存した野菜の美味しさなど、地域の魅力を最大限に味わってもらう料理の提供を考えていた。だが、ふさわしい料理人が見つからない。

すでに「雪国A級グルメ」の活動などを通して、地元の旅館経営者にメニュー提供のコンサルティングなどをしてきた実績はあった。ならば、料理のメニューも自分たちで開発できるはずだ、と岩佐は考えた。最終的には、プレオープン中に適任の料理人に出会うのだが、何でも自分たちでやってしまう発想は、これまでの旅館業界にないものだった。

今も里山十帖に料理長という役職はない。それに代わるのがチーフ・フードクリエイターという肩書きだ。旅館では、とかく料理人が強い権限をかざし、経営者とも充分なコミュニケーションがとれないケースが多い。里山十帖のスタンスは、そうした状況に対するアンチテーゼだった。

そして二〇一四（平成二六）年五月、グランドオープンにこぎつけた。

岩佐には、不特定多数にプロモーションしても、いいのは最初だけで意味はない、という信念があった。そもそも一二室の小さな旅館である。里山十帖を気に入ってくれた人たちの「共感の輪」が広がっていくことをめざした。

まずは編集者、作家、料理研究家といったプロフェッショナルに評価され、やがて彼らの口コミから「共感の輪」は大きく広がっていった。そしてついに「逆立ちしても黒字にならん」と言われた旅館は、開業から三ヶ月、稼働率が九〇％を越えたのだった。

地元新潟の野菜をふんだんに利用した里山十帖の夕食。アーユルヴェーダの考えを取り入れたメニュー構成は女性からの人気も高いという

里山十帖は、これまでにない、エッジの効いたコンセプトの旅館ということと、成功に至るまでのスピード感で、いちやく知る人ぞ知るところとなる。旅館は「ライフスタイルのショールーム」であるという考え方から、すべての家具や備品が買えるというコンセプトもまた新しかった。

メディア出身という経歴は、アマンリゾーツのエイドリアン・ゼッカとも重なる。岩佐のユニークなところは、設計やインテリアも自分でやり、食にも通じているところだ。

今では、再生案件もいろいろと持ち込まれている。

そのひとつが、二〇一六（平成二八）年に民事再生となった山形県、赤湯温泉の「いきかえりの宿 瀧波」だ。ロケーションに惚れ込んで決意した里山十帖と異なり、市街地にある温泉である。二〇一七（平成二九）年八月に「山形座 瀧波」としてリニューアルオープンした。今年の春には松本・浅間温泉にある創業三三四年の老舗、「小柳」の株式譲渡を受けて経営改革に着手するほか、六月には滋賀県大津市にホテルが開業、夏には箱根への進出など、新たな試みが次々に予定されている。

鶴雅リゾート、里山十帖に共通しているのは、再生物件で成功したことだ。

星野リゾートの場合も星のやは異なるが、軽井沢を出るきっかけとなったリゾナーレなど、再生案件が多い。バブル崩壊以後の長い景気低迷、さらにリーマンショックなど、日本の観光業をめぐる環境は厳しい状況が続いていた。そうしたなか観光業で台頭したのは、おのずと企業再生に長けたところだったのである。

第一一章

日本旅館は
世界に進出できるのか

二〇一六（平成二八）年七月二〇日、東京・大手町に星のや東京が開業した。

星野佳路には、何度となくインタビューをしてきたが、星のや東京を語る時の彼ほど、口調が熱を帯び、歯切れが良くなることはなかった。

それは、星のや東京が、大都市、東京に誕生した日本旅館であるからだ。

まずは、東京であることに意味がある。

星野リゾートは、そもそも軽井沢という地方出身の企業であり、この時点において、京都を除けば、大都市への出店はほとんどなかった。京都も嵐山の洛外であり、中心部ではない。星野リゾートとは、今なお、偉大なる地方企業と言えた。

星のや東京のビルの外壁に、よく見なければわからないような、細かい小紋のデザインが施されていることにふれると、こんな話をしてくれた。

「東京都のレギュレーションでは、オフィスビル街の外壁は、オフィスビルらしい壁にしなければならない。それで、いろいろ論議をしているなかで、江戸小紋という文化があります、という意見が出てきたのです。江戸時代、武士のように派手な格好をしてはいけなかった町民が、江戸小紋であれば、遠くから見れば無地に見えると、好んで着たんですね。近くで見れば、ちゃんと柄があるのが粋で、クールでもあった。この外壁も同じで、遠くから見ると、まわりのオフィスビルにマッチしたデザインですが、近くで見ると主張しているデザインです」

そして、やや自虐的に言って笑った。

「われわれは、地方からやって来た小さな藩のようなものですから。このたびやっと江戸に屋敷を持てるようになったら、江戸には江戸のきまりがあったと。その中で、できることをやったということです」

東京と地方の一番大きな違いは、東京は、黙っていても多くの人がやって来ることだと語る。

「地方の場合は、そこに来ていただく理由を作らなければなりませんでした。それが真逆なんですよ。東京は、私たちがいようがいまいが、大勢の人が来て、泊まってゆく。そのなかでどうあるべきかというのは、大きな発想の違いでしたね。北海道のトマムとか青森に来てもらう理由を作ることは難しいように見えますが、私たちは、そのパターンに慣れていました。そのマインドを変えることが難しかったですね。しかし、それをずっとやってきて嫌な面もあったのです。本当はこういったサービスがしたい、こんなものを見せたいと思っても、まず来ていただくために装っていたところがありました。集客のためには、本意でないこともやってきました。それをやらなくていいというのは、最高にいいことです。東京の中で、本当に自分たちが伝えていきたいことを伝えていけばいい。それに集中できる。本当にすっきりしたと思います」

晴れ晴れとした顔でそう語った。

そして、星のや東京は、日本旅館である。

星野佳路にとって、それは最も重要なことであった。

そのことを象徴するように、星のや東京に関して、彼は、いくつもの文章を自らの言葉として公式ホームページ上で発信している。まず「開業への思い」という文章がある。

先にあげたように、「東京では訪れる価値を自分が作る必要なんかない」と感じた戸惑いから語り始め、次のように続ける。

〈しばらく悩んでいましたが、ある日発想の角度を変えることができました。お客様に何を提供したいかを忘れ、東京に何が必要かを思ってみた時、初めて日本旅館という発想にたどり着いたのです。もともとあったモノがなくなってしまった東京。ここに日本旅館が必要だと今は誰も思っていないのですが、たった一つ残っていたとしても不思議ではありません。なぜ残ることができたのか。それは日本旅館が西洋ホテル以上に快適で機能的であるために進化し続けたからなのです〉

だが、ここに示される日本旅館とは、従来のままの日本旅館ではない。

〈「もう一つの日本」、これは私たちが星のや軽井沢を創った時に設定したテーマ。日本が捨てなくても良い日本らしさを捨てずに近代化していたら、どんな日本になっていただろう…という空想の世界。進化した日本旅館がしっかりと残っている東京、それは星野リゾ

ートが2016年に提案する「もう一つの日本」なのです〉

どこかSF的とも言える、未来の世界に想定された日本旅館なのだった。

星野佳路の考える日本旅館については、「星のや東京にかける想い」という一文により詳しい。まず最初に綴られるのが、『日本旅館』を世界都市・東京に」と題した、なぜ日本旅館なのか、に言及した文章だ。以下に全文を引用する。

〈世界広しと言えど、日本旅館ほど文化を反映した宿泊施設はありません。建築、デザイン、設え、サービス、食事、何をとってもニッポン。そこに西洋が入り込む隙間はなく、日本旅館は日本文化のテーマホテルなのです。

しかし、日本が近代化する過程で日本旅館は勢いを失ってきました。それは今も続いていて、都会ではすっかり姿が目立たなくなりましたが、温泉地でも日本旅館の数は年々減少しています。それは西洋型のビジネスホテルが進化を続け、現代の旅行者にとってより利便性が高くなったからなのだと思います。

一方日本旅館はどこかで進化を止めていました。形式にこだわるばかりに、現代の旅行者の変化に十分に対応して来なかったのです。だから今、私たちは日本旅館を再び進化させて行きたいと考えています。得意とするもてなしの技に加えて、機能性や利便性において西洋型のホテルに負けないホテルに変えて行きたいと思っています。

進化の舞台は「星のや東京」。私たちはホテルの1つのスタイルとして日本旅館を位置付けて行きたいと考えています。日本に来たから日本旅館なのではなく、快適でサービスが素晴らしいから日本旅館に泊まるという市場を創造していく。その先には必ず日本旅館が海外の大都市に出て行くチャンスがあるはずです。ニューヨークの道路に日本車が走り、パリの街角に寿司屋があるように、世界の大都市に日本旅館があっても良い時代を創っていきたいという夢を持っています〉

最後の一文は、これまでインタビューのたびに、耳にタコができるほど、佳路から何度も繰り返し聞いた台詞と重なる。

世界の街角の至るところに寿司があり、日本車が走っているのに、日本発のホテルチェーンがない、ということだった。日本は「おもてなし」の国だと言うのに、なぜ「おもてなし」の産業であるホスピタリティ産業において、日本の存在感が示されないのか。

憤りにも近い、その想いをこれまで何度聞いたことだろう。

彼を突き動かす強烈な問題意識だった。

いや、もちろん、日本発のホテルチェーンがない訳ではない。

たとえば、佳路がしばしば指摘するように、一九八三（昭和五八）年に『インスティテューショナル・インベスター』誌で高い評価を受けた時に世界進出しなかったホテルオークラだが、その後、佳路より年下で、同じコーネル大学のホテル経営大学院に留学した荻田敏宏が社長に就任して以降、積極的に海外展開を行っている。

だが、佳路の心の中には、留学していた当時の同級生にしばしば指摘され、またバブル景気最中の日本航空開発にいた時にも営業先でさんざん言われたことが、ずっとくすぶっていた。日本文化という世界的によく知られて、魅力的なコンテンツを背景に持つ日本人が、西洋スタイルのホテルをやっても評価されない、という想いだった。それを打破できるのは日本旅館しかない、と思い続けてきたのである。

長い年月をかけて、ようやくひとつのかたちとして示したのが、星のや東京ということになる。

さらに「星野リゾートが考える日本旅館とは」として、四つの条件をあげている。

星野佳路が考える日本旅館の定義である。

第一が、一貫した和のデザインで統一されていること。第二が、和のしきたりを踏襲していること。第三が、和暦に応じてもてなしが変化すること。そして第四が、和の技能を持つスタッフが全てのサービス提供を担当することだ。

この四つ目が、第四章で取り上げたように、星野リゾートが海外のホテル運営会社と比較して最大の強みであると考えるマルチタスクとリンクする。

公式ホームページでは、次のように説明されている。

〈古くから日本旅館では、仕事に担当が付いているのではなく、お客様に担当が付いてサービス提供して参りました。スタッフ各自は全てのサービスを提供する技能を身につけている必要があります。所作の中に書道、華道、茶道も含め、日本文化の知識と技能を身につけたスタッフが、自らおもてなしを発想し創造していくことが日本旅館の特徴です〉

このように説明されると、日本旅館ならではのスタッフ、仲居さんを連想する。

だが、星野リゾートの定義する旅館とは、従来の伝統的な旅館ではなく、和の技能を持つスタッフもマルチタスクを実践するスタッフであって、仲居さんのことではない。

たとえば、星野リゾート的な解釈における日本旅館において、仲居さんがサービスする部屋食は、その条件には含まれていない。

重要なことは、多くのホテルチェーンのように組織を縦割りにせず、一人がいろいろなスキルを持って働くマルチタスクのほうが投資効率においても、労働生産性が上がること。そして、それが投資家に対して、西洋のホテルより生産効率が高く、投資効率も高いホテルの経営手法として、競争力のアドバンテージになることだ。

実際、星のや東京では、全従業員が正社員。部屋の清掃も外注なしという、通常のホテルではあり得ないオペレーションを実施している。

創業の原点を旅館としながらも、星野リゾートは、成長の過程において、必ずしも旅館だけを展開してきた訳ではない。「界」ブランドは「心地よい和にこだわった温泉旅館」「温泉文化を現代的にアレンジした進化する日本旅館」であるが、「星のや」ブランドは、「圧倒的非日常感に包まれる日本発のラグジュアリーホテル」と定義している。星のやについては、ブランドとしての位置づけはホテルだが、そのなかに、ホテルの一形態として、旅館があるということだ。

それが、まさに星のや東京ということになる。

星のや東京において、ことさらに日本旅館を強調するのは、これまでの経験において、日本発のホテルチェーンが、海外のホテル運営会社と互して、圧倒的に優位に立てるコンテンツこそが日本旅館だと考えるからだ。

原体験である留学時代を振り返り、佳路は語る。

「一九八〇年代から今までにどんな変化があったかと言うと、世界中の大都市に寿司屋ができたんですね。私が留学していた頃は、周りは生魚の食べられない同級生ばかりだったんですよ。しかし、日本という大きな有名すぎる文化は、とても受けが良く、共感されるし、生魚を食べないと言っていた人が食べるようになってしまうくらいのパワーがある。それを背負っている日本のホテル企業が海外に行く時は、海外の人々にナチュラルに受け入れてもらう必要がある。それを表現するには、日本旅館しかないと思っています」

だが、それは伝統的な日本旅館そのものではない。日本的な要素を再構成し、人々の現代的な興味に合わせた、ある種のテーマパークのようなものなのだと思う。

たとえば、星のや東京では「靴を脱ぐ」という日本的な習慣を意図的に強調する。大手町のオフィス街の真ん中にあって、玄関には下足番がいて、履き物を預かる。そこに星のや東京が創造する、日本旅館の世界観がある。

しかし、日本旅館というものを定義づける重要な構成要素は、むしろ星のや東京が採用しなかった部分にあると考える人も多い。

忘れの里 雅叙苑の田島健夫が旅館を定義するキーワードは、一泊二食付きというスタイルである。

「部屋を売るのがホテル、一泊二食で地域文化を売るのが旅館だと考えます」

敷地内で有機野菜を栽培し、地鶏を飼う雅叙苑では、地元産の食を提供することが、宿泊客に提供する最も重要な体験と考えている。

「だから、泊食分離という考え方は、旅館においてはあり得ない」と言う。

「泊食分離」とは、文字通り、一泊二食を基本としてきた旅館のルールを崩し、宿泊だけの素泊まりも受け入れるという考え方である。星野リゾートでは、星のや軽井沢が開業した時、積極的に打ち出したことで話題を呼んだ。以来、星のやでは、どこでも泊食分離が実践されている。もちろん星のや東京もそうだ。


里山十帖の岩佐十良が考える日本旅館の条件は、仲居さんによるサービスのシステムだという。昔ながらの仲居さんがいる宿が旅館であり、その意味において、自らの宿も、日本旅館ではない、とする。

「星野リゾートの界も星のやも、同じく旅館ではないと考えます。日本の旅館は、日本の文化を守る上で素晴らしいものだと思います。でも、全員がめざすものではないと思うし、旅館文化を守ることが、観光の要だとも思いません」

実際、旅館でない、でも、里山十帖や星のやがそうであるように、快適で魅力的な宿は増えていると岩佐は語る。

仲居さんのサービスといえば、それを象徴するのが、部屋食である。

私自身も、部屋食のシステムほど、日本旅館を象徴するものはないと思う。

シンプルな畳の部屋を、人の手によって、寝室にも食事の部屋にも設えていくことは、日本の伝統的な暮らしのスタイルであり、西洋にはないものだ。

南伊豆の清流荘が、ルレ・エ・シャトーに加入し、フランス人を受け入れた時、彼らが最も驚き、興味を示したのが部屋食だったと言う。

かつては、部屋食の上げ膳据え膳こそが、旅館に泊まる贅沢とされてきた。

だから、今も部屋食の提供こそが高級旅館の証と考える客は多い。

だが、一方で、ホテル式のプライバシーのある空間に慣れた客層は、部屋食を敬遠する。運営側でも人件費のかかる部屋食は、多くの旅館がその存続の是非を悩んでもいる。


その部屋食にこだわり、泊食分離も実践せず、清流荘の脱会後、ルレ・エ・シャトーで最も古い日本メンバーとして、海外への扉も早くから開いてきたのが伊豆・修善寺温泉の「あさば」である。西の玉の湯、京の俵屋、東のあさばと並び称される名旅館だ。

創業は、五百十余年前にさかのぼる。先祖にあたる浅羽弥九郎幸忠は、修善寺曹洞宗開山のため修善寺を訪れ、門前に宿坊を開いた。それが「あさば」の前身だ。

あさばといえば、能舞台である。

桂川から水を引き込んだ池を囲むように建物が連なり、その対岸に能舞台が佇む。

空が藍色に染まり、暮れなずむ夕刻の風景は、まさに幽玄の世界。そして、その庭の中に風流な露天風呂がある。

この優美な世界観を造ったのは、明治時代の当主であった浅羽保右衛門だった。

「旅館の本館は、修善寺の門前にあって、漆喰の三階建ての建物でした。ここは、長期滞在のお客様が昼間、過ごす別荘だったんです」

現在の当主である浅羽一秀の母、先代女将であった愛子は、当時の様子を伝えて語る。

〈花鳥風月をめでつつ、舟遊びや囲碁、将棋、謡など、雅（みや）びな遊びを楽しんでいただくための場所だったのです。また、いまは姿をとどめませんが、二階建ての弓道場や、タイル館と呼ばれたアールデコ調のタイル造りの西洋館もあったそうです。中国人コックを雇って中国料理も出していたとか。古きよき時代の趣味人の風流三昧（ざんまい）がしのばれます〉（一九八八［昭和六三］年『静岡新聞』連載「窓辺」）

西洋館とは驚くが、横浜で博覧会があった時、タイル張りの建物の美しさに一目惚れして採用したものだという。昭和初期まであったそうだ。

能舞台の移築を考えたのも保右衛門である。茶道、弓道、義太夫などを愛した趣味人だったが、とりわけ能に造詣が深かったのである。能舞台は、明治時代には前田子爵家の敷地内にあったという、由緒あるものだった。

〈能舞台の移築は大事業でした。解体した木材を御台場から船に積んで運び、戸田港から馬車で修善寺に運んだそうです。舞台開きは大正元年。観世流、宝生流の連合の盛会で、「野も山も人を以って埋めたるほどの大盛況なり」と報じられました〉(同掲書)

保右衛門の壮大な計画は、それだけにとどまらなかったと一秀は言う。

「東京の芝浦にあさば楼と命名した料亭を支店として開業し、毎日、修善寺から温泉を樽に詰めて運んでいたそうです。名物のシイタケを釜飯にして出したりしていました」

現在の日帰り温浴施設のような発想に驚かされる。

そして、さらに未完の計画があった。現在の敷地の奥に、なんと西洋式のホテルを建設しようとしていたのだ。

「自分の息子を横浜商業に進学させ、英語の家庭教師をつけて。将来は留学もさせようと思っていたようです」

その息子が、一秀の祖父にあたる靖だ。

だが、保右衛門の急死により、ホテル計画も留学も実現しなかった。

それでも、靖は、昭和初期、富士屋ホテルの山口正造によって創設された富士屋ホテルトレーニングスクールに学んでいる。家の事情で卒業はできなかったが、七ヶ月だけの修業生として一九三三（昭和八）年、第一回卒業生のリストに名前が残る。

当時、富士屋ホテルトレーニングスクールには、京都の柊家、広島県宮島の岩惣など、旅館の後継者たちが多く学んでいた。旅館を近代化したいという、何らかのムーブメントが全国的にあったのだろう。

その後、若くしてあさばの経営を引き継いだ靖は、日帰りの施設だった別荘に客室を増設。こちらを旅館の本拠地として整備していった。

父の保右衛門に比べ、堅実なタイプだったが、ひとつだけ、庭に斬新な普請を行っている。今もある露天風呂である。

「池みたいな露天風呂を造れと、植木屋に命じたそうです。昭和初期のことですから、温泉と言えば、たいてい内風呂で、露天風呂なんて珍しかったと思いますよ」

山奥の野趣豊かな環境の、必然としての露天風呂ではなく、庭園を借景に、あえて風雅を楽しむための露天風呂というのは、これが事始めだったのかもしれない。

一秀の父、肇は、隔世遺伝なのか、ハイカラなものを好む人だった。

「今、ザ・ペニンシュラ東京が建っているかつての日活ホテルに就職して、西麻布のキャンティに足繁く通っていたそうです。昭和三〇年代のことです」

そして母の愛子は、女将として旅館を守ると同時に、一秀の生まれた一九六五（昭和四〇）年の前後から、能舞台で定期的に古典芸能の公演をプロデュースしてきた。

あさばが能舞台のある宿、古典芸能の宿として知られるのは、愛子の活躍によるところが大きい。

あさばの建物は、基本的に地元の大工が手がけたもので、代々の当主がそれに指示を出してきた。

「父は、モダン数寄屋などを好みましたが、私は、オーソドックスでクラシック、シンプルなものが好きですね。早くから父は、私にいろいろやらせてくれて、小学生の頃から、大工さんにあれこれ言っていました」

そのなかで、池に張り出した石舞台だけが唯一、四国・香川を拠点とする彫刻家、流政之のデザインによるものだ。一九八二（昭和五七）年、これにより、流政之は吉田五十八賞を受賞。周囲の自然と一体化したモダンな空間が生まれたことで笙やハープなどの公演も行われるようになった。

あさばは、歴史ある老舗であるが、こまめに改修が入っているせいか、明るく軽やかで、ぴりっとしたすがすがしさがある。それは現当主、一秀の好みでもあるようだ。

「寝泊まりするところが、歴史的建造物で重いのはいけないと思っているんですよ。畳も踏んで柔らかくなっていてはいけませんね」

三年前に大きな改修を行い、ロビー周りのレイアウトを変えた。また全館、スリッパを廃止して、パブリックスペースには床暖房を施し、畳、もしくはクッション性のいいダブルカーペットを敷き詰めた。畳廊下で、スリッパを用いない高級旅館はよくあるが、快適性のクオリティーが違う。

「素足で歩ける床にしようということはずっと考えていましたが、モルディブのソネバフシを見て、日本における畳の良さを再確認しました。あそこは裸足でビーチを歩くベアフット・リゾートがコンセプトでしょう。モルディブが砂の上を歩くのなら、日本は畳だろうと」

純日本スタイルでありながら、海外のホテルもよく見ているのがあさば流だ。その原点となったのが、ルレ・エ・シャトーの加盟だという。

「ルレのメンバーのホテルなど泊まり歩いていると、勉強になりますね。特に学んだのは清潔感とメンテナンスをまめにしている点でした」

その経験が、ぴりっとしたすがすがしい館内につながっている。

その上で、部屋食に象徴される日本旅館ならではのサービスを守っている。

「能もお茶も最初は無の空間なんですよ。そこにいろいろなものを運び入れて設えていき、最後は、また運び出して無の空間に戻る。旅館の部屋も同じだと思っています。ですから、なるべく室内はシンプルにしています」

なるほど、そういうことだったのか。

無の空間に食事を運び入れてもてなし、また無の空間に布団を運び入れて寝室とする。それは、茶道や能にも通じる日本文化の基本だったのだ。

「お風呂に入って浴衣でリラックスして、気楽に部屋で食事をしてもらうのが旅館だと考えているんです。西洋ではドレスアップして、心地よい緊張感の中で、まわりのお客さんもインテリアとして楽しむ。食事のあり方が違うんです」

最近は、以前に比べて、仲居さんの出入りを少なくし、事前にタイミングなど予告するようにしているそうだが、昔は、無の空間の思想にのっとり、歯ブラシなどの備品さえ、お客が着いてから運び入れていたという。

「昔の旦那衆は、部屋に女中さんがいるなかでくつろげたんですね。着替えまでさせる方もいました。足を目の前に出すので、何かと思ったら、靴下を履かせてくれという意味だったとかね。今の人は家に家族以外の人がいないので慣れていないんですね」

だが、部屋でリラックスしてもらうことが目的なのだから、女将が部屋に挨拶に回ることは、以前からしていなかったという。お客への挨拶は、到着時と出発時だけ。そのあたりのメリハリと気遣いは昔からの伝統だ。

「気張って、出張らず、間を外さぬように」という言葉が、あさばには家訓のように言い伝えられている。最後のひとつは、タイミングを図るということだ。むやみやたらに立ち入らない、というのは、基本なのである。

また、部屋食のスタイルを守るために、ハードの改善にも気を配っている。

一五年ほど前に導入した空調システムで、これにより、寝室のにおいがこもることなく、すがすがしく朝食を楽しんでもらえるようになった。

そして、分厚いマットレスに心地よい羽根布団、ダブルピローを重ねた寝具のクオリティーの高さも目を引く。ベッドに慣れていて、薄い敷き布団では不快に感じる人でも、この寝具であれば問題はない。

一七室の客室に従業員は四五人。うち板場が一〇人。料理に力を入れている姿勢がうかがえる。部屋食の魅力を支えるのは、料理の良さでもある。

「当たり前のものを当たり前に、オーソドックスな料理を作り立てで出すことにこだわっています。作りおきはしない、清潔感のある味。そうすれば、おのずと美味しくなると思うんです」

食に軸足をおき、主人の趣味嗜好を出してゆく宿のかたちは、ルレ・エ・シャトーのメンバ

あさばの部屋から能舞台を望む。人気演目の日は予約開始とともに満室になるという

ーに多いヨーロッパの小さな宿にも共通している。

「でも、そうした宿は、もっと働く人たちにゆとりがあるところが多い。客単価が高いことと、シーズンごとに長い休みを取ることが理由だと思います。南イタリアのポジターノにあるレ・シレヌーセに泊まった時なんて、二五平米くらいの部屋で一泊ルームチャージが二〇万円以上するのに驚きました。しかも、それでどんどん予約は埋まっていくんです。だからこそメンテナンスもできるし、スタッフの労働環境もよくできる。日本の宿も、もうすこし単価を上げていってもいいのではないかと思いますね。もちろん、そのためには、すべてにおいてメンテナンスを行き届かせることが前提ではありますが。

実際、今も外国人の予約は高い部屋から埋まっていくという状況があります。きちんと単価を上げ、働く人に利益を還元させることが大切なのだということを、私たちと同じように歴史ある小さなイタリアの宿に学んだ気がしました」

伝統ある日本旅館とはまた違う視点と方法論で、独自のスーパーラグジュアリーのあり方をめざすのが、同じルレ・エ・シャトーのメンバーでもある忘れの里 雅叙苑の田島健夫が手がける「天空の森」である。

一九九二（平成四）年、忘れの里 雅叙苑がひととおりの完成を見たと判断した田島は、次は、誰にも真似されないことをやってみようと決意。約三万坪の町有地を購入した。平坦なところはほとんどなく山ばかり、そこに竹林が茂っていた。田島は、その竹を自ら刈り取ることから始めた。ようやく東屋が完成し、日帰りの「野遊び」プランの原型がスタートしたのが一九九八（平成一〇）年のことである。

主人の趣味が高じて開発した場所で、日帰りの「野遊び」をする、という発想は、浅羽保右衛門が別荘として、今のあさばの敷地を開発し始めた頃の経緯にも似ている。

浅羽一秀は「小さな宿というのは、ヨーロッパでも日本でも、主人の趣味嗜好を出してゆくもの」と語ったが、まさにその通りである。

三棟のヴィラにベッドルームを整え、宿泊客を受け入れる体制が整ったのが、二〇〇四（平成一六）年のことだった。

現在、三棟のヴィラを宿泊棟、二棟のヴィラを日帰り用としている。現在の敷地面積は約一八万坪。東京ドーム約一三個分である。

宿泊は、一泊二食付き一人あたり一五万～二五万円。レ・シレヌーセの場合はルームチャージだが、ほぼ同じ価格帯を設定している。もっとも一泊二〇万円の「ヴィラ茜さす丘」の占有面積は、リビングルーム棟が五一・一二平米、ベッドルーム棟が一〇九・二〇平米であるから広さははるかに軍配が上がる。しかも、広大な敷地全体をわずか五棟で占有していることを考えれば、決して高くはない。

田島は、これを「適正価格」と表現するが、実際、南イタリアの例を見れば、それが間違いではないことがわかる。天空の森では、わずか五棟に対し、敷地のメンテナンスも含め約三〇人のスタッフがかかわっている。

「天空の森にいらっしゃる方は、自分を取り戻しにいらっしゃる。そのためには、自分だけしかいない、人の気配を感じないところが必要なのです。ただ、二人で手をつないで歩きたい、そういうことにお金を払うことは惜しくないという方がいらっしゃる。雨に濡れながら草原を歩きました、とうれしそうに話してくれます」

開業当初は、日本の常識からすれば法外に高価な料金があきれられたというが、開業から十数年、田島は、確かな手ごたえを感じている。

また、客単価の高いスーパーラグジュアリーの宿は、人材確保が難しい宿泊業に志の高い人を確保する方法でもある。

さらに「適正価格」の宿が「適正価格」で仕入れをすれば、周辺で農業などを営む地域全体にも還元される。地域の産業も潤うことになる。

安売りの宿ばかりの観光業では、地域全体が疲弊してしまうと田島は熱く語る。富裕層旅行のマーケットは、実は環境に優しいという側面もある。

たとえば、幸せの国で知られるブータンでは、観光客一人あたりの公定料金（一日あたり二〇〇ドルから二九〇ドル）が決まっていて、最低これだけ支払わないとビザが発給されない。初めて進出した外資系ホテルがアマンリゾーツだったことからもわかるように典型的な富裕層旅行の市場である。

またアフリカ、ボツワナで野生動物の楽園として知られるオカバンゴデルタでも高価格帯のロッジしか建設許可が下りない。

すべては自然環境、文化環境を守るための施策である。

富裕層旅行は、少ない入れ込み人数で、同じ金額の収益を上げることができる、環境に優しいマーケットであるということが日本では、まだあまり理解されていない。そして地域経済の疲弊を救うものであることも理解されていない。

今後、そうした点が啓蒙されていけば、小規模なスーパーラグジュアリーが、観光活性化の受け皿として、期待されることは間違いない。

ところで、日本旅館は世界に進出できるのか、というテーマを今一度考えたい。

星のや東京の開業の意図は、まさにそこにあった。

星野佳路は、世界の東京に匹敵するような大都市、ロンドンやニューヨーク、パリといったところに星のやを開業することを目標としている。

特に彼が意識しているのはニューヨークだろう。

かつて日本航空開発に勤務していた時代、エセックスホテルから見た、ニューヨーク全体を掌中に収めたような景色。だが、日本企業がヨーロピアンスタイルのホテルを所有運営することを疑問視され、彼らに対する答えが見つからなかった苦い記憶。それを払拭する日本旅館を運営したい、と彼は望んできたのである。

だが、日本旅館というカテゴリーが、ホテルのひとつのジャンルとして世界に認められることを世界進出と呼ぶのなら、ニューヨークに日本旅館が開業するだけでない、あとふたつの可能性があると私は思う。

ひとつは、日本にある旅館が世界的に高い評価を受けることだ。

ルレ・エ・シャトーにあさばや天空の森が加盟していることもひとつだろうが、世界的に知名度のあるランキングなどに登場することもひとつである。

アメリカの旅行雑誌『コンデナスト・トラベラー』と『トラベル・アンド・レジャー』は毎年、読者投票によるホテルランキングを発表することで知られるが、二〇一七（平成二九）年一二月、『コンデナスト・トラベラー』のランキングのひとつ、ゴールドリストに「星のや東京」が選ばれた。「パークハイアット東京」「マンダリンオリエンタル東京」そして「アマン東京」と、世界的に知名度の高い運営会社によるホテルと並び評価されたことの意味は大きい。

ちなみに偶然の一致であるが、アマン東京と星のや東京は客室数が八四室と規模が全く同じだ。東京のスモールラグジュアリーとして世界にその名を知られたことになる。

そして、もうひとつの可能性が外国人による旅館経営である。

オーナーとして外国資本が旅館を買収する事例は、すでに多くあるが、プロジェクトの計画そのものが外国人によるものとして、ニセコの「坐忘林」がある。

二〇一五（平成二七）年、ニセコの中心部から少し離れた原生林の中に開業したのが「坐忘林」である。

オーナーはシンガポール在住のマーシャル夫妻という英国人カップル。中心となった創始者のひとりが、英国生まれ、オーストラリア育ちのショーヤ・グリッグである。

ニセコがオーストラリア人を中心とする外国人に注目され始めたのは十数年前のこと。一説には、二〇〇一（平成一三）年九月一一日の同時多発テロ以降、それまでアメリカに行っていたオーストラリア人観光客の流れがニセコにシフトしたとも聞く。ニセコでアウトドア・アクティビティの会社をやっていたオーストラリア人による口コミで雪質の良さが評判になったとも言われる。

ショーヤ・グリッグが、ニセコに初めてやって来たのもその頃のことだ。

一九六八（昭和四三）年、英国、ヨークシャーの生まれ。ヒッピー文化全盛期、両親は労働者階級のティーンエイジャーのカップルだった。「できちゃった婚」だったと彼は笑う。豊かではないが、だからこそ自分たちで工夫して、フリーマーケットで手に入れた中古品で何でも造ってしまう家族の生き方は、後の彼の人生に大きな影響を与えた。

一三歳の時、家族でオーストラリアに移住。パースのデザイン学校でメディアデザインを専攻、写真と映像を学んだ。だが、学校の勉強よりも、ファッションデザイナーだったガールフレンドと立ち上げた「サブウェイＤＣ」というファッションブティックを成功させたことが人生のターニングポイントとなる。

そして、彼は自由を愛し、旅する人でもあった。一〇代の頃からアルバイトしてお金を貯めては、オーストラリア全土、さらにはアジアやヨーロッパを旅していた。

「日本にももちろん興味はあったんだけど、高くて行けなかったんだよね」

だが、卒業後、フリーランスで写真の仕事をするうちに日本の映像、広告関係の会社とつながりができる。ちょうど日本がバブル景気だった頃のことだ。

そのつてを頼りにショーヤは、ワーキングホリデービザで来日した。

北海道に魅せられたのは、図書館で見た写真集がきっかけだった。

自転車で四ヶ月かけて北海道を一周。この地に拠点を構える決心をする。

そして立ち上げたのがクーカン（Kookan）という会社だった。

その後も、ショーヤは日本の旅を重ねていた。

「ホスピタリティ産業には、ずっと興味があったんだよね。旅館にもよく泊まりました。大きなホテルより、家族でやっている小さな旅館が好き。もう少しこういうところを良くすれば、もっとよくなるのに、と考えることが多くなったんだ」

その頃、ひとつのクライアントと運命的な出会いをする。

小樽近くの朝里川温泉にある「藏群」である。

二〇〇二（平成一四）年に開業したここも、第一〇章でふれた九州や四国の宿が開業したのと同じ時期、日本全国で同時多発的に生まれた新しいタイプの宿のひとつだった。

同い年だったオーナーの息子と意気投合。ショーヤは、印刷物やウェブのデザイン、海外へのPRなどを任された。

藏群は、北海道出身で札幌に拠点をおく建築家、中山眞琴との出会いともなる。

後に坐忘林の原生林を生かした建築を手がけることになる建築家だった。

そして、ショーヤはニセコでもビジネスを始める。

二〇〇〇年代前半、オーストラリア人を中心に外国人観光客は増えていたが、まだ彼らが投資まで行っていなかった頃、ニセコ、ヒラフの小さなペンションを購入。開業したのが「雪華

(Sekka)」というダイニング・バーである。

「コンセプト、名前、ロゴ、印刷物、ウェブなどトータルにデザインするスタイルは、昔、パースでやっていたサブウェイDCと同じだった」

若き日の夢は、ここで大きく花開く。ブレイク寸前のニセコであったことの幸運も大きかった。富裕層の投資家たちも足繁く通ってきたからだ。

「僕のセンスを気に入ってくれたんだよね」と彼は言う。

こうして「雪華(Sekka)」は、投資家たちのバックアップでコンドミニアムなどを開発する「雪華スタイル(Sekka Style)」に発展していったのである。

ニセコブームの勃興と共に「雪華スタイル(Sekka Style)」は大成功する。

その資金でショーヤは、ニセコに広大な土地を購入した。

「故郷のヨークシャーに似ていたのも良かったんだよね」

そこにまずは自宅を建てた。後の坐忘林の敷地だった。

「坐忘」とは仏教用語で「静座して現世を忘れ、雑念を除くこと」を意味する。

「坐忘林」とは、「日常の雑事を忘れ、静かに座って心を静めるための原生林」である。

客室に設けられた露天風呂の圧倒的な開放感が印象的だった。

眼前に広がる原生林が、人気のない私有地だからこそ可能な開放感を感じさせ、さらに敷地の先が牧場であることも北海道らしかった。

「坐忘」という仏教用語は、サンスクリット語で「平和の場所」を意味する「アマン」にどこか通じるものを感じた。

アマンとは、もちろんアマンリゾーツのアマンである。

するとと、ショーヤは意外なことを話してくれた。

「香港の友達がエイドリアンの息子と仲が良くて、紹介してくれたんだ。ちょうど今から一〇年くらい前のことだったと思う。何回も来てくれて、この場所を気に入ってくれた。一、二年は、いろいろと話をしたかな。ぼくもアマンを結構、廻ったよ」

『アマン伝説』の取材をしていた頃、ニセコに案件があって何回か行っていると、関係者から聞いた記憶があった。二〇〇七、八年から一、二年間続いていたプロジェクトであれば、時期的にも符合する。

「そうだよ、ここはアマンになっていたかもしれなかったんだ。残念ながら、タイミングが合わなかったんだけどね」

そして、マーシャル夫妻をオーナーとする坐忘林のプロジェクトが始まった。

ショーヤをサポートしたのが、当時、ニセコ「ホテル甘露の森」で支配人をしていた松橋京子だった。メディア出身で、北海道の魅力に魅せられ、その地域開発に奔走していた彼女とは話があった。その後、松橋は、鶴雅グループの道央進出となった定山渓鶴雅リゾートスパ 森の謌執行役員支配人を務めるが、その関係から、同じ鶴雅グループのニセコ昆布温泉 鶴雅別荘 杢の抄にいた料理人、瀬野嘉寛を坐忘林にスカウトすることになる。

釧路出身で、地元の素材にこだわる料理を作る彼の将来性をショーヤは期待した。

建築家の中山眞琴も北海道の出身、ローカルのデザインにこだわる。原生林の白樺を建物の外壁に生かすなどのアイディアが生まれていった。

客室には、写真家でもあるショーヤが写した写真が飾られた。

空間デザインには、『陰翳礼賛』に象徴される光と影の世界観が表現された。レストランの照明に使われたアンティークの照明器具など、細部にショーヤの美的センスが光っている。

パブリックスペースの一角に茶室的な空間があり、ゲストにお茶の接待がある。だが、それは椅子席であって、畳の本格的な茶室ではない。

大きく窓をとり、ゆったりとした客室の設えは、むしろラグジュアリーリゾートといった趣がある。

でも、温泉はある。源泉の花園温泉は美肌の湯として知られるナトリウム炭酸水素塩泉。すべての客室に源泉かけ流しの露天風呂が設けられており、その開放感は、先にふれた通りだ。大浴場はないが、天草の五足のくつにも共通するスタイルである。

坐忘林は、ジャンルで言えば、旅館になるのだろうが、しかし、彼は、ことさら旅館に興味があった訳ではないと語る。

ショーヤは、一番好きな宿のタイプは「リトリート」だと言う。

日本語に訳せば「隠れ家」だろうか。

ローカル・リトリートという言い方もする。

小さくて個性的で、その土地らしさがあって、宿の主人の顔が見える感じ。日本だと、リトリートに相当する宿は、家族経営の旅館が多いと彼は言う。しかし、だからと言って旅館すべてが好きな訳でもない。

「本物が好き。フェイクは好きじゃない。リアルで、こだわりがあって、ラグジュアリーなもの。でも、ゴージャスではない。日本の大きな旅館は、なんかフェイクな感じがするんだよね。おもてなしも、たてまえっぽくて、固い感じ」

彼は、旅館という業態にこだわりがあるのではない。

たまたま、彼の好きなリトリートに相当する宿が、日本では、あるタイプの旅館が多いだけのことなのだ。

そう語る彼は、大きなホテルのオペレーションも坐忘林には馴染まないと考えていた。だが、オーナーはハイアットで経験のあるチームを配した。そのあたりの意見の相違から現在、ショーヤは坐忘林とは直接、関わっていない。

坐忘林は、旅館である以前に、より大きなジャンルで言えば、ローカル・リトリートなのかもしれない。

そのくくりで考えれば、星のやも界も、アマンリゾーツも、純日本旅館のあさばも、すべてローカル・リトリートである。そのなかに、旅館があり、旅館のようなホテルがあり、小さなホテルがある。

ローカル・リトリートと呼ぶべき宿は、ショーヤの個人的趣味で終わらない。世界中の多くの旅慣れた、経済的にもゆとりのある旅行者が求める宿のかたちだ。

食に特化したオーベルジュがそうだろうし、健康志向のスパ、ウェルネスリゾート、自然豊かな環境にあるネイチャーロッジもそうだと思う。一泊二食付きが旅館文化の基本というが、こうした宿も食事付きが多い。

そのなかで十数年前から、先にあげた『コンデナスト・トラベラー』『トラベル・アンド・レジャー』のランキングで、何度となく世界一を獲得してきたジャンルがある。アフリカのサファリロッジだ。きっかけとなったのが、二〇〇四（平成一六）年に二誌で世界一を獲得したシンギータ・エボニー&ボウルダーズだった。

私は、たまたまランキングが発表される直前に取材に行ったのだが、当時、一世を風靡していたアジアンリゾートが束になってかかってもかなわない、と感じさせる壮大なアフリカンラグジュアリーの世界観と、野生動物が息づくワイルドな自然が同居するコンセプトに圧倒された。

その衝撃があまりに大きく、その後、取り憑かれたようにアフリカのサファリロッジの取材を重ねたのだが、その頃、ふと感じたことがあった。

それは、サファリロッジと旅館が似ているのではないか、ということだった。

そう思った理由はふたつある。

ひとつは、その土地特有の地域性が強いこと。そして、もうひとつが、仲居さんとレンジャーの役割が似ていることだ。

サファリロッジでは、到着から出発まで、担当のレンジャーが一貫してゲストの世話をする。滞在費に含まれているゲームドライブでは、文字通りレンジャーとして案内するが、アフタヌーンティーや食事の時のホスト役もする。仲居さんが上げ膳据え膳で部屋食を給仕するのと、自らも食事をしながらゲストをもてなすホスト役とでは、一見全く立ち位置が全く異なるが、それは背景となる文化の違いであり、ゲストの滞在の印象や善し悪しを決定する重要な役割という点では同じである。

実際、日本の旅館が世界に扉を開くきっかけになったルレ・エ・シャトーにもサファリロッジのメンバーは多く、プロモーションビデオなどでは、旅館とサファリロッジは必ず登場して、メンバーの幅広さをアピールする要素になっている。欧米人から見たら、独自のエキゾティシズムという点で共通するのだと思う。

さらにもうひとつ、その特殊性ゆえに、オーナーや運営に外資が入り込みにくいという点も共通している。

それでも数年前、フォーシーズンズがタンザニア、セレンゲティに開業した。坐忘林のような状況は、サファリロッジでもおきている。

しかし、サファリロッジが北米やヨーロッパに進出することはあり得ないだろう。ライオンや象がいないからだ。もっとも、インドやスリランカではサファリは可能で、実際、インドのタージと南アフリカのアンドビヨンドは運営提携もしている。だが、少なくとも野生動物のいないエリアにサファリロッジが進出することはあり得ない。

ひるがえって日本旅館はどうなのだろう。

サファリロッジに相当する象やライオンのいない、すなわち日本文化の背景がないところで成立できるのか。ショーヤが言うところのフェイクになりはしないのか。

サファリロッジほど障壁は大きくないが、難しいことは事実だと言わざるを得ない。

だが、たとえば、フランス料理が日本において、地域に根ざした素材を使った料理で評価されている事実などに可能性を見いだすことはできる。

日本文化や日本料理を背景とした旅館というものが、世界の別のローカリズムを吸収して、グローバルなスタンダードになり得るのであれば、である。

星野佳路が最終的にめざすところの日本旅館の世界進出は、まだなし得ていない。

しかし、星のやの世界進出はすでに実現している。

二〇一七（平成二九）年一月に開業した「星のやバリ」である。

インドネシア出身のオーナーが、運営会社として星野リゾートを指名。星のやとして、初めての世界進出となった。

きっかけは、星野佳路を有名にしたＮＨＫのテレビ番組『プロフェッショナル 仕事の流儀』だった。オーナーチームでコンサルティングをしていた日本人がこれを見て、オーナーに話したところ、興味を持ったと言う。彼は、もともと日本とビジネスをした経験があり、日本人に対する信頼が高かったのだ。

バリのウブド郊外に、すでに敷地も決まっていたこの案件は、星野リゾートとしては、オーナーからのオファーに基づき、運営会社としてベストを尽くすプロジェクトというスタンスである。佳路も、また現地の支配人も、これは日本旅館ではなく、バリ文化、バリらしさを表現したリゾートであると強調する。

しかし、実際に行ってみると、日本的なテイストを随所に感じた。

これまでアジアンリゾートを数多く見てきたからこそ、見えてきた微細な違いなのかもしれなかった。

バリ特有の稲作水利システム「スバック」の世界観を再現した運河プール、インドネシアの木彫やバティックをあしらったインテリアなど、一見すると、日本的なものは感じられない。しかし、客室全体の繊細なまとまり、バスルームの使いやすさ、当たり前のように設置された最新のシャワートイレなど、細部に感じる日本的な細やかさは印象的だった。日本料理出身の日本人シェフによるコース仕立てのモダンバリニーズも、バリ料理でありつつ日本的であり、定食スタイルで提供される朝食にもそれを感じた。

そして、何より日本的なものを感じたのは、空間における中間領域の厚みだった。

星のやバリの運河プール。ヴィラの前には、プライベートとパブリックの境目的な中間領域がある。

ヴィラは運河プールの両脇に並んでいて、すべてのヴィラに直接、プールにアクセスできるプールサイドリビングがある。このパブリックともプライベートとも言えないプールサイドリビングと運河プールの関係が、中間領域の厚みであり、日本家屋における縁側のような役割を果たしているのだ。

建築設計を担当した東利恵は言う。

「プライベートを完全に仕切るのは西洋的な考え方で、日本はもっと開けっぴろげで、ゆるやかにパブリックとつながっていくんですね。そのほうが自然だったり、つながりが豊かになるのかなと思います」

その発想が、星のや軽井沢などにも共通するヴィラ同士の近さであったり、星のや東京に設けられた宿泊者専用の共有スペース「お茶の間ラウンジ」にもつながっている。

星のやバリは日本旅館ではないけれど、日本的な空間のとらえ方が確かに背景にある、日本のリトリートなのだと思う。

そう考えていくと、どうにも思い出される俵屋の佐藤年の言葉がある。

「海外に俵屋を出してくれないかと言われたこともずいぶんありました。ニューヨーク、オーストラリア、フランス、韓国。でも、全部お断りしました。なぜなら寸法が違うからです。アメリカに俵屋を持っていったら、何か弱々しいものになってしまう」（『アマン伝説』）

そうか、寸法か。

星のやバリの空間を日本的に見せているものの正体は、実は寸法なのかもしれない。

星のや東京とアマン東京の違いもそこにある。

アマン東京も日本的なデザインを随所に取り入れているが、しかし、寸法が大きいのである。

それが、何となく外資系ホテルらしい空間を創り上げている。

坐忘林もそうだ。限りなく日本的でありながら、どこか作り手が日本人でないことを感じさせる理由は、やはり寸法だったように思う。坐忘林もアマン東京に似て、家具であるとか、空間の取り方であるとか、ひとつひとつの寸法が大きいのである。


だが、中間領域の厚みも空間の寸法も、それが日本のみの美学なのか、グローバルに受け入れられるものであるか、正解はないのだと思う。

俵屋の佐藤年は、俵屋の寸法は、京都でのみ美しいと感じられると判断したが、星のやバリは、日本的な空間のとらえ方をインドネシアで実践した。

星のやバリに続いて、台湾でも星のやのプロジェクトが進行中だという。

バリと同様、オーナーから運営会社として指名を受けてのリゾート計画だ。

これもバリ同様、日本旅館の世界進出という位置づけではない。だが、星のやバリがそうであったように、必然的に日本的なテイストは織り込まれていくのだろう。

日本旅館ではなくとも、日本のリトリートであることに間違いはない。

それが今後、どのような評価を受けていくのか。

それもまた、日本旅館が世界に進出できるかを問う試金石になると思う。

少なくとも世界は、星のや東京に続く都市型の日本旅館だけでなく、こうしたリゾートも含め、日本の運営会社が展開する日本のリトリートを広義の日本旅館もしくは、旅館的なテイストの宿として期待し、理解するのではないかと考えるからである。

アジアンリゾートにさしたる定義がないように、世界の人たちは日本旅館の定義なんて求めていない。ただ、何か新鮮で、斬新なコンセプトのリトリートを求めている。

日本旅館、もしくは旅館的なものが、その求めているものに合致するかが、世界のホスピタリティ産業に新たな潮流を生み出せるかどうかの条件なのだと思う。

終章

日本旅館は
どこに行くのか

二〇一八（平成三〇）年六月より、前年末に成立した旅館業法の改正が、施行された。法的にグレーゾーンだった民泊が正式に認められることで話題になっているが、実は、旅館の歴史においても、重要な出来事となる。

なぜなら、これまで分けられてきた「旅館営業」と「ホテル営業」の区別が撤廃され、法律上、旅館とホテルの区別がなくなるからである。

日本ならではのホスピタリティ産業として、旅館の近現代史を追いかけてきた。だが、もはや時代は、旅館でもホテルでも、どちらでもいいのかもしれない。

旅館とホテルの境界線が、ますます曖昧になっていくこれから、旅館とは何かという問いかけは、より抽象的なものになっていくに違いない。

一九七〇年代頃まで、旅館とホテルの棲み分けは明確だった。

旅館は、日本人が日常的に泊まる宿泊施設であり、ビジネス利用の出張など、現在、ビジネスホテルがカバーしているニーズもすべて旅館が担っていた。

観光地においては、戦後の経済成長と共に大型旅館が次々に開業。「観光ホテル」などと称され、客室に鍵が完備されるなど、ハードとしてはホテルに近い機能を持ったが、実態は近代化された旅館であり、日本人の、それも団体客のみを相手にして、極めてガラパゴス的な日本の観光産業を支えてきた。

一方、ホテルは、外国人と外国的なライフスタイルに慣れ親しんだ富裕層を相手にしたものだった。外国人は、日本の美術や工芸、芸能や建築などに興味はあっても、食文化に興味はなく、日本を訪れてもホテルがあればホテルに泊まり、洋食を食べるのが普通だった。旅館は、旅館しかないような地方に行った時、仕方なく泊まるものだった。

それが、さまざまな環境の変化で、少しずつ状況が変わっていく。

まず、第四章でふれたように、日本人のごく普通の宿泊が、旅館ではなくビジネスホテルを好むようになっていく。

第二章に書いたように、そもそも日本人には、プライバシーの概念がなかった。だから、昔の宿屋には、鍵はなく、隣の部屋との仕切りも襖や障子一枚だけだった。地方の農村であれば、家でも鍵はかけずに開けっ放し。隣の人が知らない間に採れたての野菜を縁側においていく、などといった光景が当たり前に見られた。都市部でも、江戸時代の長屋では、同じ状況だったに違いない。

それが都市生活者を中心に鍵のかかる、プライバシーの保てる住宅に暮らすようになる。「お茶の間」に家族全員が集い、夜になれば「ちゃぶ台」を片付けて布団を敷き、川の字になって寝ていた生活から、「お茶の間」は「リビングダイニング」に代わり、子供たちも「子供部屋」という個室を持つようになったのである。

そうなれば、出張で仕事が終わってからも上司と同じ部屋に寝て、酒盛りや麻雀をする旅館での過ごし方は快適ではない。ビジネスホテルのシングルルームが支持されるのは当然のことだろう。こうして旅館は、都市部の日常的な宿泊施設ではなくなり、観光地におけるレジャーにおいてのみ利用されるものになってゆく。

一方で、日本を訪れる外国人にも変化が生じてくる。

背景として注目すべきは、一九七〇年代、ジャンボジェット機の就航により航空機による大量輸送時代が到来したことだ。航空機のチケットは物価に反比例して安くなっていった。その恩恵は、日本人の海外旅行、すなわちアウトバウンドのみならず、訪日観光客、すなわちインバウンドにもあったはずである。

一九七〇年代から一九八〇年代にかけて、私は、長らく日本のインバウンドは、数が減っていたと勘違いしていた。理由は、家族が長く関わってきた富士屋ホテルにおいて、この時期、外国人宿泊者が減少し、日本人市場の開拓に力を入れなければならない状況があったからだ。一九七〇年代頃、外国人客の減少に伴い、当時、いくらでも需要があった日本人の団体客を受け入れるため、週末ごとにダンスパーティーが開かれた宴会場に畳を敷いたこともあったのだ。ところが、今回、澤の屋旅館の取材を通して、インバウンドの実数が減ってはいなかった事実を知った。

では、なぜ富士屋ホテルの外国人は減り、澤の屋旅館に外国人客が増えたのか。

訪日外国人といえば、かつてはホテルに宿泊する富裕層だけだったのが、航空チケットが安くなったことで、多様な客層の外国人が訪れるようになったのではないか。

そのため、全体の訪日観光客は減っていないのに、富士屋ホテルの外国人は減ったのではないか。

実際、この時代、『ロンリープラネット』や『地球の歩き方』が創刊され、バックパッカーの旅をする若い人たちが世界的に増えた。日本で、彼らの受け皿になったのが、ビジネスホテルにならず生き残っていた澤の屋のような旅館だったのだ。

一方で、日本人の海外旅行、アウトバウンドの増加は、日本人とホテルの親和性をさらに高めていく役割も果たしたに違いない。

そして、一九九〇年代以降、もうひとつの大きなムーブメントがおきる。

寿司をはじめとする日本食ブームである。

星野佳路も証言している。一九八〇年代、彼がアメリカに留学していた頃、同級生たちは、ほとんど生魚は食べられなかった。ことさらに、中国人は、習慣的に生ものは食べないと、当時、まことしやかに語られてもいた。それがどうだろう。今では、寿司が世界を席巻している。

ピザやパスタがイタリア人の手を離れ、世界中に存在するように、寿司も日本人の手を離れて、世界中で好まれている。

日本文化の魅力として、日本食の地位が急上昇するようになったことで、旅館に泊まってみたいという興味も駆り立てられるようになったのではないか。

一九八〇年代後半以降に高級旅館がフランスのルレ・エ・シャトーに加盟したのも、日本の食文化に対する興味の先駆けだったのかもしれない。ミシュランの星付きレストランを多くメンバーに抱えるこの組織が、当初、旅館のほか、日本の料亭をメンバーに加えていたことからも、その傾向が見てとれる。

今や、日本料理は、フランス料理と並びユネスコの無形文化遺産となり、外国人が日本を旅する大きな理由となっている。三〇年前には考えられなかったことだ。

こうして、旅館は日本人が泊まるもの、ホテルは外国人は泊まるもの、という方程式はすっかり崩れてしまった。

日本人の住環境も大きく変化し、プライベートな自室はもとより、ベッドで眠ることも日常となった。旅館は今や、日本人にとってもエキゾティックな体験になりつつある。

たとえば、昔は、浴衣も寝間着、くつろぎ着として準備されたものだった。たいていの日本人は、自宅でも浴衣で寝ていたから、それは日常の延長だった。

だが、現代における浴衣は、日本人にとってもコスプレ感覚である。昨今、多くの旅館が採用している女性客向けの選べる色浴衣は、もはや浴衣がコスプレである証だろう。

現代における旅館は、日本人にとっても外国人にとっても、非日常なのである。

そう考えると、星のやのキャッチコピー、「現代を休む日」は、まさに納得である。


今回、日本旅館が世界に進出する旗手として、星野リゾートを見つめてきたのだが、実は執筆が最終段階に入っていく中で、彼らの展開が幅広くなり、必ずしも旅館という枠組だけで捉えられなくなってきた。そして、そのことに私は戸惑った。

そのひとつが、昨年発表した都市観光ホテルブランドのＯＭＯ《おも》である。ホテルのコンセプトは、「旅のテンションをあげるホテル」だ。

今春、「星野リゾート　ＯＭＯ７旭川」と「星野リゾート　ＯＭＯ５東京大塚」を相次いで開業。通常、異なるブランドで展開するサービスレンジの幅を数字であらわす発想も新鮮だった。だが、同時に、思わぬ方向の展開に驚いた。

国内都市観光の活性化という目的は納得できたが、あんなに旅館を標榜していたのに、いったいどこに行くのか、と理解に苦しんだ。

しかし、その発表と同じ頃、東京と大阪に同時開業したマリオット・インターナショナルの新しいブランド、モクシーを見て、目からウロコが落ちる感じがした。

ＯＭＯとモクシーは、似たラインの展開ではないかと思ったのだった。

低価格でカジュアルに利用できるリミテッドサービスの、ライフスタイルホテルであるという点においてである。ＯＭＯもジャンルとしては、ライフスタイルホテルにカテゴライズされると考えていいだろう。

今のホテル業界では、ライフスタイルホテルというジャンルが注目されている。デザイン性が高く、独自のスタイルがある、従来のクラシックなホテルとは一線を画するタイプの個性的なホテルだ。

たとえば、マリオット・インターナショナルでは、低価格帯のモクシー、ラグジュアリーブランドにＷ、そのＷのＤＮＡを受け継いだリーズナブルなブランドのアロフトがある。ＯＭＯ５がモクシー、ＯＭＯ７がアロフトに相当する感じだろうか。

Ｗは大阪に二〇二一年、日本初上陸としてＷ ＯＳＡＫＡを開業する予定である。アロフトは、エッジの効いたコンセプトながら、すでに十年の歴史があるブランドだが、残念ながら日本にはまだ上陸していない。

このほか、日本に上陸しているライフスタイルホテルとしては、虎ノ門にあるハイアットのアンダーズや銀座に開業したハイアット セントリックなどがあげられる。

日本人のホテルの好みが保守的だからか、日本ではライフスタイルホテルの展開が相対的に少ない。そのため実感がないかもしれないが、世界的に見てライフスタイルホテルは、近年、飛躍的に成長している分野である。

その中で世界市場的に、いまだ空白域とされるのが、低価格帯でリミテッドサービスのライフスタイルホテルであり、モクシーがそれに相当する。それが、WもアロフトもT進出していない日本に二軒も開業したことに当初、驚いた。

この分野では、実は北米よりヨーロッパが先進国で、モクシーも最も数が多いエリアはヨーロッパである。このほか同業態のブランドとしては、ヨーテル、シチズンMなどが知られている。そういえば、ヨーテルやシチズンMは、どこかカプセルホテルに通じる雰囲気がある。ヨーテルのデザインコンセプトは、アニメの世界を彷彿とさせる。このジャンルのほうが日本に親和性があると思ったのかもしれない。

さらにモクシーで印象的だったのは、専用のフロントがなくバーカウンターと併用していることだった。これにより、スタッフのマルチタスク化とバーの二四時間営業を実現し、効率化している。星野リゾートが打ち出す「マルチタスク」とはまた異なるが、分業化の進んだ外資系ホテルでも今後、何らかのかたちでマルチタスクが導入される可能性を予感させるものだった。

ＯＭＯは、日本の国内観光の活性化のみならず、世界的に見ても成熟途中にあるリミテッドサービスのライフスタイルホテルという絶妙なマーケットを狙うブランドになる可能性を秘めているのではないか。

しかもＯＭＯは、欧米型のライフスタイルホテルとは異なる、日本ならではとも言える独特のアプローチをしているところが面白い。

たとえば、ＯＭＯ５ 東京大塚とモクシー東京錦糸町の客室を比べてみると、壁面を上手く使って備品やアメニティーの収納をする、コンパクトでありながらデザイン性が高い点は共通するのだが、「ＹＡＧＵＲＡルーム」と名づけられたＯＭＯ５ 東京大塚の客室では、靴を脱いで部屋にあがると畳敷きのリビングがあり、檜の木材を効果的に使った空間は、和室そのものではないけれど、どこか和のテイストを感じさせる。

客室のバスルームはシャワーのみ、しかし、二四時間利用できるジムがあるモクシーに対し、ジムはないけれど、客室には、日本の家庭にあるような深めの浴槽と洗い場のあるバスルームがあるＯＭＯ。一見すると、いずれもスタイリッシュでありながらコンパクトでカジュアルなライフスタイルホテルなのだが、私はＯＭＯには、間接的に旅館のＤＮＡを感じたのだった。

そして、ＯＭＯの独自性を決定づけるのが、「ＯＭＯレンジャー」と呼ばれるスタッフが実施する街歩きのガイドツアーである。ＯＭＯ５ 東京大塚には、無料で四五分程度の周辺散歩を案内する「ＯＭＯグリーン」のほか、一人一〇〇〇円（飲食費別）で個性的な地元の飲食店やナイトカルチャーを楽しめる「ＯＭＯレッド」「ＯＭＯイエロー」「ＯＭＯブルー」「ＯＭＯパープル」と五人の多彩なＯＭＯレンジャーがいる。「ＯＭＯグリーン」は途中、案内してくれる飲食店での路脱は自由。それ以外では、ＯＭＯレンジャーも一緒に入店してナイトライフを楽しむ。

ＯＭＯ５ 東京大塚のスタンダードルーム。ロフト状のベッドへと続く階段下も収納スペースとして活用している

ライフスタイルホテルは、ゲストをホテルに囲い込むのでなく、地元と積極的にリンクするところが多いが、情報提供だけでなく、夜の過ごし方を一歩踏み込んでゲストに提案するＯＭＯレンジャーは、これまでになかった斬新さがある。宿泊施設そのものではなく、地元の町を舞台にゲストと積極的に関わっていく感じは、旅館的な面倒見の良さがあるし、一方、そのネーミングは、日本のポップカルチャーを彷彿とさせ、また違う意味でも日本的である。

モクシーと比較することで、ＯＭＯの先進性と、日本的ＤＮＡに気づかされた。

もしかしたら、ＯＭＯが展開することで、星野リゾート全体が日本旅館という、世界的に見ればニッチな分野の企業になるのではなく、幅広くホテルを展開するブランドとして認知され、さらに、その日本的なＤＮＡにおいて、差別化もできるのではないかと感じたのだった。

さらに、日本旅館それ自体もまた、広義のライフスタイルホテルと位置づけられるのではないだろうか。

それもとびきり新鮮で、エキゾティックで、独自性があるライフスタイルホテルだ。クラシックなホテルブランドがなくなる訳ではないだろうが、ホテルの新しい可能性を示唆するライフスタイルホテルは、今後、さらなる発展を遂げると思う。

その一ジャンルとして、日本旅館を位置づけた時、ふと途方もない可能性が見えたのだった。星のやはもちろんのこと、界も伝統的な日本旅館ではない。日本旅館を出自とし、現代的に再構成された日本発のライフスタイルホテルだと考えると、すんなりと着地する。

もちろん、あさばや俵屋のような正統派の旅館も生き残っていくだろう。だが、それは、最高の「おもてなし」ができる特別な旅館としてであり、あさばが指摘していたように、その料金は、今よりもっと高くてもいいのかもしれない。それは、日本文化を体現する、ひとつの芸術だからである。

その一方で、多くの「旅館のようなホテル」が、アジアンリゾートがそうであったように、ライフスタイルホテルのひとつとして、ホテル業界に新風を吹き込んでゆく。

そして、そのように考えていくと、一度はどこに向かっていくのか、まるでわからなくなっていた星野リゾートの立ち位置が明確になり、向かう先が少し見えてくる気がしたのだった。

執筆の最終段階で、もうひとつの出来事があった。

星野佳路と私の個人的なつながりの原点であった父山口祐司の死である。

佳路は「山口先輩への言葉」という一文を追悼冊子に寄せてくれた。

最後にこう結んでいる。

〈先輩の次の世代を担う私たちは、自分のキャリアが終わるまでのどこかで、自社の競争力だけを考える活動から、母校への貢献、そして日本のホテル業界のこれからの人材に貢献する自分にできる何かを見つけないといけない〉

いつもの佳路の発想からすると、意外とも思える言葉だったが、星野リゾートが最近、力を入れているある取り組みとこの言葉が重なった。

それは「若者旅プロジェクト」である。

二〇一二（平成二四）年に佳路が出演したテレビ番組で「修学旅行以来、旅をしたことがない」という学生と出会ったのがきっかけだという。若者限定で界の宿泊を格安で提供し、日本旅館の文化にふれ、日本の魅力を再発見してもらうプロジェクトである。

戦後、日本の観光業が、ガラパゴス的に特殊な発展をしてきた背景には、インバウンドを必要としないほど、日本国内の旅行需要が高かったことがある。

だが、その学生の言葉は、日本の観光業の未来に暗い影を落とす。ただでさえ人口減少が懸念されているなか、旅をしない若い世代というのは、極めて深刻な問題だ。

今はまだ、シニア富裕層が国内旅行需要を牽引しているが、それに続くマーケットの形成は必須と言える。

もちろんインバウンドは、今後ますます重要になっていくだろうし、これを受け入れない選択肢は、もはやあり得ない。

それでもやはり、旅をしない日本人が増えることは、日本の観光業の未来を絶望的にする。

ＯＭＯもインバウンドのほか、そうした若者層を狙っていると思われる。

星野佳路のめざす「何か」とは、日本人にもう一度、旅することへの熱を取り戻させることなのかもしれない。

そして、その先に、新たな宿泊業のスタイルを世界に示す、「おもてなし」の国としての日本が、寿司に代わって立ち上がってくるのではないだろうか。

主要参考文献

書籍

『やまぼうし 星野温泉のあゆみ』星野嘉助著 一九七二（昭和四七）年 星野温泉

『新・観光立国論』デービッド・アトキンソン著 二〇一五（平成二七）年 東洋経済新報社

『日本が教えてくれるホスピタリティの神髄』マルコム・トンプソン著 二〇〇七（平成一九）年 祥伝社

『明治日本の面影』小泉八雲著 一九九〇（平成二）年 講談社学術文庫

『回顧録』社団法人ジャパン・ツーリスト・ビューロー 一九三七（昭和一二）年

『激動の昭和観光史 ―ホテルマンより見たるその裏面』河西静夫著 一九九〇（平成二）年 オータパブリケイションズ

『アマン伝説 創業者エイドリアン・ゼッカとリゾート革命』山口由美著 二〇一三（平成二五）年 文藝春秋

『一度は泊まりたい 粋な宿、雅な宿』山口由美著 二〇一五（平成二七）年 潮出版社

『帝国ホテル・ライト館の謎 天才建築家と日本人たち』山口由美著 二〇〇〇（平成一二）年 集英社新書

『帝国ホテルライト館の幻影 孤高の建築家遠藤新の生涯』遠藤陶著 一九九七（平成九）年 廣済堂出版

『坂井修一翁伝 化翁開明』坂井良一、坂井永一発行 二〇〇五（平成一七）年 坂井修一翁伝編纂委員会

『帝国ホテル百年史』帝国ホテル編 一九九〇（平成二）年

『近代日本の国際リゾート 一九三〇年代の国際観光ホテルを中心に』砂本文彦著 二〇〇八（平成二〇）年 青弓社

『クラシックホテルが語る昭和史』山口由美著 二〇一二（平成二四）年 新潮文庫

『夢を託して 第一ホテル社史』第一ホテル発行 一九九二（平成四）年

『ホテルと日本人 35の物語でたどる、ニッポンのホテル・ヒストリー』山口由美著 二〇〇八（平成二〇）年 千早書房

『「庭のホテル東京」の奇跡 世界が認めた二つ星のおもてなし』木下彩著 二〇一四（平成一六）年 日経BP社

『日本ホテル協会百年の歩み』社団法人日本ホテル協会発行 二〇〇九（平成二一）年

『海軍式サービス業発想 砲術参謀新田善三郎の先見に学ぶ』田辺英蔵著 一九八四（昭和五九）年 ダイヤモンド社

『新版 商業経営の精神と技術』渥美俊一著 二〇一二（平成二四）年 商業界

『星野リゾートの教科書 サービスと利益両立の法則』中沢康彦著 日経トップリーダー編 日経BP社

『社員の力で最高のチームをつくる〈新版〉1分間エンパワーメント』ケン・ブランチャード＋ジョン・P・カルロス＋アラン・ランドルフ著 星野佳路監訳 御立英史訳 ダイヤモンド社

『近山ふみ米壽記念 頌壽』近山好子発行 一九八七（昭和六二）年

『挑戦 55歳からの出発・古牧温泉杉本行雄物語』笹本一夫 小笠原カオル共著 一九九三（平成五）年 実業之日本社

『加賀屋の流儀 極上のおもてなしとは』細井勝著 二〇〇六（平成一八）年 PHP研究所

『プリンスの墓標 堤義明 怨念の家系』桐山秀樹著 二〇〇五（平成一七）年 新潮社

『西武王国―その炎と影 狂気と野望の実録―』中嶋忠三郎著 二〇〇四（平成一六）年 サンデー社

『ようこそ旅館奮闘記―下町・家族旅館の国際交流―』澤功著 二〇〇六（平成一八）年 社団法人日本観光旅館連盟監修 日刊連事業株式会社発行

『たすきがけの湯布院』中谷健太郎著 一九八三（昭和五八）年 アドバンス大分

『鶴雅グループ創業六十周年記念誌 未来への約束』黒滝宏・大西希・大西将仁企画編集 二〇一五（平成二七）年 鶴雅グループ

『里山を創生する「デザイン的思考」』岩佐十良著 二〇一五（平成二七）年 メディアファクトリー

『血と血糊のあいだ』網淵謙錠著 一九八八（昭和六三）年 文春文庫

雑誌

『新建築』一九八八（昭和六三）年一一月号

『月刊ホテル旅館』一九七三（昭和四八）年八月号

『月刊ホテル旅館』一九八一（昭和五六）年八月号

『月刊ホテル旅館』二〇〇一（平成一三）年一月号

『月刊ホテル旅館』二〇一六（平成二八）年一〇月号

『月刊ホテル旅館』二〇一七（平成二九）年五月号

『サンデー毎日』一九二七（昭和二）年七月三一日号

『財界』一九八九（平成元）年一一月七日号

『財界』一九九二（平成四）年一一月十日号

『経済界』一九九三（平成五）年一一月二三日号

『週刊新潮』一九九八（平成一〇）年六月一一日号

『月刊商工会』二〇一六（平成二八）年八月号

冊子

『四代目星野嘉助と軽井沢』（お別れの会 二〇一三年四月一七日（火）軽井沢 ホテルブレストンコート）

『山口祐司』（お別れの会 二〇一八年二月五日（月）帝国ホテル東京）

『窓辺』浅羽愛子

著者プロフィール

山口由美（やまぐち　ゆみ）

1962年神奈川県箱根町生まれ。富士屋ホテル創業者は曽祖父にあたる。慶應義塾大学法学部法律学科卒業後、海外旅行とホテルの業界誌紙のフリーランス記者を経て作家活動に入る。旅とホテルをテーマにノンフィクション、小説、紀行、エッセイ、評論など幅広い分野で執筆。日本旅行作家協会会員。日本エコツーリズム協会会員。2012年、『ユージン・スミス 水俣に捧げた写真家の1100日』（小学館）で第19回小学館ノンフィクション大賞受賞。主な著書に『アマン伝説 創業者エイドリアン・ゼッカとリゾート革命』（文藝春秋）、『一度は泊まりたい 粋な宿、雅な宿』（潮出版社）、『熱帯建築家 ジェフリー・バワの冒険』（新潮社）『箱根富士屋ホテル物語』（小学館文庫）など多数。

ホームページ http://www.yumiyamaguchi.com/

日本《に ほん》旅館《りょ かん》進化論《しん か ろん》

星野《ほし の》リゾートと挑戦者《ちょうせんしゃ》たち

2018年6月30日　初版1刷発行

著者

山口《やまぐち》 由美《ゆ み》

発行者

田邉 浩司

発行所

株式会社光文社

〒112-8011　東京都文京区音羽1-16-6

電話　編集部：03-5395-8172　書籍販売部：03-5395-8116　業務部：03-5395-8125

メール　non@kobunsha.com

落丁本・乱丁本は業務部へご連絡くだされば、お取り替えいたします。

組版

ISSHIKI

印刷所

萩原印刷

製本所

フォーネット社

ISBN9784-334-95034-7

「ハトヤの唄」作詞／野坂昭如　作曲／いずみたく　JASRAC 出 1805780-801